Schule und Gesellschaft
Band 51

Herausgegeben von
T. Hascher, Salzburg, Österreich
M. Horstkemper, Potsdam, Deutschland
W. Melzer, Dresden, Deutschland
I. Züchner, Frankfurt am Main, Deutschland

Herausgegeben von

Tina Hascher
Universität Salzburg,
Salzburg, Österreich

Wolfang Melzer
TU Dresden,
Dresden, Deutschland

Marianne Horstkemper
Universität Potsdam,
Potsdam, Deutschland

Ivo Züchner
Deutsches Institut für Internationale
Pädagogische Forschung,
Frankfurt am Main, Deutschland

Elisabeth Baum · Till-Sebastian Idel
Heiner Ullrich (Hrsg.)

Kollegialität und Kooperation in der Schule

Theoretische Konzepte und empirische Befunde

 Springer VS

Herausgeber
Elisabeth Baum
Technische Universität Darmstadt,
Deutschland

Heiner Ullrich
Johannes Gutenberg-Universität Mainz,
Deutschland

Till-Sebastian Idel
Universität Bremen,
Deutschland

ISBN 978-3-531-18104-2
DOI 10.1007/978-3-531-94284-1

ISBN 978-3-531-94284-1 (eBook)

Die Deutsche Nationalbibliothek verzeichnet diese Publikation in der Deutschen National-
bibliografie; detaillierte bibliografische Daten sind im Internet über http://dnb.d-nb.de
abrufbar.

Springer VS
© VS Verlag für Sozialwissenschaften | Springer Fachmedien Wiesbaden 2012

Einbandentwurf: KünkelLopka GmbH, Heidelberg

Springer VS ist eine Marke von Springer DE. Springer DE ist Teil der Fachverlagsgruppe
Springer Science+Business Media.
www.springer-vs.de

Für Franz Hamburger

Inhalt

III   Ergänzende Perspektiven

Kollegialität und Kooperation in der Schule – Zur Einleitung in diesen Band

Till-Sebastian Idel, Heiner Ullrich und Elisabeth Baum

1 Kooperationsforschung in der letzten Dekade

In der aktuellen schulpädagogischen Debatte wird Lehrerkooperation vielfältig thematisiert (vgl. insbes. Zeitschrift für Pädagogik H. 2, 2006; Fussangel und Gräsel, 2011): als intraprofessionelle Kooperation unter Lehrkräften (vgl. Baum et al., 2010; Feldhoff et al., 2008; Bonsen und Rolff, 2006), interprofessionelle Kooperation mit anderen pädagogischen Berufsgruppen und der Schulbegleitforschung (vgl. Boller, 2010; Reh und Breuer, 2010; Speck, 2008; Kolbe und Reh, 2008) und als inner- oder zwischenschulische Kooperation in Netzwerken (vgl. Horstkemper et al., 2009; Berkemeyer et al., 2009; Berkemeyer et al., 2008; Dedering, 2007). Lehrerkooperation gilt als zentrale Gelingensbedingung für die Entwicklung von Schule und Unterricht sowie pädagogischer Professionalität im Zuge sich verändernder bildungspolitischer Rahmungen und Ansprüche. Diese reichen von Schulfusionen in der Sekundarstufe I über die Einführung ganztagsschulischer Angebote, Unterrichtsentwicklung in Orientierung an Heterogenität und Inklusion, Schulprofilbildung und Entwicklung einzelschulischer Curricula, teilautonome Selbststeuerung bis zu interner Selbstevaluation und Rechenschaftslegung im Rahmen einer externen Evaluation durch Schulinspektionen (vgl. Altrichter und Maag Merki, 2010). Im schulpädagogischen Diskurs wird der Kooperationsbegriff häufig normativ stark aufgeladen und mit vielfältigen Erwartungen befrachtet; in der Kommunikation über Reformen dient er als äußerst aufnahmefähige und elastische semantische Hülse (vgl. Bauer, 2004): Die Vorteile von Kooperation werden einseitig in den Vordergrund gerückt und deskriptive Aussagen häufig implizit mit normativen Vorstellungen vermischt. Der mit Kooperation verbundene Aufwand und die möglicherweise entstehenden innerschulischen Divergenzen und Differenzen zwischen den pädagogischen Akteuren werden oft vernachlässigt (vgl. Rothland, 2007).

In Bezug auf das Tätigkeitsfeld der einzelnen Lehrperson gilt Lehrerkooperation als Dimension professioneller Kompetenz und als Faktor für Belastungsreduktion (vgl. Gräsel und Fussangel, 2010; Baumert und Kunter, 2006; Bastian et al., 2002; Combe und Buchen, 1996); im Hinblick auf die Einzelschule wird sie als Indikator für Organisationsqualität verstanden (vgl. Steinert et al., 2006). Lehrerkooperation gilt als Schlüsselvariable von Schulentwicklung, als deren Voraussetzung und zugleich als deren Effekt, denn Schulentwicklungsprozesse können nur als kooperative Vollzüge praktiziert werden. Sie setzen kollegiale Lernprozesse der Lehrkräfte voraus und eröffnen einen Raum der gegenseitigen Qualifizierung (vgl. Rahm, 2010; Ackermann und Rahm, 2004). Auf der Grundlage institutionalisierter Kooperationsstrukturen können intensive Formen der Kooperation mit anderen Lehrpersonen stattfinden, in denen diese in ein reflexives Verhältnis zur eigenen Schule und zur eigenen Berufstätigkeit gelangen können (vgl. Reh, 2008). Zumeist wird angenommen, dass ausgeprägte Lehrerkooperation einen positiven Effekt auf die Bewältigung von Organisations- und Entwicklungsprozessen sowie wichtige Dimensionen schulischer Qualität hat, wenngleich empirische Forschungen diesen Effekt bislang noch nicht eindeutig zu bestätigen vermochten (vgl. Halbheer et al., 2008). „Was genau die Qualität der Interaktion in der Kooperation mit Kolleg(inn)en auszeichne und was daran vorteilhaft sei" (Kolbe und Reh, 2008, S. 816), ist erst in Ansätzen durch die Kooperationsforschung der letzten Jahre geklärt worden.

2   Ansätze zur Erforschung von Lehrerkooperation

Die empirische Forschung zur Schuleffektivität und später zur Schulentwicklung hat Lehrerkooperation immer als ein Konstrukt im Rahmen ihrer jeweiligen Modellierungen mitgeführt und als bedeutsamen Faktor ausgewiesen (vgl. Steinert et al., 2006). Als zentrale Fragestellung einer Detailforschung wurde Lehrerkooperation jedoch erst in den 1990er-Jahren aufgegriffen (vgl. Jerger, 1995; Dörger, 1992). Seit einigen Jahren, angestoßen durch die oben skizzierten Tendenzen der Schulentwicklung und des Schulmanagements, der Schulsteuerung und Bildungspolitik, lassen sich erste Anzeichen erkennen, die auf eine Etablierung einer eigenständigen schulbezogenen Kooperationsforschung deuten (vgl. die Beiträge in der Zeitschrift für Pädagogik, 2006, sowie die Überblicke bei Fussangel und Gräsel, 2010 und 2011). In der deutschsprachigen Kooperationsforschung dominieren aktuell drei Forschungsansätze, die sich primär mit der Erfassung unterschiedlicher Formen der Lehrerkooperation und ihrer Bedeutung in Prozessen der Unterrichts- und Schulentwicklung befassen.

Der erste Ansatz geht aus von einem eher berufsfeldunspezifischen, organisationspsychologischen Begriff von Kooperation. Als die drei Kernbedingungen von Kooperation werden gemeinsame Ziele und Aufgaben, reziprokes Vertrauen in die Verlässlichkeit der Partner und ein gewisser Grad an Entscheidungsfreiheit eines jeden Gruppenmitglieds betrachtet. Zu viel Autonomie behindert die Ausprägung von Gemeinsamkeit und beschränkt die Bereitschaft zur Verantwortungsübernahme; zu wenig Autonomie der Gruppenmitglieder gefährdet die Erfahrung von Selbstwirksamkeit und vermindert die Motivation. Unter Rückgriff auf die drei Kernbedingungen unterscheidet die Forschungsgruppe um Cornelia Gräsel (vgl. Gräsel et al., 2006; Fussangel und Gräsel in diesem Band) drei verschiedene Formen der Kooperation, die sich empirisch auch im Bereich der Organisation Schule vorfinden lassen: (1.) Austausch, (2.) arbeitsteilige Kooperation und (3.) Ko-Konstruktion. Austausch stellt die häufigste, weil niedrigschwelligste Form der Kooperation dar, in der sich die Mitglieder wechselseitig mit beruflich relevanten Informationen und hilfreichen Materialien versorgen. Austausch erfordert noch keine Zielkonvergenz, braucht nur ein geringes Quantum an reziprokem Vertrauen und impliziert auch keine Einschränkung von Autonomie. Arbeitsteilige Kooperation setzt eine gemeinsam geteilte Zielsetzung voraus, für deren effektive Erreichung jedes Mitglied eine Aufgabe übernimmt. Dazu ist mehr Vertrauen gegenüber den anderen nötig und ebenso eine gewisse Einschränkung von Autonomie. Ko-Konstruktion erfordert nicht nur eine gemeinsame Zielsetzung, sondern eine sehr enge inhaltliche Absprache, soziale Vernetzung und (Selbst-)Reflexion bei den gemeinsamen zu bearbeitenden Aufgaben und Problemen. Hierfür ist ein hohes Maß an Vertrauen ebenso nötig wie der weitgehende Verzicht auf Autonomie und Eigensinnigkeit. Die Ko-Konstruktion als die am höchsten entwickelte und zugleich seltenste Form der Kooperation realisieren Lehrer/-innen z. B. in der gemeinsamen Planung, Durchführung und Reflexion von Unterricht oder von Leistungsbeurteilung. Der organisationspsychologische Ansatz der Kooperationsforschung hat seine empirische Fruchtbarkeit bisher vor allem in der Untersuchung der Kooperationsformen von Lehrpersonen in schulinternen und schulübergreifenden Fachgruppen, z. B. im Rahmen von Fortbildungsprogrammen zur Unterrichtsentwicklung, demonstrieren können. Methodisch stützen sich die überwiegend quantitativen Studien vor allem auf standardisierte Fragebögen und vereinzelt auch auf Leitfadeninterviews.

Der zweite Ansatz zur Erforschung der Lehrerkooperation ist ein Abkömmling der angloamerikanischen Schuleffektivitäts- und Schulqualitätsforschung. Im Mittelpunkt steht dabei das Konzept der Professionellen Lerngemeinschaft. Martin Bonsen und Hans-Günter Rolff bezeichnen damit in Unterrichts-, Personal- und Schulentwicklungsprozesse engagierte Teams von Lehrpersonen sowohl in Fach- und Jahrgangskonferenzen als auch in Kollegien oder in Netzwerken aus mehreren innovativen Schulen. Mit den Professionellen Lerngemeinschaften entsteht in den Schulen auf einer neuen Steuerungsebene ein „mittleres Management", das eine wichtige Rolle bei der Qualitätsentwicklung spielen kann. Obwohl die empirischen Nachweise noch wenig belastbar sind, vermuten einschlägige Schulforscher/-innen einen Zusammenhang zwischen der Ausbildung Professioneller Lerngemeinschaften und der Erhöhung der Effektivität schulischen Unterrichts im Sinne des Outcomes an Schülerleistungen. Das Konzept der Professionellen Lerngemeinschaft bezieht sich nicht nur auf Art und Ausmaß der Lehrerkooperation, sondern auch auf die dabei von den Lehrpersonen geteilten Motivationen und Wertorientierungen. In Anlehnung an amerikanische Leitstudien konnten Bonsen und Rolff (2006) auf der Basis einer eigenen quantitativen Befragung die folgenden fünf Kriterien von Professionellen Lerngemeinschaften empirisch validieren: (1.) Reflektierender Dialog, (2.) De-Privatisierung der Unterrichtspraxis, (3.) Fokus auf Lernen statt auf Lehren, (4.) Zusammenarbeit und (5.) gemeinsame handlungsleitende Ziele.

Der dritte Forschungsansatz nimmt ebenfalls eine kriteriumsorientierte Erfassung der Lehrerkooperation vor – allerdings nicht auf der Ebene einzelner Fach- oder Jahrgangsteams, sondern auf derjenigen der einzelnen Schule insgesamt. Steinert und Klieme (vgl. Steinert et al., 2006) konzipieren analog zur Ermittlung von Kompetenzstufen in der Schulleistungsforschung eine aufsteigende Skala von Niveaustufen innerschulischer Lehrerkooperation, um hierüber unterschiedliche Stufen von Schulentwicklung konstatieren zu können. Während bei den Studien von Gräsel u. a. die Differenzierung der Kooperationsformen nicht zwingend als aufeinanderfolgende Stufen konzipiert werden, sondern als anlassbezogene, gleichrangig nebeneinanderstehende Formen von Kooperation, ist in diese stufenförmige Modellbildung eine normative Zielrichtung nach dem Prinzip „a higher stage is a better stage" eingebaut. In Anlehnung an die von Dalin und Rolff vorgeschlagene Stufenleiter der Schulentwicklung von der fragmentierten Schule über die Projektschule zur Problemlöseschule (vgl. Rolff, 1991) werden die damit einhergehenden Anforderungen an Lehrerkooperation in der Schule bestimmt. „Sie reichen von einem mehrheitlich isolierten, unkoordinierten, wenig transparenten Lehrerhandeln über ein gemäß der funktionalen Differenzierung der Schule abgestimmtes Lehrerhandeln bis hin zu einem systematisch abgestimmten Lehrerhandeln, das durch wechselseitigen Austausch und Adaptation des Handelns der Lehrkräfte charakterisiert ist und – so wird vermutet – die Voraussetzung für eine Stärkung der Lehrerprofessionalität, der Lehr- und Lernkultur und des kumulativen Lernens der Schülerinnen und Schüler verbessert" (Steinert et al., 2006, S. 191). Die fünf im Hinblick auf Klarheit des Zielkonzepts, gegenseitige Abstimmung des Lehrerhandelns, Transparenz und Kooperation im Unterrichten, fachlicher und pädagogischer Austausch und systematische Fortbildung ansteigenden Niveaustufen der Lehrerkooperation sind: (1.) Fragmentierung, (2.) Differenzierung, (3.) Koordination, (4.) Interaktion und (5.) Integration. Bei der standardisierten Befragung wurde eine Schule dann einer Kooperationsstufe zugeordnet, wenn das Kollegium wenigstens das einfachste

Item der jeweiligen Stufe mit einer Wahrscheinlichkeit von 50 % erfüllte. Als ein zentrales Ergebnis neben den schulform- und länderspezifischen Unterschieden darf festgehalten werden, dass die meisten Kollegien innerhalb der Fächer und Jahrgangsstufen kooperieren und die Stufe der Differenzierung nicht überschreiten.

Die dargestellten drei Forschungsansätze konzeptualisieren Lehrerkooperation primär als ein soziales Phänomen im Kontext innovativer Weiterentwicklung von Schule und Unterricht, nicht etwa im Rahmen der alltäglichen beruflichen Anforderungen an Lehrpersonen und der Entwicklung ihrer Professionalität. Alle drei theoretischen Konzepte sind nicht frei von impliziten und expliziten normativen Setzungen. Das wird insbesondere deutlich in den aufsteigenden Niveaustufen der Lehrerkooperation analog zu immer weiter ausgreifenden Prozessen der Schulentwicklung. Das Konzept der Professionellen Lerngemeinschaften weist mit seinen an „innovativen" Schulen entwickelten Kriterien u. E. den höchsten Grad an Normativität auf und entfernt sich damit vermutlich am weitesten von der Deskription der faktischen Kooperationsprozesse im Lehreralltag und von der Rekonstruktion ihrer situativen Bedeutungszusammenhänge. Die bisherigen Forschungsansätze leiden also unter einem innovativen Bias und greifen mit ihren Konzepten nicht die gesamte Breite und Tiefe des Feldes Lehrerkooperation ab.

Kooperation ist – in welchem Ausmaß, in welcher Form und auf welcher Stufe auch immer – nicht per se schon qualitativ gut. Sie kann für verschiedenste Zwecke eingesetzt werden: Sie ermöglicht Lehrpersonen sowohl die positiven Erfahrungen der Steigerung von gemeinschaftlicher Verbundenheit und intrinsisch motivierter Kreativität als auch die negativen zunehmender Belastung durch Gruppenzwänge und externe Anforderungen der Organisation. Kooperative Prozesse werden von Lehrpersonen vermutlich dann als kollegial erlebt, wenn in ihnen die Spannung zwischen ihrem individuellen Anspruch auf pädagogische Autonomie und der Erfahrung von gemeinschaftlicher Eingebundenheit produktiv ausbalanciert wird. Zum Gelingen dieser Balance in den formellen und informellen Gremien und Teams tragen entscheidend die Wertorientierungen der Organisationskultur der Einzelschule bei und ebenso die Formen der Konfliktlösung zwischen den pädagogischen Akteuren, in denen eine eher partizipative oder eher hermetische mikropolitische Konstellation der Schule zum Ausdruck kommt (vgl. Kelchtermans, 2006).

3   Kooperation und Kollegialität – Ein Spannungsverhältnis professioneller Arbeit

Erklärungsbedürftig bleibt der in sich widersprüchliche empirische Befund, dass Kooperation zwar erwünscht ist, im Schulalltag der Lehrkräfte aber nur partiell und in geringem Maße realisiert wird. Kooperation beschränkt sich zumeist auf den Austausch von Materialien. Je näher man dem Unterricht kommt, desto seltener wird zusammengearbeitet (vgl. Gräsel et al., 2006; Holtappels, 1999). Das faktisch nur geringe Ausmaß der Kooperation, das den normativen Forderungen nach einer Intensivierung von Teamarbeit entgegensteht, wird zumeist mit Bezug auf neoinstitutionalistische Ansätze der Schul- und Organisationstheorie zu erklären versucht. Diese heben in erster Linie auf organisationsstrukturelle Eigenheiten der Schule ab und führen die geringe Kooperationsdichte insbesondere auf ihre „zelluläre Organisationsstruktur" („loosely coupled system", vgl. Weick, 1976; Terhart, 1986) und auf das Autonomie-Paritäts-Muster zurück: Alle Lehrpersonen werden bezüglich ihrer Arbeitsqualität als gleich behandelt („Parität"), um bei ihrer Unterrichtätigkeit im Klassenzimmer vor der Einmischung Dritter geschützt zu sein („Autonomie").

Auch die Lehrergruppen selbst – seien dies Steuergruppen, Fachgemeinschaften, Klassen- oder Jahrgangsteams etc. – sind aus dieser Perspektive mehr oder weniger abgegrenzte Interaktionssysteme in der gefügeartigen Organisation der Einzelschule. Sie operieren als kollektive Akteure im mikropolitischen Raum im Widerstreit mit anderen relevanten Akteurskonstellationen und leisten so ihren Beitrag zur „Rekontextualisierung" (Fend, 2008) des Bildungsprogramms auf der Ebene der Einzelschule. Lehrergruppen werden durch von der Organisation bereitgestellte Ressourcen und durch organisatorisch verfügte Regelungen gerahmt und erhalten so Optionen, einen gemeinsamen Handlungsraum einzurichten. Auf diese Weise werden Möglichkeiten von Lehrergruppen bzw. -teams durch die Organisation eröffnet und zugleich limitiert, ohne diese allerdings zu determinieren (Reh und Schelle, 2004). Wie die Gruppe die ihr gewährten Optionen nutzt, obliegt ihrer relativen Autonomie im präfigurierten Gestaltungsraum. Zudem eröffnen die Entscheidungen, die in den Lehrergruppen getroffen werden, wiederum Möglichkeiten für die Organisation. Organisation und Kooperationsgruppen stehen demzufolge in einem Verhältnis wechselseitiger Ermöglichung: Sie stellen sich Gelegenheiten zur Verfügung und beschränken sich dadurch auch wechselseitig, weil mit jeder eröffneten Option andere, ebenfalls mögliche, ausgeschlossen werden.

Dieser Erklärungsansatz nähert sich der Analyse des Problems der Lehrerkooperation von der Ebene der Organisationsstruktur her. Dem lässt sich relativ mühelos die umgekehrte Perspektive, die von der Ebene der Professionalität das

Problem angeht, zur Seite stellen, die auch anschlussfähig ist an die oben genannten Ansätze der Kooperationsforschung. Der Vorteil einer professionstheoretischen Erklärung des Kooperationsproblems liegt darin, dass von der Spezifik der pädagogischen als einer professionellen Tätigkeit ausgegangen wird (vgl. Reh und Breuer, 2010). Nach Auffassung der strukturtheoretischen Professionstheorie bzw. weiter Teile der Professionssoziologie (Oevermann, 1996, Pfadenhauer, 2005) vollzieht sich die professionelle Tätigkeit im Kontext pädagogischer Arbeitsbündnisse, die als je spezifische Anerkennungsverhältnisse in nichtstandardisierbaren Situationen unter Bedingungen eines nicht-technologisierbaren Handlungsvollzugs dem Prinzip der Unvertretbarkeit unterliegen. Kooperation ist eine Form der Vergemeinschaftung der Professionellen, die notwendig wird, um die damit zusammenhängende Kontingenzbelastung des professionellen Handelns in der Gemeinschaft der Professionellen konstruktiv in Reflexionspausen zu bearbeiten, sich der eigenen Expertise wechselseitig zu vergewissern und diese zu erneuern. Dieser Integrationsfunktion im Binnenverhältnis steht eine Integrationsfunktion im Außenverhältnis gegenüber: In der Kooperation werden Ansprüche und Aufträge der organisatorischen Ebene aufgenommen und verhandelt; es werden aber auch Strategien ersonnen, um sich vor Übergriffen auf die eigene Autonomie zu schützen (vgl. dazu auch Kuper und Kapelle in diesem Band). Kooperation sichert damit im doppelten Sinne eine Integration, nämlich der einzelnen Professionellen in ihre professionelle Gemeinschaft und dieser in den Gesamtzusammenhang der Institution und der anderen Akteurskonstellationen, die im Mehrebenensystem schulischer Bildung interagieren.

Zur Kooperation bedarf es der Stiftung kooperativer Bündnisse, der Etablierung einer Kooperationskultur, die auf reziproker Anerkennung der anderen als Professionelle und einem gemeinsam geteilten Professionsethos beruht. Eine gelingende Kooperation erfordert daher eine besondere soziale Qualität, die auch in den organisations- und arbeitspsychologischen Ansätzen der Forschung hervorgehoben wird. Kooperation dient unter Professionellen somit der Prozessreflexion und Befestigung der Autonomieansprüche, Zuständigkeiten und – auch kritisch zu sehen – der Sicherung der eigenen Machtfülle sowie der Bewältigung des eigenen Technologiedefizits und der Vermittlung zur Ebene der Organisation. Professionelle sichern so ihren Einflussbereich und ihre Handlungspotenziale. Kollegialität, die professionstheoretische Reformulierung des Autonomie-Paritäts-Musters, d. h. die Achtung der professionellen Autonomie des Kollegen, ist als Gegenmoment zur Kooperation eine Ressource, die dann wiederum im Binnenverhältnis vor übergriffiger Einmischung schützt und ihrerseits wiederum die individuelle Verantwortung für den Umgang mit Ungewissheit wahrt. Man kann Kollegialität als inneres regulatives Prinzip des Zusammenhandelns von Professionellen verstehen, das im Spannungsverhältnis zur ebenso notwendigen

Kooperation steht, für eine bestimmte Kultur der Kooperation sorgt und diese ausbalanciert. Ungewohnt enge Formen der Kooperation, gerade auf der unmittelbaren Ebene pädagogischen Handelns (weniger auf der Ebene organisatorischer Vorstrukturierung und kollektiver Prozessreflexion), können demnach von den Beteiligten als Belastung und als Einbuße professioneller Autonomie wahrgenommen werden (vgl. Reh, 2008). Von diesem Standpunkt aus gesehen rückt Kooperation als Vermittlungsmoment von schulischer Organisation und handlungsbezogener Prozessreflexion, nicht aber von professioneller Interaktion in den Mittelpunkt der Betrachtung.[1]

4 Zu den Beiträgen dieses Bandes

Die Beiträge dieses Bandes nehmen diese Frage nach dem Verhältnis von Kooperation und Kollegialität – freilich im Kontext ihres jeweils gewählten theoretischen und methodischen Zugangs, also ihres jeweiligen Gegenstandverständnisses und Vorgehens – in unterschiedlich akzentuierter Weise auf. Der Band geht auf eine Tagung zum Thema *Lehrerkooperation* zurück, die im September 2010 an der Johannes Gutenberg-Universität Mainz stattgefunden hat.[2] Die Publikation enthält die Beiträge dieser Tagung und wurde darüber hinaus um weitere grundlegende bzw. theoretisch akzentuierte Aufsätze von Autoren ergänzt, die nicht an der Tagung teilgenommen haben. Der Band konzentriert sich auf die Zusammenarbeit unter Lehrkräften, also die intraprofessionelle Kooperation im schulischen Feld, und versammelt aktuelle Beiträge zur schulbezogenen Kooperationsforschung aus quantitativ und qualitativ angelegten sowie an Grundlagenforschung als auch an Praxisintervention und -begleitung interessierten Forschungsprojekten.

---

[1] Die normativen Ansprüche an eine unterrichtsnahe Kooperation als deren höchste Form werden damit vermieden: Kooperation wird einerseits von der unmittelbare Ebene des professionellen Handelns entkoppelt und dennoch von der Anforderungsstruktur professioneller Arbeitsbündnisse her verstanden. Die empirische Frage nach gelingenden oder nicht-gelingenden unterschiedlich intensiven Formen von Lehrerkooperation verschiebt sich zur Frage nach der je spezifisch ausgestalteten Kooperationskultur, der mit ihr verbundenen Professionalisierungspotenziale für den einzelnen Professionellen wie auch für die professionelle Gemeinschaft und den Beiträgen der Kooperation für die Erreichung organisationaler bzw. institutioneller Ziele von schulischer Bildung.
[2] Die Tagung wurde vom Zentrum für Bildungs- und Hochschulforschung der Johannes Gutenberg-Universität Mainz (Praxisforschungsprojekt „Lehrerkooperation"; Leitung: Prof. Dr. Franz Hamburger, Prof. Dr. Till-Sebastian Idel, Prof. Dr. Heiner Ullrich; Projektmitarbeiterinnen: Dipl.-Päd. Elisabeth Baum, Dipl.-Päd. Nadine Bondorf) ausgerichtet. Adressaten waren in erster Linie Lehrkräfte und Akteure der intermediären Ebene von Schulsteuerung (Schulaufsicht, Serviceeinrichtungen, Schulinspektion). Ziel der Tagung war es, empirische Befunde aus unterschiedlichen Forschungsprojekten für interessierte Professionelle zusammenzutragen und gemeinsam entlang der Schnittstelle von Profession und Disziplin bzw. von Schulpraxis, Schulsteuerung und Schulforschung zu diskutieren.

Kathrin Fussangel und *Cornelia Gräsel* diskutieren das Thema *Lehrerkooperation* aus der Sicht der empirischen Schul- und Bildungsforschung. Dabei greifen sie unterschiedliche Forschungslinien auf, beleuchten aktuelle Ansätze und Ergebnisse der Kooperationsforschung und befassen sich mit den strukturellen Bedingungen von Lehrerkooperation in der Schule. Aus dem bisherigen Forschungsstand zur Lehrerkooperation resultiert für sie zum einen die Notwendigkeit, auf der konzeptionellen Ebene Kooperationsprozesse nach ihrer Komplexität zu unterscheiden; zum anderen ergibt sich als zentrales empirisches Forschungsdesiderat, diejenigen Bedingungen genauer zu untersuchen, welche Kooperationsprozesse von Lehrpersonen auf den verschiedenen Ebenen des Schulsystems begünstigen. Am Beispiel des Ganztagsschulbereichs, der in den letzten Jahren immer mehr das Forschungsinteresse auf sich gezogen hat, zeigen die Autorinnen neue Chancen und Herausforderungen zur Kooperation von Lehrkräften auf und konfrontieren sie mit ersten empirischen Befunden.

Harm Kuper und *Nicole Kapelle* stellen das Thema *Lehrerkooperation* in den theoretischen Bezugsrahmen der Organisationssoziologie. Kooperation wird als Zwischenschritt zur Organisation betrachtet. Die zentrale Frage aus organisationssoziologischer Sicht gilt den akteurbezogenen Bereitschaften und den Koordinationserfordernissen von Kooperation. Das Zusammenspiel von Organisation und Kooperation besteht darin, dass die koordinierende Abstimmung subjektiver und transsubjektiver Ziele und Bereitschaften zur Kooperation eine formale Organisation des Handelns notwendig werden lässt, die eine Verstetigung des Zusammenhandelns erst ermöglicht. *Kuper* und *Kapelle* unterscheiden die Effektivität einer Organisation im Sinne ihrer Zielerreichung von der Effizienz der Organisation, die vorliegt, wenn Organisationen individuelle Motive zur Kooperation über Gratifikationen zu mobilisieren vermögen. Die Kooperation unter Professionellen stellt nun insofern aus organisationssoziologischer Sicht einen besonderen Fall dar, insofern sich Professionelle in exklusiven kollegialen Gemeinschaften assoziieren, die notwendig sind, um die im professionellen Handeln selbst erst zu erwerbende Expertise, ein Amalgam aus theoretischem Wissen und praktischem Können, im reflexiven Austausch miteinander zu erneuern und weiterzuentwickeln. Dazu bedarf es einer gewissen Eigenständigkeit gegenüber der Organisation. Ohne die Verhältnisbestimmung in Richtung einer Deprofessionalisierung durch organisatorische Überformung theoretisch kurzzuschließen, plädieren *Kuper* und *Kapelle* dafür, die Frage offenzuhalten, inwiefern formale Organisationsstrukturen pädagogische Professionalität korrumpieren. Im Ergebnis muss von einer losen Kopplung von professioneller Gemeinschaft und Organisation ausgegangen werden. Die formale Organisation kann im günstigsten Fall förderliche Rahmenbedingungen zur Kooperation bereitstellen, die aber auf ein nicht direkt beeinflussbares Entgegenkommen der Professionellen angewiesen sind. Kooperationsmotive müssen in der Profession verankert sein, um „im Interesse einer effektiven Organisation ausgestaltet zu werden". Die Reform des Bildungswesens in Richtung evaluationsbasierter Autonomie lässt die Erfordernisse zur Kooperation im Interesse der Organisation steigen. Die Herausforderung besteht darin, die beiden differenten Handlungslogiken von Organisation und Profession zu integrieren.

Mit der Bedeutung „personaler Faktoren" für die Kooperation von Lehrkräften beschäftigen sich *Christian Harry Pröbstel* und *Andreas Soltau*. Als zentral für die Entstehung von Kooperationsprozessen werden Teamorientierung vs. Autonomiebedürfnis, berufliche Sicherheit, soziale Orientierung, Vertrauen, gemeinsame Zielbindung und Aufgabenorientierung beleuchtet. Auf Basis empirischer Befunde zu personalen Faktoren der Lehrerkooperation aus drei standardisierten Befragungen zeigen die Autoren unter anderem auf, dass das Autonomiebedürfnis kooperierender Lehrkräfte weniger stark ausgeprägt ist als zumeist angenommen wird. Zugleich ergibt sich, dass neben den personalen Faktoren auch die von der Schulorganisation jeweils vorgegebene Rahmung für die Entstehung von Lehrerkooperation bedeutsam ist.

Wenn Lehrpersonen autonom aus ihrer häufig anzutreffenden individualistisch orientierten Kollegialität heraustreten und ein kooperatives Arbeitsbündnis mit Fachkolleg/-innen eingehen, versprechen sie sich davon zumeist einen didaktisch-methodischen Mehrwert für die eigene Unterrichtsarbeit. Auf der Grundlage einer breit angelegten Befragung in 16 Gymnasialkollegien liefert *Harry Kullmann* erste Antworten auf die Frage, nach welchen Eigenschaften und Einstellungen Lehrpersonen diejenigen Kolleginnen und Kollegen auswählen, mit denen sie unterrichtsbezogene Kooperationsprozesse initiieren. Die Ergebnisse sprechen dafür, dass die Unterrichtserfahrung und das professionelle Ansehen des Kooperationspartners im Kollegium nur eine marginale Rolle spielen. Als die zentrale Gelingensbedingung für unterrichtsbezogene kollegiale Kooperation erweist sich dagegen die Offenheit des möglichen Kooperationspartners für didaktische Innovation wie der Schüler- oder Handlungsorientierung.

In ihrem Beitrag über fachdidaktische Kooperation von Lehrkräften im Rahmen eines Forschungsprojekts zum selbstreflexiven Lernen im Fach Mathematik zeigt *Heike de Boer* auf, dass und in welchem Maße die organisatorischen Voraussetzungen an der jeweiligen Einzelschule eine bedeutsame Rolle für das Gelingen von Kooperationsprozessen darstellen. Denn die Kooperation in einer fachkollegialen Lerngemeinschaft hängt eng mit Fragen der Ressourcenverteilung und damit mit Machtfragen und Abhängigkeitsbeziehungen zusammen, welche die Mikropolitik in der Organisation Einzelschule betreffen. Die Autorin arbeitet dabei die besondere Rolle der Schulleitung für die Rahmung der Kooperationsarbeit von Lehrkräften im Mehrebenensystem Schule heraus.

Nadine Bondorf stellt in ihrer rekonstruktiven Fallstudie das Kooperationsformat eines gesamtschulischen Jahrgangsteams in den Mittelpunkt. Das Besondere ist in diesem Fall darin zu sehen, dass es sich zum einen um eine etablierte Form handelt, denn Jahrgangsteams sind ein fester Bestandteil der Organisationsstruktur von Gesamtschulen und konzeptionell in der Gesamtschulpädagogik verankert. Zum anderen sind Jahrgangsteams keine frei gewählte Kooperationsform; vielmehr finden sich die Kolleginnen und Kollegen in einer Art Zwangsgemeinschaft ein, die in regelmäßigen und häufigen Treffen alle zentralen didaktischen, pädagogischen und organisatorischen Fragen der Gestaltung des Jahrgangs verhandeln muss. *Bondorf* rekonstruiert nun auf der Basis der protokollierten Teamgespräche und selbst initiierten Diskussionen mit der Gruppe die spezifische Verfasstheit der Kooperationskultur und fragt nach der Relevanz, die diese für die Mitglieder der Gruppe hat. Die Spezifik dieses Teams sieht sie in der Form einer „exklusiven Anerkennungsgemeinschaft", die die Lehrkräfte für sich geschaffen haben. Die Ambivalenz dieser Konstruktion ist darin zu sehen, dass die Gruppe zwar ein hohes Maß an Entlastung für die Einzelnen bedeutet und ihr erhebliche psychohygienische Potenziale zukommen, diese aber zugleich auf der Schattenseite mit einer scharfen Grenzziehung nach außen verbunden sind. Das Kreisen um sich selbst und deutliche Defizitzuschreibungen dem Kollegium gegenüber hindern die Gruppe daran, sich nach außen konstruktiv mit anderen Kolleginnen und Kollegen sowie mit der Schulleitung zu vernetzen.

Mit kollegialer Schulleitung verbindet sich – vor allem in Reformschulen – die Hoffnung, dass sich die traditionelle Hierarchie von Vorgesetzten und Untergebenen in der Schule auflösen, das Interesse der Lehrpersonen an Leitungsthemen steigern sowie ihre Bereitschaft zur kooperativen Übernahme von Verantwortung stärken lässt. An vielen Freien Waldorfschulen delegieren die Lehrerkollegien Leitungsaufgaben an Mandatsgruppen, um nicht das Gesamtkollegium mit ineffektiven Dauerdiskussionen über ein oft endloses Aufgabenspektrum zu überfrachten. *Heiner Ullrich* und *Till-Sebastian Idel* arbeiten fallrekonstruktiv auf der Grundlage audiografischer Daten von Teamsitzungen und Gruppendiskussion die Strukturproblematik einer solchen Mandatsgruppe als „delegierte Organisationsautorität" und „heimlich wachsender informeller Machtkern" der Schule heraus. Mit diesem Befund leisten sie auch einen Diskussionsbeitrag zu aktuellen Schulleitungsfragen im öffentlichen Schulwesen. Denn hier wird ersichtlich,

dass eine kollegiale Streuung von Führungsverantwortung („shared leadership")
auf ein kooperatives Team durchaus gelingen kann, diese aber stets von einer
Hierarchie-Falle bedroht ist.

Auf der Grundlage von Fragebogen- und Interview-Daten aus Forschungsprojekten über zwei unterschiedliche Wege der Implementation von kooperativen Lehrerteams – zum einen als auf Freiwilligkeit basierende Fachgruppen zur Entwicklung selbstreflexiven Lernens im Mathematikunterricht, zum anderen über die
Top-Down-Anordnung von regelmäßigen kollegialen Team-Besprechungen über
die integrative Förderung von Kindern mit Benachteiligungen in der Klasse –
arbeitet *Silke Werner* Faktoren heraus, die Lehrerkooperation in der Schule
nachhaltig fördern können. Sie kommt dabei zu der Folgerung, dass – unabhängig von der Logik der Intervention – die Bereitstellung zeitlicher Ressourcen –
z. B. einer regelmäßigen Freistunde – eine wichtige Rahmenbedingung darstellt.
Als noch bedeutsamer erweist sich der motivationale Faktor, dass die Lehrpersonen ihre Kooperation im Team als ein wirksames Mittel zur Lösung alltäglicher
Handlungsprobleme im Unterricht erfahren.

Das bislang in der Forschung zur Kooperation noch wenig beachtete Zusammenspiel von schulinterner und schulenübergreifender Zusammenarbeit analysieren
Dagmar Killus und *Corinna Gottmann* auf der Basis empirischer Daten aus dem
Netzwerkprojekt „Reformzeit". Im Mittelpunkt stehen zwei Fragen: Zum einen
wird die Struktur sozialer Beziehungen im Netzwerk der Kooperation zwischen
den Schulen betrachtet, zum anderen wird danach gefragt, welche Effekte die
Kooperation im Netzwerk für die jeweiligen innerschulischen Kooperationsbeziehungen zeitigen. Was die Erträge der Vernetzung angeht, so können *Killus*
und *Gottmann* produktive Kooperationsbeziehungen konstatieren, die sich bereits nach kurzer Netzwerkarbeit zwischen den Schulen etablieren. Besondere
Bedeutung dafür tragen vor allem die in diesem Projekt eingesetzten Schulberater ebenso wie die Schulleitungen als steuernde Akteure. Insofern kann die Einbindung von Koordinatoren und Schulleitungen als zentrale Gelingensbedingung
der Beförderung von kooperativer Vernetzung zwischen Schulen gelten. Die
schulinterne Kooperationspraxis profitiert zwar auch von der Vernetzung, jedoch
in geringerem Ausmaß; im Wesentlichen beschränkt sich die Intensivierung auf
jene Lehrkräfte, die am interschulischen Netzwerk teilhaben. Gleichwohl ist dies
ein positiver Effekt, der in anderen ähnlichen Studien zum Transfer interschuli-
scher in intraschulische Kooperation nicht zu beobachten ist. Die Autorinnen
erklären ihren Befund damit, dass in ihrem Projektkontext neben der Einbindung
der bereits genannten Schulleitungen über Fächergrenzen hinweg kooperiert
wurde. Darüber hinaus dürfte es für eine positive Wirkung auf die innerschu-

lische Kooperation entscheidend sein, durch flankierende Maßnahmen, wie etwa wechselseitige Hospitation, feste Reflexions- und Kooperationszeiten u. Ä., Teamkooperation institutionell zu verankern.

Aufgrund des sozialstrukturellen und demografischen Wandels sind Schulfusionen inzwischen ein weitverbreitetes Phänomen innerhalb der deutschen Bildungslandschaft. *Gudrun Meister* stellt in ihrem Beitrag verschiedene Formen von Schulfusionen vor und zeigt auf, welche Herausforderungen mit den sich verändernden Umweltbedingungen für die einzelnen Schulen verbunden sind: Sie betreffen nicht nur die Neuregelung der Organisationsstruktur, sondern auch die Transformation der Lern- und Organisationskultur. In diesem Kontext arbeitet die Autorin anhand von Ergebnissen einer empirischen Studie Möglichkeiten und Problematiken von Lehrerkooperation in unterschiedlichen Fusionsmodellen heraus. Dabei zeigt sich, dass Fusionen spezifische Koordinations- und Aushandlungsprozesse nötig machen. Wenn diese nicht prioritär bearbeitet werden, kann dies späterhin zu Blockaden, Zielunklarheiten und schließlich zu einem Rückzug in eine stark individualisierte Berufstätigkeit führen. Durch die Erfordernisse des Fusionsprozesses werden in den Lehrerkollegien oft Kräfte gebunden, die dann für schul- und unterrichtsbezogene Kooperationsprozesse nicht mehr zur Verfügung stehen.

Aus einer organisationspsychologischen Perspektive befassen sich *Olga Zlatkin-Troitschanskaia* und *Manuel Förster* mit dem Einfluss des Indikators „kollektive Selbstwirksamkeit" auf die Reformwilligkeit eines Lehrerkollegiums, welche sie als Bereitschaft zur Umsetzung des Schulprogramms konkretisieren. Als zentrale Befunde ihrer standardisierten Befragung von Lehrkräften und Mitgliedern der Schulleitung an 15 berufsbildenden Oberstufenzentren halten sie fest, dass alle Akteure die Bedeutung der kollektiven Selbstwirksamkeit für schulische Reformprozesse überdurchschnittlich hoch einschätzen, die Schulleitungen noch einmal signifikant höher als die Lehrkräfte des Kollegiums selbst. Neben der kollektiven Selbstwirksamkeit spielen als weitere Einflussfaktoren auf die Innovationsbereitschaft eines Lehrerkollegiums nach Ansicht der Schulleitungen eine hinreichende Lehrprofessionalität der einzelnen Lehrpersonen und eine transparente Führungsstruktur in der Schule eine wichtige Rolle.

Welche Rolle das Thema *Lehrerkooperation* in der Lehrerbildung spielt, beleuchtet *Martin Rothland* mit Bezug auf die erste Phase anhand der Befunde einer Befragung von Studierenden, in der Lehramtsstudierende mit solchen der Rechtswissenschaft und Humanmedizin verglichen wurden. Im Zentrum stehen Einschätzungen zur Bedeutung kollegialer Kooperation im Lehrberuf generell und hinsichtlich der subjektiv erwarteten Berufspraxis, das Ausmaß an sozial-kommunikativen Kompetenzen im Vergleich beider Studierendengruppen und wie diese im Studium gefördert werden. Die Befundlage zeigt die hohe soziale Kompetenz von Lehramtsstudierenden auch im Vergleich mit ihren Kommilito-ninnen und Kommilitonen der beiden anderen professionsbezogenen Diszipli-nen. Entwicklungspotenziale sieht Rothland gleichwohl vor allem in den Berei-chen der Konfliktfähigkeit und, insbesondere bei den Männern, im Bereich sozialer Kompetenz. Darüber hinaus scheinen Lehramtsstudierende eine größere Empfindlichkeit bei sozialer Frustration zu besitzen. Die Lehramtsstudierenden nehmen im Studium einen Zuwachs der angesprochenen Kompetenzen wahr; ob dieser aber aus curricular entsprechend profilierten Lehrangeboten zur Förderung sozialer Kompetenzen und sozial-kommunikativer Fertigkeiten resultiert oder gewissermaßen Nebenprodukt universitärer Kooperationserfahrungen selbst ist, lässt sich mit den Daten *Rothlands* nicht aufklären. *Rothland* gelangt zu dem Schluss, dass die personalen Voraussetzungen für Kooperation günstig sind, und empfiehlt eine Weiterentwicklung der Lehrangebote am zugleich festgestellten Entwicklungspotenzial bzw. Entwicklungsbedarf im sozial-kommunikativen Kom-petenzbereich.

Literatur

Ackermann, H., Rahm, S. (2004): Kooperative Schulentwicklung. Wiesbaden.

Altrichter, H., Maag Merki, K. (Hrsg.) (2010): Handbuch Neue Steuerung im Schulsystem, Wiesbaden.

Bauer, K.-O. (2004): Lehrerinteraktion und -kooperation. In: Helsper, W., Böhme, J. (Hrsg.): Handbuch der Schulforschung. Wiesbaden. S. 813–831.

Baum, E., Bondorf, N., Ullrich, H. (2010): Kooperation in Steuergruppen – Wanderungen auf schmalem Grat. Zwei Fallstudien über Chancen und Grenzen der Lehrerkooperation. In: Die Deutsche Schule 102 (2010), H. 2, S. 139–150.

Baumert, J., Kunter, M. (2006): Stichwort: Professionelle Kompetenz von Lehrkräften. In: Zeitschrift für Erziehungswissenschaft 9 (2006), H. 4, S. 469–520.

Bastian, J., Combe, A., Reh, S. (2002): Professionalisierung und Schulentwicklung. In: Zeitschrift für Erziehungswissenschaft 5 (2002), H. 5, S. 417–435.

Berkemeyer, N., Manitius, V., Müthing, K. (2008): Innovationsnetzwerke in der Schulentwicklung.Theorie Konzeptionen und Beispiele. In: Holtappels, H. G., Bos, W., Pfeiffer, H., Rolff, H.-G., Schulz-Zander, R. (Hrsg.): Jahrbuch der Schulentwicklung, Bd. 15. Weinheim/München, S. 63–92.

Berkemeyer, N., Kuper, H., Manitius, V., Müthing, K. (2009): Schulische Vernetzung. Eine Übersicht zu aktuellen Netzwerkprojekten. Münster.

Boller, S. (2010): Berufsfeldübergreifende Kooperation und Teamentwicklung in einer Versuchsschule. Oder: Welche Möglichkeiten bietet die Zusammenarbeit von Lehrkräften und Schulforscher/inne/n für die schulische Qualitätsentwicklung? In: Die Deutsche Schule 102 (2010), H. 2, S. 151–162.

Bonsen, M., Rolff, H.-G. (2006): Professionelle Lerngemeinschaften von Lehrerinnen und Lehrern. In: Zeitschrift für Pädagogik 52 (2006), H. 2, S.167–184.

Combe, A., Buchen, S. (1996): Belastung von Lehrerinnen und Lehrern. Fallstudien zur Bedeutung alltäglicher Handlungsabläufe an unterschiedlichen Schulformen, Weinheim.

Dedering, K. (2007): Schulische Qualitätsentwicklung durch Netzwerke. Das Internationale Netzwerk innovativer Schulsysteme (INIS) der Bertelsmann Stiftung als Beispiel. Wiesbaden.

Dörger, U. (1992): Projekt Lehrerkooperation. Eine pädagogische Konzeption zur Weiterentwicklung von Gesamtschulen, Weinheim/München.

Feldhoff, T., Kanders, M., Rolff, H.-G. (2008): Kooperation im Kollegium. In: Holtappels, H. G., Klemm, K., Rolff, H.-G. (Hrsg.): Schulentwicklung durch Gestaltungsautonomie. Münster, S. 167–173.

Fend, H. (2008): Schule gestalten. Systemsteuerung, Schulentwicklung und Unterrichtsqualität. Wiesbaden.

Gräsel, C., Fussangel, K., (2010): Kooperation von Lehrkräften. In: Bohl, T., Helsper, W., Holtappels, H.-G., Schelle, C. (Hrsg.): Handbuch Schulentwicklung. Bad Heilbrunn, S. 258–260.

Gräsel, C., Fussangel, K., (2011): Forschung zur Kooperation im Lehrerberuf. In: Terhart, E., Bennewitz, H., Rothland, M. (Hrsg.): Handbuch der Forschung zum Lehrerberuf. Münster u. a., S. 667–682.

Gräsel, U., Fussangel, K., Pröbstel, C. (2006): Lehrkräfte zur Kooperation anregen – eine Aufgabe für Sisyphos. In: Zeitschrift für Pädagogik 52 (2006), H. 2, S. 205–219.

Halbheer, U., Kunz, A., Maag Merki, K. (2008): Kooperation zwischen Lehrpersonen in Züricher Gymnasien. Eine explorative Fallanalyse zum Zusammenhang zwischen kooperativen Prozessen in Schulen und schulischen Qualitätsmerkmalen. In: Zeitschrift für Soziologie der Erziehung und Sozialisation, 28. Jg. (1), S. 19–35.

Holtappels, H. G. (1999): Neue Lernkultur – veränderte Lehrerarbeit. Forschungsergebnisse über pädagogische Tätigkeit, Arbeitsbelastung und Arbeitszeit in Grundschulen. In: Carle, U., Buchen, S. (Hrsg.): Jahrbuch für Lehrerforschung 2. Weinheim/München, S. 137–151.

Horstkemper, M., Killus, D., Gottmann, C. (2009): Reformzeit – Schulentwicklung in Partnerschaft. Abschlussbericht zur ersten Phase der Programmarbeit. Manuskript, Postdam.

Jerger, G. (1995): Kooperation und Konsens bei Lehrern. Eine Analyse der Vorstellungen von Lehrern über Organisation, Schulleitung und Kooperation. Frankfurt/M.

Kelchtermans, G. (2006): Teacher collaboration and collegiality as workplace conditions. In: Zeitschrift für Pädagogik 52 (2006), H. 2, S. 220–237.

Kolbe, F.-U., Reh, S. (2008): Kooperation unter Pädagogen. In: Coelen, T., Otto, H.-U. (Hrsg.): Grundbegriffe Ganztagsbildung. Das Handbuch. Wiesbaden, S. 799–808.

Oevermann, U. (1996): Theoretische Skizzen einer revidierten Theorie professionalisierten Handelns. In: Combe, A., Helsper, W. (1996): Pädagogische Professionalität. Frankfurt/M., S. 70–183.

Pfadenhauer, M. (2005): Professionelles Handeln. Wiesbaden.

Rahm, S. (2010): Kooperative Schulentwicklung, in: Bohl, T., Helsper, W., Holtappels, H. G., Schelle, C. (Hrsg.): Handbuch Schulentwicklung. Stuttgart.

Reh, S. (2008): „Reflexivität der Organisation" und Bekenntnis. Perspektiven der Lehrerkooperation. In: Helsper, W., Busse, S., Humrich, M., Kramer, R.-T. (Hrsg.): Pädagogische Professionalität in Organisationen. Neue Verhältnisbestimmungen am Beispiel der Schule. Wiesbaden, S. 162–183.

Reh, S., Breuer, A. (2010): Zwei ungleiche Professionen? In: Soziale Passagen. Jg. 2/2010. Wiesbaden, S. 29–46.

Reh, S., Schelle, C. (2004): Fallorientierte Schulentwicklungsforschung – Was Schulen dabei über sich erfahren können. In: Ackermann, H., Rahm, S. (Hrsg.) (2004): Kooperative Schulentwicklung. Wiesbaden, S. 249–267.

Rolff, H.-G. (1991): Schulentwicklung als Entwicklung von Einzelschulen? In: Zeitschrift für Pädagogik 37 (1991), S. 865–886.

Rothland, M. (2007): Wann gelingen Unterrichtsentwicklung und Kooperation? In: Becker, G., Feindt, A., Meyer, H., Rothland, M., Stäudel, L., Terhart, E. (Hrsg.): Guter Unterricht. Maßstäbe & Merkmale – Wege & Werkzeuge. Friedrich Jahresheft XXV 2007. S. 90–94.

Speck, C. (2008): Schulsozialarbeit. In: Coelen, T., Otto, H.-U. (Hrsg.): Grundbegriffe Ganztagsbildung. Das Handbuch. Wiesbaden, S. 340–348.

Steinert, B., Klieme, E., Maag Merki, K., Döbrich, P., Halbheer, U., Kunz, A. (2006): Lehrerkooperation in der Schule: Konzeption, Erfassung, Ergebnisse. In: Zeitschrift für Pädagogik 52 (2006), H. 2, S. 185–204.

Terhart, E. (1986): Organisation und Erziehung. Neue Zugangsweisen zu einem alten Dilemma. In: Zeitschrift für Pädagogik 32 (1986) 2, S. 205–223.

Weick, K. E. (1976): Educational Organizations as Loosely Coupled Systems. In: Administrative Science Quarterly, Jg. 21, S. 1–19.

Zeitschrift für Pädagogik (2006): Schwerpunktthema: Kooperation im Lehrberuf, 52. Jg., H. 2.

I   Theoretische Orientierungen

Lehrerkooperation aus der Sicht der Bildungsforschung

Kathrin Fussangel und Cornelia Gräsel

Die Beschäftigung mit dem Thema *Lehrerkooperation* aus der Sicht der empirischen Schulforschung bedeutet, auf ein bereits länger bestehendes Forschungsinteresse und verschiedene Ergebnisse aus unterschiedlichen Forschungstraditionen zu blicken. Der vorliegende Artikel geht nach einer allgemeinen Einleitung auf aktuelle Ansätze der Kooperationsforschung sowie auf die Bedingungen von Kooperation ein, um im Anschluss die Lehrerkooperation an Ganztagsschulen näher in den Blick zu nehmen, die in den letzten Jahren stärker in den Fokus gerückt ist. Am Ende werden Möglichkeiten der konkreten Anregung und Gestaltung von Kooperation in der Schule vorgeschlagen.

1 Einleitung

Die Zusammenarbeit von Lehrkräften ist immer wieder Thema der Schulforschung gewesen und wurde in den letzten Jahren und Jahrzehnten aus verschiedener Perspektive betrachtet und mit anderen schulbezogenen Variablen in Verbindung gebracht. So zeigen etwa Befunde aus der Schuleffektivitätsforschung, dass in effektiven Schulen, d. h. in Bezug auf die Leistungen der Schülerinnen und Schüler erfolgreiche Schulen, mehr kooperiert wird als in weniger erfolgreichen Schulen (vgl. Scheerens und Bosker, 1997). Solche und andere Befunde haben für die Schulentwicklung wichtige Impulse gegeben, um die Kooperation an einzelnen Schulen anzuregen und die Arbeit der Lehrkräfte in Bezug auf die Lernprozesse der Schülerinnen und Schüler inhaltlich und methodisch aufeinander abzustimmen.

Die verschiedenen Forschungsarbeiten, die sich bisher mit der Lehrerkooperation beschäftigt haben, verbindet häufig die hohe Erwartung, die mit der Kooperation verbunden ist. Von einer funktionierenden Zusammenarbeit zwischen Lehrkräften werden i. d. R. positive Konsequenzen sowohl für die Lehrkräfte selber (z. B. Arbeitsentlastung) als auch für die Schülerinnen und Schüler erwartet. Vor diesem Hintergrund stellt sich aus der Sicht einer empirisch ausgerichteten Forschung die Frage, wie es denn um die Kooperation in Schulen tatsächlich bestellt ist. In welchem Ausmaß kooperieren Lehrkräfte? Gibt es Unterschiede zwischen verschiedenen Schulformen oder Altersgruppen von Lehrkräften? Befunde zum Ausmaß der Kooperation sind mit dem Problem behaftet, dass die Zusammenarbeit von Lehrkräften sehr unterschiedliche Formen annimmt; die Operationalisierungen von Kooperation sind in der empirischen Forschung vielfältig. Es gibt aber dennoch einige Hinweise darauf, dass Kooperation insgesamt eher gering ausfällt und als deutlich ausbaufähig zu bezeichnen ist. So wurde in Studien nach der gemeinsamen Unterrichtsvorbereitung gefragt, wie z. B. in der DESI[1]-Studie (Klieme et al., 2006), die zeigen konnte, dass im Rahmen des Deutschunterrichts bei 8 % der beteiligten Lehrkräfte mindestens einmal im Monat eine gemeinsame Unterrichtsvorbereitung stattfindet. Bei den Englischlehrkräften ist dies nur bei 2 % der Fall. Neben diesen Unterschieden zwischen verschiedenen Fachlehrkräften zeigten sich Unterschiede zwischen den Schulformen: Bei den Deutschlehrpersonen ist das Ausmaß an gemeinsamer Vorbereitung an den Integrierten Gesamtschulen am höchsten (21 %) und an den Gymnasien am geringsten (1 %, Hauptschule: 16 %, Realschule: 5 %). Im Englischunterricht gaben lediglich 3 % der Hauptschullehrkräfte und 4 % der Realschullehrkräfte an, mindestens einmal im Monat ihren Unterricht gemeinsam mit Kolleginnen und Kollegen vorzubereiten. In internationalen Vergleichsstudien ist man häufig auf die Angaben der Schulleitungen angewiesen, die von der tatsächlich stattfindenden Zusammenarbeit eher distal und somit für Fragen der Schulentwicklung weniger aussagekräftig sind.

Aus einem Blick auf bisherige Befunde zum Ausmaß an Zusammenarbeit ergeben sich für die empirische Schulforschung vor allem zwei Konsequenzen bzw. Fragestellungen: Zum einen scheint es für eine Vergleichbarkeit von Befunden wichtig zu sein, Kooperation zunächst präzise zu fassen und sodann einheitlich zu operationalisieren – zumindest über einige Studien hinweg. Zum anderen stellt sich die Frage nach den Bedingungen von Kooperation und auf welcher Ebene diese anzusiedeln sind. Woran liegt es, dass Lehrkräfte nicht mehr kooperieren? Hier lassen sich verschiedene Ebenen in den Blick nehmen, auf die im weiteren Verlauf des Artikels eingegangen werden soll. Zunächst wird jedoch ein aktueller Ansatz der Lehrerkooperation vorgestellt, der bereits in verschiedenen empirischen Schulforschungsprojekten angewandt wurde.

---

[1] DESI = Deutsch-Englisch-Schülerleistungen International

2 Aktuelle Ansätze der Kooperationsforschung: Die Differenzierung verschiedener Kooperationsformen

Die Vielfältigkeit des Phänomens Lehrerkooperation macht es nötig, genau zu bestimmen, was unter Kooperation verstanden werden soll. Nur so sind verschiedene Forschungsergebnisse miteinander vergleichbar. Darüber hinaus ist es angesichts der vielen möglichen Ausprägungen von Zusammenarbeit wichtig, verschiedene Formen der Kooperation zu unterscheiden, die sich einfacher oder schwieriger im schulischen Alltag realisieren lassen. Die Wirkung von Kooperation kann demnach nur im Zusammenhang mit einer bestimmten Form der Kooperation verbunden werden und nicht pauschal beurteilt werden.

Gräsel et al. (2006) orientieren sich in ihrem Ansatz zunächst an einer Definition von Spieß (2004) aus dem organisationspsychologischen Bereich. Diese allgemeine Definition von Kooperation zeigt verschiedene Bedingungen von Kooperation auf und ist zugleich offen genug, um auf die spezifischen Merkmale des Lehreralltages übertragen werden zu können: „Kooperation ist gekennzeichnet durch den Bezug auf andere, auf gemeinsam zu erreichende Ziele bzw. Aufgaben, sie ist intentional, kommunikativ und bedarf des Vertrauens. Sie setzt eine gewisse Autonomie voraus und ist der Norm der Reziprozität verpflichtet" (ebd., S. 199). In Anlehnung an diese Definition zur Kooperation von Spieß (2004) sowie an weitere Arbeiten aus dem organisationspsychologischen Bereich unterscheiden Gräsel et al. (2006) drei verschiedene Formen der Kooperation: den Austausch, eine gemeinsame (arbeitsteilige) Planung der Arbeit sowie eine ko-konstruktive Kooperation. Diese Kooperationsformen lassen sich zum einen dadurch charakterisieren, dass sie unterschiedlich intensiv sind und verschiedene der in der Definition von Spieß (2004) angegebenen Bedingungen umsetzen. Sie beziehen sich zum anderen klar auf die Ebene des Unterrichts und beschreiben verschiedene Lehrertätigkeiten, die sich durch eine gemeinsame Betrachtung und Weiterentwicklung des Unterrichts auszeichnen. Auch wenn angesichts der unterschiedlichen Intensität der drei Kooperationsformen angenommen werden könnte, dass intensive Formen entsprechend „stärkere" Wirkungen zeigen, so gehen die Autoren davon aus, dass dies nicht zwangsläufig der Fall ist bzw. eine solche Aussage pauschal nicht getroffen werden kann. Verschiedene Kooperationsformen erfüllen im Schulalltag vielmehr unterschiedliche Funktionen und sind im Zusammenhang mit unterschiedlichen Aufgaben zu sehen. Vor diesem Hintergrund können sodann auch Aussagen über Wirkungen getroffen werden.

Der Austausch ist im schulischen Alltag relativ einfach umzusetzen. Mit Bezug auf die Definition von Spieß (2004) lässt sich festhalten, dass Austauschtätigkeiten die Autonomie der einzelnen Lehrkräfte nur wenig einschränken und zudem keine besonderen Ressourcen wie Zeit oder Vertrauen in Anspruch nehmen. Ein Austausch von Informationen oder auch Materialien ist wichtig, damit alle Lehrerinnen und Lehrer auf dem gleichen Informationsstand sind, erfordert aber keine spezifischen Ziele in Bezug auf die Kooperationstätigkeit. Bei der gemeinsamen Arbeitsplanung, der zweiten Kooperationsform, müssen die Lehrkräfte sich bereits über eine gemeinsame Zielstellung verständigen. Sie müssen ihre Arbeit dabei so organisieren, dass alle einen Teilbereich bearbeiten können und eine gleiche Vorstellung des Endprodukts haben, sprich auf ein gemeinsames Ziel hinarbeiten. Ein Beispiel wäre die gemeinsame Vorbereitung einer Unterrichtsreihe, bei der jede Lehrperson einen bestimmten Teil übernimmt und alle am Ende die gesamte Einheit nutzen können. Die Arbeit in diesem Sinne gemeinsam zu organisieren und zu strukturieren, stellt dabei häufig eine Herausforderung für Lehrkräfte dar, die es eher gewohnt sind, ihre Arbeit alleine zu planen. Klappt eine solche gemeinsame Arbeitsplanung aber, so kann sie für die einzelne Lehrperson eine Arbeitsentlastung und damit eine ökonomischere Gestaltung des Schulalltags bedeuten. Die dritte Kooperationsform ist die Ko-Konstruktion, bei der Lehrkräfte intensiv hinsichtlich bestimmter Inhalte zusammenarbeiten und sich z. B. gemeinsam neue Inhalte erschließen oder gemeinsame Standards für ihren Unterricht entwickeln. Dementsprechend beinhaltet diese Kooperationsform einen stark reflexiven Anteil und bedarf im Vergleich zu den anderen Formen in höherem Maße Ressourcen wie Zeit und gegenseitiges Vertrauen. Das Ziel von Ko-Konstruktion kann zum einen in der professionellen Weiterentwicklung der Lehrkräfte gesehen werden und damit gleichermaßen in der Entwicklung ihres Unterrichts (Putnam und Borko, 2000).

Neben diesem Ansatz der aktuellen Kooperationsforschung lässt sich ein weiterer anführen, der sich jedoch weniger explizit auf die Unterrichtsebene und damit auf das konkrete Lehrerhandeln bezieht, sondern vielmehr auf die gesamte Schule. So unterscheiden Steinert et al. (2006) verschiedene Stufen der Kooperation, die zugleich Stufen der Schulentwicklung darstellen sollen. Die fünf Stufen (Fragmentierung, Differenzierung, Koordination, Interaktion, Integration) beschreiben somit, inwieweit es innerhalb des Schulkollegiums ein abgestimmtes Lehrerhandeln gibt und repräsentieren somit verschiedene Entwicklungsstufen.

3   Fördernde und hemmende Bedingungen von Kooperation

Die Frage nach den Bedingungen von Lehrerkooperation muss auf verschiedenen Ebenen betrachtet werden. Spieß (2004) geht in ihrer Definition bereits auf Kernbedingungen von Kooperation ein, die sich zum Teil auf der individuellen Ebene der einzelnen Lehrperson befinden, zum Teil jedoch auch von organisationalen Rahmenbedingungen abhängig sind, in denen die Zusammenarbeit stattfindet. Gegenseitiges Vertrauen, Kommunikation und Reziprozität sind auf der interindividuellen Ebene zwischen verschiedenen Lehrpersonen bedeutsame Bedingungsfaktoren für die Kooperation. Auch die Aushandlung eines gemeinsamen Ziels lässt sich auf der individuellen Ebene beschreiben. Zugleich zeigt sich hier jedoch auch schon eine Abhängigkeit von bestimmten Rahmenbedingungen. Dies gilt gleichermaßen für die Autonomie der Lehrkräfte, die in starkem Maße von der Organisation Schule abhängig ist. Geht man von den von Spieß (2004) genannten Kernbedingungen von Kooperation aus, so lassen sich also Interaktionen zwischen verschiedenen Bedingungsebenen feststellen.

Wie sieht es nun in der Praxis aus? Sind die erwähnten Bedingungen für eine gelingende Kooperation gegeben bzw. lassen sie sich leicht im schulischen Alltag der Lehrkräfte realisieren? Um darauf genauer eingehen zu können, müssen die spezifischen Charakteristika des Lehrerberufs, die sich aus der Organisation Schule ergeben, in den Blick genommen werden. Der Lehrerberuf ist insgesamt durch eine sehr hohe Autonomie der einzelnen Lehrperson gekennzeichnet, die sich vor allem aus der räumlichen Trennung der Lehrkräfte untereinander ergibt. Weick (1982) hat die Schule als lose gekoppeltes System beschrieben, womit er ausdrücken wollte, dass die einzelnen Arbeitsbereiche (z. B. Klassenverbände) relativ unabhängig voneinander arbeiten (können) und nur lose miteinander verbunden sind. Im Vergleich zu anderen Formen von Organisationen, in denen die einzelnen Bereiche in einem viel höheren Abhängigkeitsverhältnis stehen, ist es in der Schule möglich, dass ein einzelner Bereich arbeitsfähig ist, auch wenn es in anderen Bereichen Probleme gibt. Fällt also z. B. eine Lehrperson in einer Klasse aus, so beeinträchtigt dies nicht zwangsläufig die Arbeitsprozesse in anderen Klassen. Diese Unabhängigkeit führt auf Seiten der Lehrpersonen zu einer entsprechenden Autonomie, die charakteristisch für den gesamten Lehrerberuf ist und die ein wesentliches Merkmal der Sozialisation von Lehrkräften darstellt (vgl. Altrichter, 1996). Lortie (1975) hat dieses Berufsmerkmal als Autonomie-Paritäts-Muster bezeichnet. Es bringt zum Ausdruck, dass Lehrerinnen und Lehrer zum einen autonom arbeiten und sich untereinander als gleichwertig betrachten, was zur Folge hat, dass eine Einmischung in die Tätigkeiten von Kolleginnen und Kollegen eher unerwünscht ist. Dieses Muster – so Lortie – wirke im Lehrerberuf wie ein ungeschriebenes Gesetz und stelle zugleich eine Erwartungshaltung der Lehrpersonen an ihren Beruf dar.

Vor dem Hintergrund dieser Betrachtungen der Organisation Schule, lässt sich für den Bereich der Kooperation festhalten, dass diese durch die organisationalen Rahmenbedingungen eher gehemmt wird. Kooperation ist in der Organisation Schule nicht per se vorgesehen oder institutionalisiert und muss bewusst gestaltet werden. Mit der Frage nach den Gestaltungsprozessen von Kooperation befinden wir uns nun auf der Ebene der einzelnen Schule. Verschiedene Autoren bezeichnen die Kooperation als wichtiges Instrument der Unterrichts- und Organisationsentwicklung (Dalin et al., 1996; Rolff et al., 2000). Nur durch eine abgestimmte Unterrichtstätigkeit der Lehrpersonen können die Bildungsprozesse der Schülerinnen und Schüler optimal aufeinander abgestimmt und organisiert werden (Maag Merki, 2009). So können durch eine intensive Zusammenarbeit z. B. Brüche in der Unterrichtsgestaltung und den Inhalten vermieden werden, die bei einem Lehrerwechsel passieren könnten.

Wie lässt sich Kooperation nun an der einzelnen Schule organisieren? Welche Bedingungen vor Ort fördern die Zusammenarbeit von Lehrerinnen und Lehrern? Um die durch die Organisation hemmenden Bedingungen zu überwinden, ist es zunächst wichtig, räumliche und zeitliche Strukturen zu schaffen bzw. bereitzustellen, die es den Lehrpersonen erlauben, sich regelmäßig zu treffen und zusammenzuarbeiten. Dies mag recht banal klingen, ist jedoch in vielen Schulen per se nicht vorhanden und aufgrund einer komplexen Stundenplangestaltung oft auch nicht einfach umzusetzen. Hier ist die Unterstützung der Schulleitung enorm wichtig, die helfen kann, entsprechende Strukturen zu schaffen und die Lehrpersonen bei der Kooperation zu unterstützen (Dalin et al., 1996). Schulen, die z. B. eine Unterrichtsstunde pro Woche für die Kooperation nutzen, haben damit sehr positive Erfahrungen gemacht (Gathen, 2005). Eine funktionierende Kooperation braucht eine gewisse Zeit, um sich zu etablieren, insofern sind regelmäßige Zusammenkünfte sehr wichtig.

Neben diesen Rahmenbedingungen müssen kooperationsspezifische Bedingungen gegeben sein, die zu einem Gelingen beitragen. Wie Spieß (2004) in ihrer Definition festhält, ist ein gemeinsames Ziel eine der wichtigsten Bedingungen. Gemeinsame Ziele zu finden, stellt für Lehrkräfte, die eher autonom arbeiten, eine Herausforderung dar. Sie sind es zudem häufig nicht gewohnt, ihre Ziele zu explizieren und handlungsnah zu formulieren. Die vermeintlich gemeinsamen Bildungs- und Erziehungsziele von Lehrpersonen befinden sich somit häufig auf einer abstrakten und handlungsfernen Ebene, die sich nur wenig im schulischen Alltag und im Unterrichtshandeln der Lehrkräfte niederschlägt (Schley, 1998). Hilfreich ist hier das Fokussieren auf einen ganz konkreten Bereich, für den ein gemeinsames Ziel ausformuliert wird, damit die Handlungsnähe erhalten bleiben kann. In verschiedenen Forschungsprojekten hat sich gezeigt, dass die Kooperation gut funktioniert, wenn ein grobes Ziel, auf das die Lehrpersonen hinarbeiten können, vorgegeben ist. In dem Projekt *Chemie im Kontext* zeigte sich beispielsweise, dass die Kooperation in sog. Lerngemeinschaften gut funktionierte, da die Lehrpersonen wussten, was sie tun sollten: Die gemeinsame Aufgabe bestand darin, pro Schulhalbjahr mindestens zwei Unterrichtsreihen zu entwickeln, die dem Konzept von *Chemie im Kontext* entsprachen

(Fussangel und Gräsel, 2009). Diese Vorgabe hat die Planungen innerhalb der Kooperationsgruppen insofern erleichtert, als die Lehrkräfte relativ bald in konkretere Zielformulierungen und Entwicklungsschritte einsteigen konnten. Zugleich ist es wichtig, den kooperierenden Lehrpersonen genügend Autonomie zu gewähren, damit sie sich innerhalb der gemeinsamen Zielvorgabe nicht eingeengt und fremdbestimmt fühlen; dies würde dem Gelingen der Kooperation entgegenwirken (Spieß, 2004; Fussangel und Gräsel, 2008).

4 Neue Perspektive: Lehrerkooperation in Ganztagsschulen

Der seit einigen Jahren vor allem durch das vom Bund aufgelegte Investitionsprogramm „Zukunft, Bildung und Betreuung" betriebene Ausbau von Ganztagsschulen in Deutschland hat auch Auswirkungen auf das Forschungsfeld der Lehrerkooperation. An Ganztagsschulen entsteht durch die veränderten Rahmenbedingungen eine neue Situation, durch die sich für die Kooperation neue Chancen, aber auch neue Herausforderungen ergeben (Holtappels et al., 2007). Was die Chancen für eine Kooperation anbelangt, so kann aufgrund der veränderten und ausgeweiteten Zeitstruktur an Ganztagsschulen die Vermutung aufgestellt werden, dass die Kooperation leichter organisiert und in den schulischen Alltag integriert werden kann. Zugleich werden in der wissenschaftlichen und öffentlichen Diskussion hohe Erwartungen an die Ganztagsschulen geknüpft, nicht nur in Bezug auf die Leistungen der Schülerinnen und Schüler, sondern auch hinsichtlich von Variablen wie Schulqualität, Lehrerkooperation und Lehrerbeanspruchung (Carle und Holtappels, 1995; Radisch und Klieme, 2004).

Wie sehen nun die bisher vorliegenden empirischen Forschungsergebnisse aus? Bestätigen sie die Erwartungen und formulierten Hypothesen in Bezug auf die Bedingungen und das Ausmaß der Kooperation? In der groß angelegten *Studie zur Entwicklung von Ganztagsschulen* (StEG) zeigte sich in der ersten Erhebung, dass die Kooperation unter den Lehrkräften nur wenig ausgeprägt ist (Dieckmann et al., 2008).

Ein ähnliches Bild zeigte sich auch in einer eigenen empirischen Studie, in der die Kooperation sowie die Belastung und Beanspruchung von Lehrkräften an halb und voll gebundenen Ganztagsschulen in Nordrhein-Westfalen miteinander verglichen wurden (Fussangel et al., 2010). In dieser Studie haben wir die Kooperation anhand der drei oben beschriebenen Kooperationsformen erhoben: Austausch, gemeinsame Arbeitsplanung und Ko-Konstruktion. Die Ergebnisse zeigen dahingehend ein typisches Bild, dass der Austausch häufiger stattfindet als die beiden anderen Kooperationsformen und die Ko-Konstruktion als intensive Form der Zusammenarbeit vergleichsweise selten praktiziert wird. Dieses

Bild hatte sich zuvor bereits in anderen empirischen Erhebungen ergeben (Fussangel, 2008). Was Kooperationsunterschiede zwischen Halb- und Ganztagsschulen betrifft, so stellte sich heraus, dass sich die Lehrpersonen an den voll gebundenen Ganztagsschulen in Bezug auf alle drei erhobenen Kooperationsformen nicht von ihren Kolleginnen und Kollegen an den Halbtagsschulen unterscheiden. Angesichts dieser Ergebnisse lässt sich als vorläufiges Fazit festhalten, dass die Chancen, die sich an Ganztagsschulen für eine intensivere Kooperation unter Lehrkräften ergeben, offensichtlich bisher nur wenig genutzt werden. Welche Konsequenzen dies für die Schulentwicklung hat, soll in einem späteren Abschnitt diskutiert werden.

Wie sieht es nun mit Herausforderungen aus, die sich für die Kooperation an Ganztagsschulen ergeben? Obwohl sich hinsichtlich der Kooperation unter Lehrkräften in bisherigen Ergebnissen keine Unterschiede zwischen Halb- und Ganztagsschulen feststellen ließen, kann man nichtsdestotrotz an Ganztagsschulen eine andere Kooperationskultur vermuten als an Halbtagsschulen. Diese ergibt sich vor allem durch die Anwesenheit des Weiteren pädagogischen Personals, das es an Halbtagsschulen i. d. R. nicht gibt, und das die Lehrkräfte an Ganztagsschulen im Umgang mit schwierigen Schülerinnen und Schülern oder in der Elternarbeit unterstützt. Durch diese Situation sind die Lehrkräfte an Ganztagsschulen neben der Zusammenarbeit mit ihren Kolleginnen und Kollegen auch in Formen der interprofessionellen Kooperation eingebunden. Für die empirische Schulforschung ergeben sich daraus folgende Fragestellungen: Welche Form nimmt diese interprofessionelle Kooperation an Ganztagsschulen an? Inwiefern unterscheidet sie sich von der Lehrerkooperation? Wie sieht das Verhältnis von Lehrerkooperation und interprofessioneller Kooperation aus? In dem erwähnten Projekt zur Kooperation und Belastung an Halb- und Ganztagsschulen sind wir solchen Fragestellungen im Rahmen einer qualitativen Teilstudie nachgegangen (vgl. Dizinger et al., im Erscheinen).

Die Ergebnisse dieser qualitativen Interviewstudie lassen sich dahingehend zusammenfassen, dass die interprofessionelle Kooperation überwiegend spontan, d. h. bei Bedarf, stattfindet und wenig institutionalisiert ist. Wenn sich in einer Klasse z. B. Probleme mit einem schwierigen Schüler ergeben, dann wird der Rat einer pädagogischen Fachkraft hinzugezogen. Diese Art der Zusammenarbeit zwischen zwei verschiedenen Professionen ähnelt auf den ersten Blick mehr einer strikten Trennung der Arbeitsbereiche, da die Lehrkräfte die Möglichkeit haben, schwierige Schülerinnen und Schüler „abzugeben". Zugleich berichten viele der interviewten Lehrkräfte jedoch auch, dass sie gemeinsam mit den pädagogischen Kräften überlegen, wie einzelne Schülerinnen und Schüler gefördert werden können, und stimmen sich hinsichtlich der zu ergreifenden Maßnahmen ab. Für die Lehrkräfte bedeutet dies eine große Entlastung, da sie sich von den eher erzieherischen Aufgaben ihrer Tätigkeit etwas entbunden fühlen und sich stärker auf ihre Rolle als Lehrperson konzentrieren können. Sie empfinden dabei nicht nur eine Arbeitsentlastung, im Sinne der Abgabe bestimmter Verantwortungsbereiche an andere Professionelle, sondern fühlen sich vielfach auch emotional entlastet, da sie sich in pädagogisch-erzieherischen Fragen beraten können und ihr eigenes Verhalten als Lehrperson in der Zusammenarbeit mit z. B. Sozialpädagogen absichern können.

Neben diesen Formen der Zusammenarbeit, die sich auf die Förderung von Schülerinnen und Schülern oder den Umgang mit Verhaltensauffälligkeiten beziehen, sind die Arbeitsfelder von Lehrkräften und dem weiteren pädagogischen Personal häufig nur punktuell miteinander verknüpft. Eine inhaltliche Zusammenarbeit im Unterricht findet häufig nur bei bestimmten Projekten oder Themen statt, bei denen die pädagogischen Kräfte aufgrund ihrer Ausbildung ein bestimmtes Wissen einbringen können und somit einzelne Unterrichts- oder Projektphasen gestalten. Einige Lehrkräfte berichten in der Interviewstudie jedoch auch, dass es keinerlei Verknüpfung zwischen dem eigenen Unterricht und der Arbeit des weiteren pädagogischen Personals gebe (vgl. Dizinger et al., im Erscheinen).

5 Konsequenzen für die Schulentwicklung

Eine gelingende und gut funktionierende Kooperation ist für die beteiligten Lehrerinnen und Lehrer gewinnbringend und entlastet sie in verschiedener Hinsicht; dies haben empirische Studien gezeigt (vgl. Fussangel, 2008). Häufig waren dies qualitative Studien, in denen es eher als in quantitativen Untersuchungen gelingt, die Bedingungen von Kooperation sowie die konkrete Ausgestaltung im Unterrichtsalltag der Lehrkräfte genau zu beschreiben. Wie die Ausführungen in den vergangenen Abschnitten deutlich gemacht haben, ist Kooperation jedoch an bestimmte Bedingungen geknüpft und muss bewusst gestaltet werden. Hinzu kommen die eher hemmenden organisationalen Rahmenbedingungen der Schule, die eine Zusammenarbeit erschweren können. Wie die Befunde aus dem Ganztagsschulbereich zeigen, führen vermeintlich bessere Rahmenbedingungen nicht automatisch zu einer gesteigerten und besseren Kooperation.

Wie können es Lehrerinnen und Lehrer nun schaffen, effektiv miteinander zu kooperieren? Neben der eher formalen Organisation der Zusammenarbeit (Zeit, Regelmäßigkeit, Räumlichkeiten), stellt sich zunächst die Frage des Ziels der Zusammenarbeit, da sich hieraus u. U. auch der Kreis der Teilnehmenden ergibt. Neben einer groben Zielformulierung ist eine Konkretisierung wichtig. Dabei können folgende Fragestellungen helfen: Wie lässt sich ein gemeinsames

Ziel für die nächsten Monate handlungsnah und erreichbar formulieren? Welche Aufgaben müssen für diese Zielerreichung übernommen werden? Besteht die Möglichkeit der Aufgabenverteilung oder müssen gemeinsam Inhalte o. Ä. erarbeitet werden? Welche Ressourcen werden gebraucht?

Wenn sich Lehrerinnen und Lehrer auf den Weg machen und ihre Kooperation aktiv gestalten, kann es gerade zu Beginn eines solchen Prozesses auch Rückschläge geben. Bestimmte Routinen und Rollenverteilungen müssen sich erst entwickeln und benötigen eine bestimmte Zeit, bis sie sich eingespielt haben. Das Bewusstsein, dass sich Kooperation nach einer – vielleicht auch im Vergleich zur Einzelarbeit – aufwendigen Anfangsphase lohnt und zu einer entlastenden und effektiveren Arbeitsweise führt, kann dabei helfen, sich tatsächlich mit Kolleginnen und Kollegen zusammenzusetzen und gemeinsam den eigenen Unterricht zu gestalten und weiterzuentwickeln.

Literatur

Altrichter, H. (1996): Der Lehrerberuf: Qualifikationen, strukturelle Bedingungen und Professionalität. In: Specht, W. und Thonhauser, J. (Hrsg.): Schulqualität. Entwicklungen, Befunde, Perspektiven. Innsbruck, S. 96–172.

Carle, U., Holtappels, H.-G. (1995): Schulzeit und Erziehungsqualität: Neue Perspektiven für Forschung und Entwicklung – Ergebnisse einer Fachtagung. In: Holtappels, H.-G. (Hrsg.): Ganztagserziehung in der Schule. Opladen, S. 280–293.

Dalin, P., Rolff, H.-G., Buchen, H. (1996): Institutioneller Schulentwicklungs-Prozeß (3. Aufl.). Bönen.

Dieckmann, K., Höhmann, K., Tillmann, K. (2008): Schulorganisation, Organisationskultur und Schulklima an ganztägigen Schulen. In: Holtappels, H.-G., Klieme, E., Rauschenbach, T., Stecher, L. (Hrsg.): Ganztagsschule in Deutschland. Ergebnisse der Ausgangserhebung der „Studie zur Entwicklung von Ganztagsschulen" (StEG) (2., korr. Aufl.). Weinheim, S. 164–185.

Dizinger, V., Fussangel, K., Böhm-Kasper, O. (im Erscheinen): Interprofessionelle Kooperation an Ganztagsschulen aus der Perspektive der Lehrkräfte. Wie lässt sie sich erfassen und wie wird sie im schulischen Belastungs- und Beanspruchungs-Geschehen bewertet? In: Speck, K., Olk, T., Böhm-Kasper, O., Stolz, H.-J., Wiezorek, C. (Hrsg.): Multiprofessionelle Teams an Ganztagsschulen. Weinheim.

Fussangel, K. (2008): Subjektive Theorien von Lehrkräften zur Kooperation. Eine Analyse der Zusammenarbeit von Lehrerinnen und Lehrern in Lerngemeinschaften. Wuppertal http://elpub.bib.uni-wuppertal.de/edocs/dokumente/fbg/paedagogik/diss2008/fussangel/

Fussangel, K., Dizinger, V., Böhm-Kasper, O., Gräsel, C. (2010): Kooperation, Belastung und Beanspruchung von Lehrkräften an Halb- und Ganztagsschulen. Unterrichtswissenschaft, 38(1), S. 51–67.

Fussangel, K., Gräsel, C. (2008): Unterrichtsentwicklung in Lerngemeinschaften: das Beispiel „Chemie im Kontext". In: Berkemeyer, N., Bos, W., Manitius, V., Müthing, K. (Hrsg.): Unterrichtsentwicklung in Netzwerken. Konzeptionen, Befunde, Perspektiven. Münster, S. 285–295.

Fussangel, K., Gräsel, C. (2009): Die Kooperation in schulübergreifenden Lerngemeinschaften. Die Arbeit der Sets im Projekt „Chemie im Kontext". In: Maag Merki, K. (Hrsg.): Kooperation und Netzwerkbildung. Strategien zur Qualitätsentwicklung in Schulen. Seelze, S. 120–131.

Gathen, v. d. J. (2005): Was macht die Arbeit einer „Professionellen Lerngemeinschaft" aus? SchulVerwaltung NRW, 3, S. 88–90.

Gräsel, C., Fussangel, K., Pröbstel, C. (2006): Lehrkräfte zur Kooperation anregen – eine Aufgabe für Sisyphos? Zeitschrift für Pädagogik, 52(2), S. 205–219.

Holtappels, H. G., Klieme, E., Rauschenbach, T., Stecher, L. (Hrsg.): (2007): Ganztagsschule in Deutschland. Ergebnisse der Ausgangserhebung der „Studie zur Entwicklung von Ganztagsschulen" (StEG). Weinheim.

Klieme, E., Eichler, W., Helmke, A., Lehmann, R., Nold, G., Rolff, H.-G. et al. (2006): Unterricht und Kompetenzerwerb in Deutsch und Englisch. Frankfurt/M.

Lortie, D. C. (1975): Schoolteacher – a sociological study. Chicago.

Maag Merki, K. (2009): Kooperation und Netzwerkbildung. Strategien zur Qualitätsentwicklung in Schulen. Seelze.

Putnam, R. T., Borko, H. (2000): What Do New Views of Knowledge and Thinking Have to Say About Research on Teacher Learning. Educational Researcher, 29 (1), S. 4–15.

Radisch, F., Klieme, E. (2004): Wirkungen ganztägiger Schulorganisation. Die deutsche Schule, 96 (2), S. 153–169.

Rolff, H.-G., Buhren, C. G., Lindau-Bank, D., Müller, S. (2000): Manual Schulentwicklung (3. Aufl.). Weinheim.

Scheerens, J., Bosker, R. J. (1997): The foundations of educational effectiveness. Oxford.

Schley, W. (1998): Teamkooperation und Teamentwicklung in der Schule. In: Altrichter, H., Schley, W., M., Schratz (Hrsg.): Handbuch zur Schulentwicklung. Innsbruck, S. 111–159.

Spieß, E. (2004): Kooperation und Konflikt. In: H. Schuler (Hrsg.), Organisationspsychologie (3. Aufl.). Göttingen, S. 193–247.

Steinert, B., Klieme, E., Maag Merki, K., Döbrich, P., Halbheer, U., Kunz, A. (2006): Lehrerkooperation in der Schule: Konzeption, Erfassung, Ergebnisse. Zeitschrift für Pädagogik, 52 (2), S. 185–204.

Weick, K. E. (1982): Administering Education in Loosely Coupled Schools. Phi Delta Kappan, 63, S. 673–676.

Lehrerkooperation aus organisationssoziologischer Sicht

Harm Kuper und Nicole Kapelle

1 Begriffliche Grundlagen

In der Organisationssoziologie bezeichnet *Kooperation* den Übergang von einer isolierten, individuellen Bemühung um die Verfolgung eines Zieles zu einer kollektiven Anstrengung im Interesse einer gesteigerten Leistungsfähigkeit (vgl. Bonazzi, 2008, S. 65 ff.). Im Allgemeinen liegen Anlässe der Kooperation darin, die Grenzen individueller Leistungsfähigkeit zu überwinden. Der Übergang vom Handeln einzelner Personen zum kooperativen Handeln markiert einen qualitativen Sprung zum sozialen Handeln. Kooperation lässt sich daher nicht auf der Grundlage individueller Handlungsmotive erklären; sie ist in den meisten Fällen das Resultat einer komplexen Abstimmung, in der die Bedingungen der Beteiligung und die individuellen Beiträge ausgehandelt werden. Das Ergebnis ist dabei nicht mehr auf die Entschlüsse oder Interessen einer einzelnen Person zurückzuführen. Auf Kooperation trifft daher ebenso wie auf Organisation zu, dass sie keine „One-Man-Show" ist, in der Kooperierende von Einzelnen gesetzte Ziele reibungslos umsetzen (vgl. Preisendörfer, 2008, S. 13). Die Organisationssoziologie fragt nach den Motiven und den Koordinationsleistungen, aus denen sich Kooperation ergibt. Kooperation bildet aus dieser Perspektive einen Zwischenschritt zur Organisation. Den Ausgangspunkt dieser Überlegungen bildet der empirisch sicher selten anzutreffende Grenzfall, in dem Individuen in eine Kooperation eintreten, weil sie alle das gleiche Ziel verfolgen, es aber aus eigener Kraft nicht erreichen können und daher gemeinsam agieren. Metaphorisch kann man dabei an eine Gemeinschaft von Wandernden denken, die einen den Weg versperrenden Felsblock beiseite räumt. In diesem Beispiel kann die Identität der Interessen der Gemeinschaft und der ihrer einzelnen Mitglieder angenommen werden; darüber hinaus ist mit einer spontanen Kooperation zu rechnen, die keiner aufwendigen Koordinationsleistung bedarf. Im empirisch weitaus öfter anzutreffenden Regelfall besteht keine Übereinstimmung von individuellen und kollektiven Interessen oder Zielen. Motive zur Beteiligung an einer Kooperation müssen dann zunächst hergestellt werden. Allein dieses Erfordernis zieht einen Koordinationsaufwand nach sich, der kaum noch spontan zu bewältigen ist und daher in formal organisiertes Handeln mündet. Formale Organisation ist eine Bedingung für die Verstetigung kooperativen Handelns. Historisch betrachtet leisten Organisationen darüber einen maßgeblichen Beitrag zur funktionalen Differenzierung und Arbeitsteilung in modernen Gesellschaften (vgl. Luhmann, 2000).

2 Stabilisierung von Kooperation durch Organisation

Als eine unerlässliche Voraussetzung für die Stabilisierung und Regulierung von Kooperationssystemen beschreibt Barnard die Entkopplung von kollektiven und individuellen Zielen (vgl. Bonazzi, a. a. O.). Auf dieser Grundannahme basiert die Unterscheidung zwischen Effektivität und Effizienz einer Organisation. Eine Organisation ist effektiv, sofern sie ihre eigenen Ziele erreicht; eine Organisation ist effizient, sofern sie individuelle Motive zur Kooperation durch die Gewährung von Gratifikationen mobilisieren kann. Indem die Effektivität und die Effizienz einer Organisation theoretisch als unabhängige Größen gefasst werden, rückt die Frage nach den Koordinationsleistungen in den Mittelpunkt. Von ihnen ist es abhängig, inwiefern die für eine Organisation mobilisierten Einzelleistungen so zueinander in Beziehung gesetzt werden können, dass eine Gesamtleistung entsteht, die höher ist als die Summe der einzelnen Beiträge. Daran lassen sich Überlegungen zur Führung anschließen. Ebenso verweist die Frage nach der Koordination auf die basalen Elemente von Organisationen. Nach Scott (vgl. 2003) sind das die Spezifikation von Zielen, die Motivation von Mitgliedschaft, die Verfügbarkeit der Ressourcen Raum, Zeit und sachlicher Ausstattung sowie die Gewährleistung von Erwartungssicherheit mittels Strukturbildung. In der Organisationstheorie tritt das Thema Kooperation zugunsten der Analyse struktureller Aspekte in den Hintergrund. Während Kooperation deutlich auf kollektive Handlungsvollzüge fokussiert ist, befasst sich die Organisationstheorie primär mit der kontextuellen Einbettung und der formalen Regulierung dieser Vollzüge. Für die Kooperation maßgeblich sind die folgenden Strukturdimensionen (vgl. Preisendörfer, 2008, S. 67 ff.):

- Die *Arbeitsteilung* beschreibt das variable Ausmaß der Spezialisierung einzelner Verrichtungen, die sowohl entlang von Funktionen innerhalb eines Ablaufes als auch entlang von Produkten vorgenommen werden kann. Als Voraussetzung einer sehr feingliederigen funktionalen Arbeitsteilung gilt die technologische Differenzierbarkeit von Abläufen. Für professionelle Arbeiten – für die ein Technologiedefizit geltend gemacht wird (vgl. Luhmann und Schorr, 1982) – bestehen allenfalls sehr eingeschränkte Möglichkeiten einer funktionalen Gliederung einzelner Prozesse. Arbeitsteilige

Strukturen etablieren sich hier zumeist in einer divisionalen Form, in der die Ausübung der professionellen Arbeit von Verwaltungstätigkeiten und Supportleistungen getrennt werden.

- Der Bedarf an *Koordination* ergibt sich aus der Arbeitsteilung. Je stärker arbeitsteilig eine Struktur gebaut ist, desto höher wird der Aufwand der Koordination. Unterschieden werden Mechanismen der Koordination u. a. danach, inwiefern die Handelnden fremd- (bspw. durch Weisung, Pläne etc.) oder selbstgesteuert agieren. In Professionen gelten durch wissenschaftliche Ausbildung vermittelte fachliche Expertise, Programme und das Commitment gegenüber einem normativen Code als die primären Koordinationsmechanismen; sie setzen ein Mindestmaß an Autonomie in der Ausübung der Tätigkeit voraus.

- *Hierarchien* entstehen in Organisationen oft in engem Zusammenhang mit ihrem Größenwachstum. Sie sind ein wichtiges Instrument der Differenzierung von Entscheidungsbefugnissen und -prämissen. Aufgrund der großen Bedeutung von Autonomie für professionelle Tätigkeiten lässt sich in professionellen Organisationen oft eine gewisse Hierarchieresistenz beobachten. Strukturell findet sie ihren Ausdruck u. a. in kollegial verfassten Entscheidungsgremien.

- In enger Verbindung mit der Strukturdimension der Hierarchie steht die der *Delegation*. In Abgrenzung von der Relation der Über- respektive Unterordnung betrifft sie die Relation der Zentralisierung bzw. Dezentralisierung von Kompetenzen. Ein hohes Maß an Zentralisierung setzt die Standardisierung von Abläufen voraus, um vom Zentrum aus Aufgaben delegieren und Kontrolle ausüben zu können. Da professionelles Handeln an interaktive Settings gebunden ist, die situative Entscheidungen vor Ort verlangen, ist es primär in dezentrale Strukturen eingebettet, in denen komplexe Aufgaben von Professionellen „vor Ort" verantwortet werden.

- Die Strukturdimension der *Formalisierung* bezieht sich auf das Ausmaß der Verschriftlichung und Standardisierung der Kommunikation. Hier ergibt sich mit Blick auf professionelle Organisationen eine interessante Differenzierung – da die Ausübung der professionellen Tätigkeit selbst kaum standardisierbar ist, bleibt auch ihre Formalisierung gering. Da aber in professionellen Organisationen die Verwaltung arbeitsteilig von der professionellen Arbeit geschieden wird, können sich in diesem Bereich Standardisierung und Formalisierung der Kommunikation entwickeln. Mit der These des strukturellen Isomorphismus (vgl. DiMaggio und Powell, 1983) wird davon ausgegangen, dass diese Formalisierung eine Folge der Angleichung an die bürokratisch geprägten institutionellen Umwelten professioneller Organisationen ist.

3   Kooperation in Professionen

Während in der Organisationstheorie das Thema *Kooperation* eine eher zurück-gesetzte Bedeutung hat und im Thema *Koordination* aufgeht, hat es in der Professionstheorie einen deutlicher herausgehobenen Status, von dem aus sich auch Überlegungen zur Organisation der Arbeit von Professionellen erschließen. Für Professionen ist die Kooperation in einer professionellen Gemeinschaft ein charakteristisches Strukturmerkmal (vgl. Shulman, 1998, S. 516). Mit der Ko-operation in der professionellen Gemeinschaft sind ein kommunikatives Format und ein sozialer Ort gekennzeichnet, in dem die Verständigung über die theoreti-schen, praktischen und moralischen Aspekte der professionellen Tätigkeit erfolgt. Die essenzielle Bedeutung der professionellen Gemeinschaft erschließt sich mit dem Blick auf die weiteren strukturellen Eigenschaften professioneller Arbeit. Sie ist gekennzeichnet von einer hochdifferenzierten Expertise für die Bearbeitung normativ belangvoller Fragen (u. a. Gesundheit, Recht, Bildung), die sich aus einer theoretisch-wissenschaftlichen Ausbildung und dem Lernen an praktischer Erfahrung in der Ausübung der professionellen Tätigkeit speist. Das Amalgam aus theoretischem Wissen und praktischem Können befähigt Professi-onelle – so die weitgehend unstrittige professionstheoretische Position – auch unter hochgradig riskanten Bedingungen zum Urteil und zum Handeln in Situa-tionen, die in das Feld ihrer Verantwortung fallen. Das entscheidende Argument für die Bedeutung der Kooperation in einer professionellen Gemeinschaft liegt in dieser Konstruktion der Expertise von Professionellen begründet. Da diese Ex-pertise ausschließlich auf der Grundlage einer anspruchsvollen Ausbildung in der Ausübung der professionellen Praxis selbst erworben werden kann, kann sie außerhalb der Gemeinschaft der Professionellen weder entwickelt noch beurteilt werden. Die Professionellen bilden eine „Community of Practice", in der sie das ihnen exklusiv zugängliche Wissen konstruieren und im Interesse der Verbesse-rung professioneller Praxis kommunizieren. Die Kooperation ist ein Katalysator dieser Kommunikation, der eine gewisse Eigenständigkeit gegenüber den kon-kreten organisatorischen Umständen der professionellen Arbeit hat, wie bereits die Semantik der Gemeinschaft erkennen lässt. Die traditionelle Vereinigung von Professionen in Korporationen und die – bisweilen auch kontrafaktisch aufrecht erhaltene – Wertschätzung der Kollegialität unter Professionellen reflektieren diese Differenz gegenüber formal organisierten Strukturen. Professionen bean-spruchen als kollektive, kooperative Akteure gegenüber externen Akteuren aus den benannten Gründen Autonomie. Dieser Anspruch mündet in idealtypische Modelle der Organisation professioneller Arbeit und ist auch vielfach Anlass für Überlegungen, ob Organisation einer Deprofessionalisierung Vorschub leistet. Mit Blick auf das hier behandelte Thema geht es dabei im Kern um die Frage, ob die Kooperation der Professionellen aus einer egalitären Gemeinschaft von Expertinnen und Experten unter Gesichtspunkten fachlicher Kompetenz heraus betrieben wird und dementsprechende organisatorische Formate sucht oder ob der Status und die kooperativen Relationen von Professionellen von den organisatorischen Rahmenbedingungen der Arbeit bestimmt werden.

4   Kooperation von Professionellen in der Organisation Schule

In der Organisation der Schule ist beides anzutreffen. Mit ihrer flachen hierarchischen Struktur trägt die Schule deutliche Züge einer Organisation der Professionellen (vgl. Mintzberg, 1983). Auf der operativen Ebene – bei der Durchführung des Unterrichtes – ist eine hohe Autonomie der individuellen Lehrerinnen und Lehrer erforderlich und gewährleistet. Die internen Leitungs- und Entscheidungsstrukturen der Schule bauen deutlich auf dem Kollegialitätsprinzip auf; aufgrund der gängigen Rekrutierung von Schulleitungspersonal aus Lehrerkollegien und der großen Bedeutung von Konferenzen für die Beratung und Beschlussfassung in der Schule sind Mechanismen einer kollegialen Selbstkontrolle strukturell in die Schule implementiert. Diese prinzipiell mit den Anforderungen professioneller Arbeit gut zu vereinbarende Struktur war in der Schulsoziologie und -theorie wiederholt Gegenstand kritischer Analysen, die insbesondere auf die Hindernisse für die professionelle Kooperation verweisen. Lortie legt in der Studie *Schoolteacher* (1975) die zelluläre Organisationsstruktur der Schule dar. Die ausgeprägte individuelle Verantwortung für die Unterrichtsführung sowie die räumliche und organisatorische Trennung von Unterrichtssequenzen wird als ein Hemmnis für Kooperation gewertet. Es begünstige – so die Ausführungen Lorties – eine Auffassung von der beruflichen Verantwortlichkeit, die dem sogenannten Autonomie-Paritäts-Muster folgt. Demnach gelten unter Lehrerinnen und Lehrern die Regeln der individuellen Autonomie und der formalen Gleichheit. Das Autonomie-Paritäts-Muster ist durchaus mit der Struktur professioneller Arbeit kompatibel; es birgt allerdings erhebliche Risiken der Isolation und der Vermeidung kooperativer Reflexions- und Entwicklungsleistungen. Auch das organisationspsychologische Argument der losen Kopplung (vgl. Weick, 1982) spiegelt die Ambivalenz der Schulorganisation bezüglich der Kooperationserwartungen und der Erfordernisse professioneller Arbeit wider. Einerseits gilt eine lose Kopplung der organisatorischen Einheiten von Schulen – also bspw. der Schulklassen – als eine Voraussetzung für die individuelle Wahrnehmung professioneller Verantwortung und für eine praktische Entwicklung von Innovation; andererseits wird mit ihr ein Mangel an Koordination, fachlichem Austausch und der systematischen Entwicklung gemeinsamer professioneller Grundlagen des Handelns verbunden. Als professionellen Anforderungen diametral entgegengesetzt werden oftmals bürokratische Organisationsstrukturen kritisiert. Sie sind durch starke Hierarchisierung, Standardisierung und die intensive Ausprägung von Elementen der Fremdkontrolle gekennzeichnet. Beispielhaft wird eine entsprechende Position von Oevermann (vgl. 2008) vertreten. Er sieht eine Tendenz zur Erosion professioneller Strukturen aufgrund formaler Elemente wie der Schulpflicht und der standardisierten Leistungsbeurteilung. Wenn Oevermann Schulen als Behörden beschreibt (a. a. O., S. 75), dann bezieht er sich dabei nicht auf den Sachverhalt einer staatlichen Trägerschaft der meisten Schulen (die unweigerlich mit dem Status einer Behörde verbunden ist), sondern lässt damit ein Zerrbild einer nachgeordneten Instanz entstehen, in der Lehrer allenfalls als Unterrichtsbeamte – d. h. unter Verzicht auf professionelle Autonomie, in Abhängigkeit administrativer Routinen und folglich nicht auf Kooperation angewiesen – tätig sein können. Zu den offenen Fragen der Professionsforschung gehört, inwiefern die formale Organisationsstruktur der Schule professionelle Einstellungen in der Lehrerschaft korrumpiert bzw. inwiefern unabhängig von den Organisationsstrukturen bestehende Schwächen in der Ausbildung einer professionellen Grundstruktur im Lehrberuf bedingen, dass auch in „Behörden" gebotene Spielräume der Kooperation und des professionellen Handelns ungenutzt bleiben. Zumindest gibt es empirische Belege, die für eine Unabhängigkeit der Ausprägung professioneller Strukturdimensionen wie der kollegialen Abstimmung und der individuellen Verantwortung von organisatorischen Merkmalen, wie der Präsenz der Leitung und der Setzung organisatorischer Prämissen, sprechen (vgl. Kuper, 2002).

5   Varianten der Kooperation in Schulen

Vor diesem Hintergrund lohnt ein Blick auf die variierenden Formen der Kooperation, die sich insbesondere hinsichtlich ihrer Nähe respektive Distanz zur Ausübung der professionellen Tätigkeit im „Kerngeschäft" der Schule – dem Unterricht – unterscheiden. Fussangel und Gräsel (vgl. 2010) unterscheiden drei Formen der Kooperation, die sämtlich die Vorbereitung sowie die Reflexion des Unterrichts betreffen und damit nicht unmittelbar die Kooperation in der Durchführung des Unterrichtes. Diese drei Formen sind der *Austausch*, mit dem alle Lehrkräfte eines Kollegiums auf den gleichen Informationsstand gebracht werden, die *Arbeitsteilung* im Sinne der arbeitsökonomisch effektiven Gestaltung komplexer Aufgaben und die *Ko-Konstruktion* gemeinsamer fachunterrichtsspezifischer und didaktischer Konzeptionen. Diese differenzierte Typologie in ihrer Intensität und Elaboriertheit variierender Kooperationsformen enthält insofern einen wichtigen Impuls für eine organisationssoziologische Analyse der Lehrerkooperation, als sie mit der verbreiteten Auffassung bricht, Kooperation müsse sich auf der Ebene des Unterrichtes zeigen und sei bereits durch die individuell vertretenen Autonomieansprüche hinsichtlich der Unterrichtsführung konterkariert. Dagegen lässt ein auf Planung und Reflexion fokussiertes Kooperationsmodell die Schlussfolgerung zu, dass individuelle Verantwortung in der interventionspraktischen Situation und kooperative Arbeit an der Vorbereitung, Konzeption und Reflexion des pädagogischen Handelns sich nicht wechselseitig ausschließen, sondern vielmehr zwei Seiten einer Medaille professioneller Arbeit in einem formal organisierten Kontext darstellen. Auch andere Typologien der schulinternen Kooperation unter Lehrerinnen und Lehrern nehmen eine Aufteilung zwischen Tätigkeiten vor, die den Unterrichtsvollzug betreffen, und solchen, die planende sowie reflexive Schritte umfassen. So unterscheidet Legters (1999) in Anlehnung an Little (1990) vier Formen der Kooperation mit steigendem Anspruch an die Koordination und kollegiale Integration. Auf der untersten Stufe steht das *Storytelling*, ein ungeplanter, informeller Austausch von Informationen, die für die Abläufe des schulischen Alltags relevant sind. Bereits etwas anspruchsvoller sind Formen der *gegenseitigen Hilfe* und Unterstützung, die punktuell in krisenhaften Situationen geboten werden; diese Form der Kooperation schließt zumeist einzelne Lehrkräfte ein. In höherem Maße organisiert ist die gemeinsame *Entwicklung von Routinen*, bei denen in regelmäßigen Treffen konzeptionelle Arbeit geleistet wird. Die am höchsten entwickelte Stufe dieser Typologie – die *direkte Zusammenarbeit* – setzt einen intensiven Austausch voraus und eröffnet über eine Koordination von Ressourcen, Arbeits- und Unterrichtszeiten sowie Aufgabenteilung eine gemeinsame Verantwortung in der pädagogischen Interaktion. Diese Typologie verdeutlicht die Abhängigkeit der Kooperationsdichte und -tiefe von organisatorischen Rahmenbedingungen, die zu einem erheblichen Teil in der Gestaltungsautonomie der einzelnen Schule liegen. So sind die Sensibilität für den Unterstützungsbedarf von Kolleginnen und Kollegen oder die Beteiligung an kollegialen Besprechungen ihrerseits bereits Ausdruck der Bereitschaft eines Lehrerkollegiums, der Kooperation in der Organisation der Schule Geltung zu verschaffen. Sie sind jedoch nur begrenzt von der Investition zusätzlicher organisatorischer Ressourcen abhängig. Dagegen wird die *direkte Zusammenarbeit* insbesondere von der Verfügbarkeit der Ressource Zeit limitiert. Diese organisatorisch bedingte Einschränkung lässt neben dem Erfordernis, sich in fachlicher Hinsicht über die professionelle Arbeit zu verständigen, durchaus auch Konfliktpotenziale in intensiven Formen der Kooperation entstehen. Vor diesem Hintergrund verwundert es nicht, dass intensive, die gesamte Schule einbeziehende Formen der Kooperation eher zur Ausnahme gehören. Einer empirischen Studie von Steinert et al. (2006) zufolge, sind Varianten der Kooperation, die auf organisatorische Subeinheiten der Schule (Fachgruppe, Jahrgangsstufen) begrenzt bleiben, weitaus häufiger anzutreffen als schulübergreifende Initiativen. Auch sind die am häufigsten anzutreffenden Kooperationsformen von einer geringeren Verbindlichkeit und professionellen Elaboriertheit gekennzeichnet. So ist eine Kooperation im Interesse geregelter Abläufe und der Formulierung globaler Zielvorgaben der Schule sehr viel öfter anzutreffen als ein gezielter Austausch unterrichtsbezogener Informationen oder gar eine wechselseitige Evaluation und Beurteilung des Unterrichtes. Generell machen die hier aufgezählten Stufenmodelle die Abhängigkeit anspruchsvoller Kooperation von gezielter organisatorischer Unterstützung deutlich; sie zeigen allerdings auch die Verbreitung einfacher, aber im Alltag präsenter Formen der Kooperation in der Grundstruktur der Schulorganisation. Maßgeblich scheint dabei die Differenzierung von administrativen, konzeptionellen, reflexiven und interventiven Arbeiten zu sein. Sie findet in soziologischen Modellen professioneller Arbeit und der Organisation professioneller Arbeit nur teilweise Berücksichtigung, könnte aber für ein Modell der Kooperation von Professionellen in Organisationen eine ertragreiche Perspektive bieten. Grundlegende Annahmen dazu sind in einem Modell organisatorischer Konfigurationen von Mintzberg (a. a. O., S. 9 ff.) dargelegt. Er beschreibt die basalen Bestandteile von Organisationen anhand ihrer Funktionen. Die von Professionellen individuell verantwortete interaktive Intervention, die kooperative Konzeption, Beurteilung und Reflexion von Interventionen, strategische Entscheidungen sowie die administrativen Tätigkeiten fallen demnach in die Verantwortung funktional eigenständiger Teileinheiten von Organisationen. Variationen der Konfiguration dieser Einheiten entscheiden über die Angemessenheit einer organisationalen Struktur für die Anforderungen der in ihr verrichteten Arbeit. Für eine Organisationsstruktur, in der die Kooperation unter Professionellen begünstigt wird, erscheint insbesondere der Ausbau der Technostruktur, in der die Analyse und Vorbereitung operativer Prozesse verantwortet wird, und der Supportstruktur, die Entlastungen von alltäglichen Erfordernissen der Organisation bietet, sowie ihre Verzahnung mit den operativen und strategischen Einheiten der Organisation von großer Bedeutung zu sein. Entsprechende Überlegungen zur arbeitsteiligen Organisation in Schulen sind bislang kaum entwickelt.

6   Fazit und Ausblick

Die lose Kopplung zwischen professioneller Gemeinschaft und schulischer Organisation birgt auf der einen Seite Hürden für die Implementation und Verstetigung von Kooperation. Da sowohl die professionelle als auch die organisationale Kommunikation eigenen Logiken und Regeln folgen, lässt sich die Kooperation unter Professionellen nicht durch organisatorische Strukturmaßnahmen herstellen; ebenso wenig kann der Bedarf an Kommunikation in einer professionellen Gemeinschaft nicht umstandslos in eine Organisationsstruktur übersetzt werden. Andererseits stellen die Professionalität und Organisation füreinander hochgradig relevante Umwelten im Kontext des Bildungssystems dar. So können Organisationen – bspw. durch Ressourcenaufteilung, räumliche Arrangements und Vereinbarungen – mehr oder weniger günstige Rahmenbedingungen für die Kooperation setzen, die allerdings eine organisatorisch nicht steuerbare Bereitschaft zur Kooperation unter den Mitgliedern der Profession voraussetzt. Ebenso können Professionelle Gelegenheiten für die Kooperation in Organisationen entwickeln; dabei spielt die Teilung operativer, planender, reflexiver und administrativer Tätigkeiten eine erhebliche Rolle. Inwieweit dabei – wie eingangs bemerkt – Effektivität einer Organisation und Effizienz der motivationalen Einbindung der Organisationsmitglieder unabhängig voneinander variieren können, bietet eine interessante Frage für die bildungswissenschaftliche Schul- und Professionsforschung. Den vorangehenden Ausführungen folgend ist zu erwarten, dass die Kooperationsmotive in der Profession verankert sein müssen, um im Interesse einer effektiven Organisation ausgestaltet zu werden.

Aktuelle Entwicklungen im Bildungssystem bieten Entwicklungspotenziale oder zumindest Herausforderungen für Kooperationen, die an der Grenzstelle von organisatorischer Verantwortung der Schule und professioneller Verantwortung der Lehrerschaft ansetzen. Zu nennen ist allen voran die Reform des Bildungssystems nach den Maßgaben einer evidenzbasierten Steuerung. Evaluations- und Vergleichsstudien zu Schulleistungen stellen organisatorische Maßnahmen dar, die auf eine kompetente Rezeption und Interpretation der Ergebnisse dieser Studien durch Professionelle angewiesen sind, damit Schul- und Unterrichtsqualität nachhaltig verbessert oder stabilisiert werden können. Der Verwendungsforschung sind inzwischen empirische Belege dafür zu entnehmen, dass die Ergebnisse aus Vergleichsarbeiten bei förderlichen professionellen Einstellungen einen starken Anreiz für eine kooperative Reflexion der Wirksamkeit von Unterricht haben (vgl. Hartung-Beck, 2009). Eine weitere aktuelle Tendenz, die Kooperationen stärkt, liegt in der Gründung von Schulnetzwerken (vgl. Berkemeyer et al., 2010). In Netzwerken entwickeln sich kooperative Beziehungen über die einzelnen Organisationen respektive Schulen hinweg. Sie betonen somit Elemente einer Gemeinschaft von Experten, die sich über ihre Arbeit unabhängig von der organisatorischen Zugehörigkeit austauschen. Insofern ist von Netzwerken eine Beförderung kooperativer Vergemeinschaftung und der Entwicklung professioneller Kriterien für die Arbeit an Schulen zu erhoffen. Rückübertragen auf die organisationssoziologische Betrachtung der Schule werfen Netzwerke Fragen nach den Erfordernissen des Netzwerkmanagements und des Transfers

von Erträgen aus der Netzwerkarbeit in den Kontext der Einzelschule auf. Verantwortung lässt sich dabei ebenso wenig ausschließlich auf die professionelle
Lehrerschaft oder die Organisation Schule adressieren wie für die Gestaltung der
schulinternen Kooperation. Ihr Gelingen hängt von einer Integration der Handlungslogiken von Organisation und Profession ab.

Literatur

Berkemeyer, N., Bos, W., Kuper, H. (2010): Schulreform durch Vernetzung. Interdisziplinäre Betrachtungen. Münster.

Bonazzi, G. (2008): Geschichte des organisatorischen Denkens. Wiesbaden.

DiMaggio, P. J., Powell, W. (1983): „The iron cage revisited: Institutional isomorphism and collective rationality in organizational fields". American Sociological Review, 48 (1983), S. 147–160.

Fussangel, K., Gräsel, C. (2010): Kooperation von Lehrkräften. In: Bohl, T. (Hrsg.): Handbuch Schulentwicklung. Theorie, Forschungsbefunde, Entwicklungsprozesse, Methodenrepertoire. Bad Heilbrunn, S. 258–260.

Hartung-Beck, V. (2009): Schulische Organisationsentwicklung und Professionalisierung: Folgen von Lernstandserhebungen an Gesamtschulen. Wiesbaden.

Kuper, H. (2002): Entscheidungsstrukturen in Schulen: Eine differenzielle Analyse der Schulorganisation. Zeitschrift für Pädagogik, 48 (6), S. 856–878.

Legters, N. E. (1999): Teacher Collaboration in a Restructuring Urban High School (Center for Research on the Education of Students Placed At Risk, Hrsg.). Baltimore.

Little, J. W. (1990): The persistence of privacy: Autonomy and initiative in teachers' professional relations. Teachers College Record, 91 (4), S. 509–536.

Lortie, D. C. (1975): Schoolteacher: A sociological study. Chicago.

Luhmann, N. (2000): Organisation und Entscheidung. Opladen.

Luhmann, N., Schorr, K. E. (1982): Zwischen Technologie und Selbstreferenz: Fragen an die Pädagogik. Frankfurt/M.

Mintzberg, H. (1983): Structure in fives. Englewood Cliffs, N. J.: Prentice Hall.

Oevermann, U. (2008): Profession contra Organisation? Strukturtheoretische Perspektiven zum Verhältnis von Organisation und Profession in der Schule. In: Helsper, W., Busse, S., Hummrich, M., Kramer, R.-T. (Hrsg.): Pädagogische Professionalität in Organisationen. Wiesbaden, S. 55–77.

Preisendörfer, P. (2008): Organisationssoziologie: Grundlagen, Theorien und Problemstellungen (2. Aufl.). Wiesbaden.

Scott, W. Richard. (2003): Organizations: Rational, natural, and open systems (5. Aufl.). Upper Saddle River, N. J.: Prentice Hall.

Shulman, L. S. (1998): Theory, Practice, and the Education of Professionals. The Elementary School Journal, 98 (5), S. 511–526.

Steinert, B., Klieme, E., Maag Merki, K., Döbrich, P., Halbheer, U., Kunz, A. (2006): Lehrerkooperation in der Schule: Konzeption, Erfassung, Ergebnisse. Zeitschrift für Pädagogik, 52 (2), S. 185–203.

Weick, K. E. (1982): Administering Education in Loosely Coupled Schools. Phi Delta Kappan, 63 (10), S. 673–676.

II   Felder und Ebenen von Kooperation in der Schule

Wieso Lehrkräfte (nicht) kooperieren – Die Bedeutung „personaler Faktoren" in der Zusammenarbeit am Arbeitsplatz Schule

Christian Harry Pröbstel und Andreas Soltau

1 Einleitung: Bedeutung von „personalen Faktoren" bei der Lehrerkooperation

Welche Faktoren eignen sich, um das Zustandekommen einer wirksamen Lehrerkooperation zu erklären? Der Großteil vorliegender Analysen behandelt diese Frage aus einer bildungs- und organisationssoziologischen Perspektive und zielt auf die zugrunde liegenden Ursachen einer selten stattfindenden Lehrerkooperation. Es wird angenommen, dass der Kooperationsmangel in der Organisationsstruktur von Schule begründet liegt und eine Zusammenarbeit in der additiven, zellulären Struktur von Schule nicht funktionieren kann (vgl. Altrichter, 2000; Lortie, 1975; Orton und Weick, 1990). Dieses führe dazu, dass Lehrkräfte strukturell isoliert voneinander arbeiten und in dieser Abgeschiedenheit eine pädagogische Handlungsfreiheit beanspruchen, die sich nicht mit einem Wunsch nach Kooperation kombinieren lässt. Ein Mangel an kollegialem Feedback und die damit zusammenhängende professionelle Unsicherheit erschwere es weiter, dass Lehrkräfte eine Kooperation, in der sie sich anderen öffnen müssten, eingehen (vgl. Soltau und Mienert, 2010). Aus einer organisationssoziologischen Sicht erscheint die Kooperationssituation also eher desperat und sowohl durch die Schulstruktur als auch durch die dieser Struktur entsprechenden kooperationsunwilligen Lehrkräfte (vgl. Roth, 1994) zementiert.

Diese seit den Analysen von Lortie (1975) grundlegende Sichtweise wird in diesem Beitrag durch einen Fokus auf das Individuum und die Lehrergruppe erweitert. Es wird analysiert, welche Bedingungen auf Ebene der Lehrkräfte das Entstehen einer Lehrerkooperation beeinflussen. Lehrerkooperation wird aus einer organisationspsychologischen Sicht als soziale Interaktion definiert, die der Erreichung gemeinsamer Ziele dient. Im Rahmen der gegebenen Schulstruktur bewerten die Lehrkräfte, ob es für die Erreichung ihrer Arbeitsziele sinnvoll ist zu kooperieren, und sie entscheiden weitestgehend selbständig, inwiefern sie mit ihren Kolleginnen und Kollegen eine Zusammenarbeit eingehen (Pröbstel, 2008). Bei der Kooperationsentscheidung spielen damit Bedürfnisse, Motive und

Einstellungen der individuellen Lehrkräfte eine entscheidende Rolle. Die besondere Bedeutung dieser personalen Faktoren bleibt theoretisch auch bei optimalen schulstrukturellen Bedingungen für Lehrerkooperation erhalten. So kann selbst eine verpflichtende Zusammenarbeit bei idealen zeitlichen und räumlichen Bedingungen misslingen, wenn sich die einzelnen Lehrkräfte dem Arbeitsprozess aufgrund persönlicher Motive und Einstellungen verweigern. Im vorliegenden Beitrag soll analysiert werden, welche personalen Faktoren der Lehrkräfte einen Einfluss darauf haben, dass eine wirksame Lehrerkooperation innerhalb eines vorgegebenen strukturellen Rahmens eingegangen wird. Hierzu wird zunächst das zugrunde liegende organisationspsychologische Verständnis von Lehrerkooperation vorgestellt. Anschließend folgt eine Darstellung von personalen Faktoren, welche laut Forschungsliteratur die Umsetzung kooperativer Arbeitsformen beeinflussen. In einem dritten Schritt werden drei Studien vorgestellt, die die Wirkung dieser personalen Einflussfaktoren empirisch überprüfen.

2   Verständnis von Lehrerkooperation

Um den vielfältigen Formen der Zusammenarbeit von Lehrpersonen Rechnung zu tragen, wird in diesem Beitrag zwischen den Kooperationsformen Austausch, Synchronisation und Ko-Konstruktion differenziert (vgl. Gräsel et al., 2006), die sich anhand der notwendigen Interdependenz der Kooperierenden und ihrer organisationsstrukturellen Anforderungen unterscheiden lassen. Eine ausführliche Darstellung dieser drei Formen, basierend auf einer Kooperationsdefinition von Spieß (2004), erfolgte bereits an anderer Stelle (vgl. Gräsel et al., 2006; Fussangel, 2008; Pröbstel, 2008). Tabelle 1 zeigt die drei Kooperationsarten im Überblick.

Tabelle 1:   Lehrerkooperationsformen

Kooperations-form	Beschreibung
Austausch	Über berufliche Inhalte und Gegebenheiten informieren, Meinungen austauschen und andere mit Material versorgen. Er benötigt keine spezifischen strukturellen Anforderungen und kann jederzeit stattfinden. Es ist nicht notwendig, dass zeitgleich an gemeinsamen Aufgaben gearbeitet wird.
Synchronisation	Koordination der Aufgaben der Lehrkräfte, indem Arbeitsaufgaben und -ergebnisse aufeinander abgestimmt oder Aufgaben unterteilt werden. Beispiele sind die Koordination der Inhalte einer Unterrichtsreihe oder das Abstimmen der Themen zweier unterschiedlicher Fächer einer Klassenstufe.
Ko-Konstruktion	Zeitlich und räumlich gemeinsame Kooperation. Lehrkräfte beziehen ihr individuelles Wissen so aufeinander (ko-konstruieren), dass sie dabei Wissen erwerben oder gemeinsame Aufgaben- bzw. Problemlösungen entwickeln. Ko-Konstruktion stellt hohe zeitliche und räumliche Anforderungen an die Kooperierenden und ist durch eine klare Zielinterdependenz gekennzeichnet.

3   Personale Faktoren

Welche Einflussfaktoren auf Ebene der Lehrkräfte können die Teilnahme und Gestaltung von den Formen der Lehrerkooperation fördern? Im Folgenden wird eine Reihe von personalen Faktoren aufgeführt, von denen nach Durchsicht der relevanten Literatur angenommen werden kann, dass sie einen bedeutsamen Beitrag zur Zusammenarbeit von Lehrkräften liefern.

3.1 Teamorientierung vs. Autonomiebedürfnis

Wenn Lehrkräfte in einem Umfeld arbeiten, in dem Kooperation nicht systematisch angeregt wird, spielt die Motivation des Einzelnen, kooperative Netzwerke selbstständig zu knüpfen, eine wichtige Rolle. Diese Motivation setzt die Überzeugung voraus, dass kooperative Arbeitsformen unter bestimmten Umständen individualisierter Arbeit überlegen sind und grundsätzlich zu guten Ergebnissen führen können. Wird Kooperation dagegen grundsätzlich mit Verweis auf Trittbrettfahrer o. Ä. abgelehnt, gibt es wenig Grund, gegen die zelluläre Organisationsstruktur der Schule anzuarbeiten.

In der Forschungsliteratur wird die Vermutung geäußert, dass Lehrer wenig teamorientiert sind und stattdessen ein hohes Maß an Freiheit und Autonomie schätzen (vgl. Schönknecht, 1997). Autonomie wird dabei als das Bedürfnis verstanden, die (berufliche) Existenz in die eigene Hand nehmen zu wollen und dabei keine Hilfe oder fremde Unterstützung zu beanspruchen (Altrichter und Eder, 2004; Bischof, 1989). Roth (1994) vermutet sogar, dass Personen den Lehrerberuf bewusst deshalb auswählen, „um mit einer kleinen Gruppe von Kindern in einem geschützten Raum arbeiten zu können" (ebd. S. 15) und gerade nicht im Team arbeiten zu müssen.

3.2 Berufliche Sicherheit

Selbst wenn Lehrkräfte Teamarbeit grundsätzlich als sinnvoll und positiv bewerten, können bestimmte personenbezogene Merkmale wie Ängste oder Unsicherheiten sie darin hindern, eine freiwillige Zusammenarbeit zu initiieren. Lortie (1975) erwähnt in diesem Zusammenhang das Konzept der Unsicherheit im Lehrerberuf (endemic uncertainty).

Demnach zeichnet sich die Arbeit in Schulen im Gegensatz zu anderen Professionen durch eine Reihe von typischen Strukturmerkmalen aus, die es Lehrkräften erschwert festzustellen, wie gut sie in ihrem Beruf wirklich sind. Hierzu zählen bspw. ungenaue Ziele und Evaluationskriterien, Rollenambiguität, multiple Einflüsse auf den Lernerfolg der Schüler sowie die Seltenheit von systematischem Feedback (vgl. Soltau und Mienert, 2010).

Nach Altrichter (2000) führen diese sog. endemischen Unsicherheiten zu einem tief sitzenden „Gefühl der Ungewißheit über beruflichen Erfolg" (ebd. S. 103). Eine hinsichtlich ihrer beruflichen Kompetenz unsichere Lehrkraft fürchtet sich nach Ashton und Webb (1986) vor der Bewertung ihrer Arbeit und versucht, Kooperation mit Kollegen und die damit einhergehende Öffnung ihrer Tätigkeit für Andere zu vermeiden. Aus dieser Perspektive betrachtet, wäre die

Seltenheit von Lehrerkooperation eine Art individueller Schutzmechanismus, um eine Selbstwertschädigung zu verhindern. Die Stärkung der beruflichen Sicherheit von Lehrkräften könnte somit mögliche Ängste reduzieren und die Etablierung kooperativer Arbeitsformen erleichtern.

3.3 Soziale Orientierung

Lehrerkooperation kann also einerseits Ängste vor Selbstwertschädigung auslösen, andererseits kann sie auch aus einem Bedürfnis nach Kollegialität und emotionaler Unterstützung gezielt gesucht werden. Mit dem Konzept der empathischen Kooperation weist Spieß (2004) darauf hin, dass Kooperation eine soziale Interaktion ist, die neben sachlichen auch emotionale Komponenten enthält (vgl. Gräsel et al., 2007). Die soziale Orientierung als Bedürfnis nach Vertrautheit und Gemeinschaft und dem Interesse an persönlichen Beziehungen kann die grundlegende Basis für das Zustandekommen einer Kooperation als sozialer Interaktion sein (vgl. Pröbstel, 2008; Roth, 1994).

In qualitativen und quantitativen Studien zeigt sich, dass eine freiwillige Kooperation in erster Linie dann eingegangen wird, wenn ein Sympathieverhältnis bzw. eine Freundschaft besteht (vgl. De Lima, 1998). Ausgehend davon, dass die Zusammenarbeit durch eine steigende Arbeitsbelastung von den Lehrkräften zunehmend als eine berufliche Notwendigkeit erlebt wird, ist jedoch davon auszugehen, dass die soziale Orientierung als Einflussfaktor für das Zustandekommen von Lehrerkooperation an Bedeutung verliert.

3.4 Vertrauen

Auch wenn sich in kooperativen Arbeitskontexten nicht immer alle Personen sympathisch finden müssen, ist ein Mindestmaß an gegenseitigem Vertrauen ein wichtiger Faktor für eine beständige Zusammenarbeit. In einer Kooperation bedeutet Vertrauen, die eigene Zielerreichung nicht vollständig kontrollieren zu müssen, indem alle hierfür notwendigen Aufgaben selbstständig erledigt werden. Vielmehr kann die Zielerreichung ebenso in die Hände der Kooperationspartner gelegt werden. Die Kooperierenden verlassen sich dann darauf, dass die Arbeit der anderen ebenso zu wirksamen und gewünschten Ergebnissen führt (vgl. Ring und van de Ven, 1994).

Das Konzept Vertrauen beinhaltet auch die Bereitschaft, positiv auf entgegengebrachtes Vertrauen zu reagieren und es nicht auszunutzen (vgl. Young, 2003). Das Vertrauen sollte auch den notwendigen Rahmen für die Fähigkeit zur

Selbstenthüllung liefern. Selbstenthüllung meint, mit Anderen Aspekte der eigenen Person teilen zu können, die das Gegenüber ohne eigenes Zutun nicht erkennen würde (vgl. Gräsel et al., 2007; Pröbstel, 2008). Das bedeutet, dass individuelle Problemlösungen und berufliche Unsicherheiten und Schwierigkeiten in der Kooperation offen besprochen werden können. Dies schafft die Möglichkeit, die eigenen Strategien auf Basis divergenter Herangehensweisen zu reflektieren und zu verbessern und die Wiederholung bereits begangener Fehler zukünftig zu vermeiden (vgl. Pröbstel, 2008).

3.5 Gemeinsame Zielbindung

Für eine fachbezogene Zusammenarbeit, die über eine rein emotionale Unterstützung hinausgeht, sind freundschaftliche Beziehungen der Kooperierenden untereinander nicht ausreichend. Es ist notwendig, eine gemeinsame Idee davon zu entwickeln, was mit der Zusammenarbeit genau erreicht werden soll. Das Vorhandensein gemeinsamer Arbeitsziele kann als die zentrale Voraussetzung für das Zustandekommen von Lehrerkooperation angesehen werden (vgl. Friend und Cook, 1990; Kullmann, 2009). Das Ausmaß der gemeinsamen Zielbindung kann über die Klarheit, die Erreichbarkeit und die Bedeutsamkeit der gemeinsamen Arbeitsziele und die Einigkeit der Kooperierenden, diese Ziele auch erreichen zu wollen, bestimmt werden (vgl. Pröbstel, 2008). Je klarer, spezifischer und eindeutiger die gemeinsamen Ziele sind, desto fokussierter kann die gemeinsame Arbeit an den Zielen ausgerichtet werden. Klar artikulierte und handlungsnahe Ziele sind richtungsweisend für die Lehrerkooperation (vgl. Kain, 1996).

Die erlebte *Erreichbarkeit* eines Ziels hängt mit dessen Komplexität zusammen: Komplexität bezieht sich auf die Schwierigkeit des Ziels und das Ausmaß an Veränderung, welche eine Zielerreichung mit sich bringt (vgl. Fullan, 1994). Durch die Zusammenarbeit steigt für die Kooperierenden die Wahrscheinlichkeit, komplexe Ziele zu erreichen, die man allein nicht oder weniger erfolgreich erreicht hätte. Die erlebte *Bedeutsamkeit* bezieht sich auf den Wert eines Zieles hinsichtlich der Erreichung persönlicher, schulischer und gesellschaftlicher Ziele (vgl. Fullan, 1994; West, 1990). Wird von den Kooperationspartnern angenommen, dass das Erreichen des Zieles einen bedeutsamen positiven Effekt z. B. auf die Schule, das Kollegium oder die Schülerschaft hat, herrscht eine kollektive Motivation, dieses Ziel zu erreichen, die den Einzelnen in der Kooperation weiter anspornt. *Die Einigkeit* der Kooperierenden, ein bestimmtes Ziel erreichen zu wollen, führt schlussendlich dazu, dass sie ihre individuellen Ressourcen zur Zielerreichung bündeln und eine gemeinsame Motivation und Persistenz in der Zielerreichung entsteht.

3.6 Aufgabenorientierung

Eine gemeinsame Zielbindung der Kooperierenden liefert die Grundlage dafür, dass eine Kooperation zur Zielerreichung eingegangen wird. Damit dies geschieht, sollte die grundlegende Motivation vorliegen, die eigenen Ziele auch effizient erreichen zu wollen. Als (Leistungs-)Motiv, die Aufgabe qualitativ hochwertig und effizient zu lösen, ist Aufgabenorientierung ein Motiv dafür, eine Kooperation einzugehen, wenn angenommen werden kann, dass in der Zusammenarbeit mehr erreicht werden kann als alleine (vgl. Pröbstel, 2008). Die Bedeutung dieses personalen Faktors wird mit der grundlegenden Theorie der *strategischen Kooperation* gestützt, die besagt, dass eine Kooperation dann eingegangen wird, wenn es der Förderung eigener Interessen dienlich ist (vgl. Grunwald, 1981; Neuberger, 1998).

4 Empirische Befunde zu personalen Faktoren der Lehrerkooperation

Zur Überprüfung der oben formulierten theoretischen Annahmen wird in drei voneinander unabhängig durchgeführten Fragebogenstudien analysiert, ob sich das Auftreten von Lehrerkooperation durch die vorgestellten personalen Faktoren der Lehrerkooperation vorhersagen lässt. Mit den im Folgenden beschriebenen Stichproben (vgl. Tabelle 2) werden dabei jeweils unterschiedliche personale Faktoren analysiert.

4.1 Fragestellungen und Stichproben der drei Untersuchungen

Studie 1: Teamorientierung und Einstellung zur Lehrerkooperation von Lehrkräften ($N = 233$)

Studie 1 fokussiert auf die Frage, inwiefern Lehrkräfte Teamarbeit grundsätzlich begrüßen oder, bezogen auf ihre Einstellungen, doch eher eine typische Einzelkämpfer-Mentalität zeigen. Um dies beantworten zu können, wurden im Jahr 2007 insgesamt 233 Lehrkräfte des Bundeslandes Bremen in einer Online-Erhebung u. a. hinsichtlich ihrer Teamorientierung und ihren Einstellungen zu unterschiedlichen Kooperationsformen befragt. Verglichen mit der Bremer Grundgesamtheit des Schuljahres 2007/2008 sind in dieser Stichprobe die weiblichen Lehrkräfte leicht überrepräsentiert und die Befragten insgesamt etwas jünger. Eine detaillierte Stichprobenbeschreibung findet sich bei Soltau (2007) sowie Soltau und Mienert (2009).

Studie 2: Berufliche Sicherheit und Lehrerkooperation von Lehrkräften ($N = 377$)

In Studie 2 wird den Fragen nachgegangen, ob und inwiefern berufliche Sicherheit/Unsicherheit einen Einfluss auf die Umsetzung von Formen der Lehrerkooperation hat und ob unsichere Lehrkräfte Kooperation aus Angst vor negativer Kritik vermeiden. Hierfür wurden im Jahr 2009 Kollegien aus 16 Bremer Schulen befragt. 377 Lehrkräfte beantworteten Fragen zu ihrer beruflichen Sicherheit, ihren Ängsten sowie ihrer Teilnahme an verschiedenen Formen der Lehrerkooperation. Hinsichtlich der Geschlechterverteilung entspricht diese Stichprobe der Grundgesamtheit aller Bremer Lehrkräfte im Schuljahr 2009/2010, während sie mit einem Median von 46–50 Jahren im Durchschnitt etwas jünger sind.

Studie 3: Personale Faktoren der Lehrerkooperation bei Chemielehrkräften ($N = 120$)

In Studie 3 wird geprüft, ob die personalen Faktoren gemeinsame Zielbindung, Vertrauen, soziale Orientierung und Aufgabenorientierung einen positiven Einfluss auf das Zustandekommen von Lehrerkooperation haben. Zudem wird analysiert, ob das Autonomiemotiv der Lehrkräfte einen negativen Einfluss auf die Lehrerkooperation hat. Diese Fragebogenstudie ist im Rahmen eines Forschungsprojektes[1] zum Einfluss von fachlichen Fortbildungen auf die Unterrichtspraxis und die Unterrichtsqualität entstanden. Es wurden Lehrkräfte untersucht, die an einer schulexternen chemiedidaktischen Fortbildung teilnahmen. Deren Inhalte wurden mit dem Ziel konzipiert, als eine Innovation Einfluss auf die Unterrichtsgestaltung der Lehrkräfte zu nehmen. Die Stichprobe setzt sich aus insgesamt 120 Chemielehrerinnen ($N = 66$) und Chemielehrern ($N = 54$) zusammen. Eine detaillierte Stichprobenbeschreibung findet sich bei Pröbstel (2008).

---

[1] Diese Studie wurde von der Deutschen Forschungsgemeinschaft finanziert als eines von 21 Teilprojekten aus dem Rahmenprogramm Bildungsqualität von Schule (BIQUA): Schulische und außerschulische Bedingungen mathematischer, naturwissenschaftlicher und überfachlicher Kompetenzen (Doll und Prenzel 2002, Prenzel und Allolio-Näcke 2006). Leitende Forscher der Studie waren Prof. Dr. Cornelia Gräsel (Bergische Universität Wuppertal) und Prof. Dr. Ilka Parchmann (Christian-Albrechts-Universität zu Kiel). Ihnen und allen weiteren Mitarbeitern an diesem Projekt sei an dieser Stelle für die konstruktive Zusammenarbeit gedankt.

Tabelle 2: Überblick über die drei berichteten Untersuchungen

	N	Geschlecht	Alters-verteilung	Lehrkräfte der Schul-formen	Rücklauf-quote
Studie 1	233	30 % männlich, 64 % weiblich	Median bei 50–55 Jahren	Grundschule (27 %), Schule mit mehreren Bildungsgängen (28 %), Gesamtschule (15 %), Gymnasium (10 %), Förderzentrum (18 %)	~ 33 %
Studie 2	377	33 % männlich, 66 % weiblich	Median bei 46–50 Jahren	Grundschule (17 %), Schule mit mehreren Bildungsgängen (42 %), Gesamtschule (13 %), Gymnasium (9 %), Förderzentrum (20 %)	53 %
Studie 3	120	45 % männlich, 55 % weiblich	$M = 42$ $SD = 10.2$	Gymnasium (60 %), Realschule (22,5 %), Gesamtschule (10,8 %)	T1: 76 % T2: 65 %

5 Design und Ergebnisse der Studien

Im Folgenden werden ausgewählte Ergebnisse der drei oben beschriebenen Untersuchungen berichtet. Eine Darstellung der verwendeten Skalen findet sich in Tabelle 5.

5.1 Studie 1: Teamorientierung und Einstellung zur Lehrerkooperation von Lehrkräften

Die Fragestellung, ob Lehrkräfte Teamarbeit grundsätzlich begrüßen oder im Vergleich mit Personen aus anderen Professionen eher besonderen Wert auf individualisierte Arbeit legen, wird in dieser querschnittlich angelegten Online-

Erhebung durch die Operationalisierung von kooperationsbezogenen Einstellungen überprüft. Gemessen wird der Grad der *Teamorientierung* durch 13 Items aus dem Bochumer Inventar zur Berufsbezogenen Persönlichkeitsbeschreibung (BIP) von Hossiep et al. (2003), die auf einer Sechser-Skala mit den beiden Endpolen *trifft überhaupt nicht zu – trifft voll zu* beantwortet werden. Für Personen, die bei der Dimension *Teamorientierung* niedrige Skalenwerte erzielen, sind laut Testmanual „hohe Autonomie und Eigenständigkeit bei der Arbeit sehr wichtig. Sie möchten nicht auf die Unterstützung anderer angewiesen sein" (ebd. S. 65). Hiervon kann in der untersuchten Stichprobe der 233 Lehrkräfte allerdings keine Rede sein.

Ein Vergleich mit der aus dem Wirtschaftsbereich stammenden Standardnormierungsstichprobe des BIP zeigt, dass die in Studie 1 befragten Lehrkräfte Kooperation grundsätzlich positiv gegenüberstehen. Im Durchschnitt würden die 233 befragten Lehrkräfte der sechsten von neun möglichen Profilstufen der Standardnormierungstabelle des BIB zugeordnet werden und antworten damit teamorientierter als ca. 60 % der 9.303 von Hossiep et al. (2003) befragten Personen. Wie bei Soltau und Mienert (2009) genauer erläutert, geht diese positive Einstellung zur Lehrerkooperation allerdings mit einer sehr seltenen Umsetzung entsprechender Arbeitsformen einher.

5.2 Studie 2: Berufliche Sicherheit und Lehrerkooperation von Lehrkräften

Ob die in Studie 1 gefundene auffällige Kluft zwischen grundsätzlich positiver Einstellung und tatsächlicher Umsetzung eventuell durch individuelle Ängste vor Lehrerkooperation zu erklären ist, soll in Studie 2 überprüft werden. Hierfür wird eine Vielzahl von sog. endemischen Unsicherheitsfaktoren operationalisiert (z. B. Rollenambiguität, eigener Einfluss auf das Schülerlernen, unklare Leistungskriterien, mangelnde Standardisierung des Professionswissens; vgl. Soltau, in Vorbereitung). An dieser Stelle soll auf die Bedeutung des *beruflichen Selbstwertes* und der *Angst vor negativer Bewertung durch Kollegen* (Skala ANB-K) fokussiert werden. Die deskriptive Datenanalyse zeigt dabei, dass die befragten 377 Lehrkräfte im Durchschnitt über einen positiven *beruflichen Selbstwert* verfügen ($M = 3.17$, $SD = 0.40$; theoretische Skalenmitte = 2.5) und sich als durchaus erfolgreich und kompetent in ihrem Beruf wahrnehmen. Im Kontext der in anderen Untersuchungen betonten Bedeutung von Ängsten und Unsicherheiten (vgl. Ashton und Webb, 1986; Rosenholtz, 1991) muss vor allem die Verteilung der ANB-K-Skala überraschen. Mit einem Mittelwert von 1.88 ($SD = 0.63$) bei einer theoretischen Mitte der Skala von 3.5 spielt die *Angst vor negativer Bewertung* für die befragten Lehrkräfte im Durchschnitt nur eine geringe Rolle. Auch die vielfach formulierte Hypothese, dass berufliche Unsicherheit und Ängste Lehrerkooperation verhindern (vgl. Altrichter, 2000; Ashton und Webb, 1986; Soltau und Mienert, 2010) kann empirisch nicht bestätigt werden. Multivariate Regressionsanalysen des *beruflichen Selbstwertes* und der *ANB-K* auf jeweils eine der drei Kooperationsformen *Austausch, Synchronisation* und *Ko-Konstruktion* zeigen nur für den *beruflichen Selbstwert* signifikante ß-Gewichte[2], wobei die Varianzaufklärung insgesamt nicht überzufällig ist.

Tabelle 3: Multiple Regressionsanalysen Studie 2

Prädiktor	Austausch $\Delta\beta$	Synchronisation $\Delta\beta$	Ko-Konstruktion $\Delta\beta$
Beruflicher Selbstwert	.12*	.13*	.12*
Angst vor negativer Bewertung durch Kollegen	.06	.01	.07
$\Delta R2$	.01 $F = 2.61$	.02 $F = 2.99$	.01 $F = 2.66$

Anmerkung: *p < .05

Spielt somit die berufliche Sicherheit/Unsicherheit keine Rolle für die Teilnahme einzelner Lehrkräfte an Kooperationsformen? Bei der Bedeutung, die diesem Faktor in vielen Interviewstudien beigemessen wird (vgl. Ahlgrimm, 2010; Lortie, 1975; Rosenholtz, 1991) sind Erklärungen für eine ausbleibende empirische Verifizierung relativ schnell zur Hand (sozial erwünschtes Antwortverhalten, Erfassung unbewusster Ängste durch explizite Verfahren etc.). Während diese methodischen Schwierigkeiten durch weitere Forschung angegangen werden sollten, muss auch der Gedanke zugelassen werden, dass Lehrer nicht nur team-

---

[2] Standardisierte ß-Gewichte beschreiben, welchen Beitrag ein einzelner Prädiktor im Kontext aller übrigen Prädiktoren zur Vorhersage der abhängigen Variable (hier die drei Kooperationsformen) leistet. Ein positives ß-Gewicht bedeutet, dass eine Zunahme des Prädiktors zu einer Zunahme der abhängigen Variable führt. Ein negatives ß-Gewicht steht entsprechend für einen negativen Zusammenhang zwischen Prädiktor und abhängiger Variable.

orientierter sind als bislang angenommen wurde (siehe Studie 1), sondern vielleicht auch deutlich weniger durch ihren Beruf verunsichert werden als in der Forschungsliteratur beschrieben wird.

5.3 Studie zu personalen Faktoren der Lehrerkooperation und Innovation

In Ergänzung der Studien 2 und 3 werden in dieser Untersuchung neben der Autonomie der Lehrkräfte weitere personale Faktoren operationalisiert und deren Zusammenhang zur Lehrerkooperation überprüft: Die Lehrkräfte der 3. Studie nahmen an zwei chemiedidaktischen Fortbildungsveranstaltungen im Abstand von vier bis fünf Monaten und damit zu zwei Messzeitpunkten (T1 und T2) teil. Die Fortbildungsveranstaltungen hatten den inhaltlichen Schwerpunkt auf die Bildungsstandards für Chemie für den mittleren Schulabschluss (Kultusministerkonferenz 2005) und auf das didaktische Konzept Chemie im Kontext[3] (ChiK) für die Sekundarstufe II (vgl. Gräsel und Parchmann, 2004; Parchmann et al., 2000) gelegt. Mit den Bildungsstandards wurden die klassischen, in Curricula formulierten fachlichen Lerninhalte um den Erwerb überfachlicher Kompetenzen ergänzt. ChiK stellt eine innovative Möglichkeit dar, die Bildungsstandards für Chemie im Unterricht umzusetzen (Parchmann et al., 2006, S. 128), da die Basiskompetenzen im ChiK-Unterricht mitberücksichtigt werden.

Ergebnisse

Die Überprüfung der Forschungsfragen erfolgt mittels multipler Regressionsanalyse querschnittlich zum Messzeitpunkt T1. Längsschnittlich wird der Zusammenhang zwischen den personalen Faktoren zu T1 und der vier bis fünf Monate später erfassten spezifischen Lehrerkooperation zur Innovation „Bildungsstandards/Chemie im Kontext" überprüft. Ausgehend davon, dass auch das Alter der Lehrkräfte bei der Kooperationsentscheidung eine Rolle spielen kann (vgl. Pröbstel, 2008), wird es als Kontrollvariable in die Analyse einbezogen. Die Daten der Fragebogen wurden anhand einer vierstufigen Likert-Skala von *trifft gar nicht zu* bis *trifft völlig zu* (bei der Skala Lehrerkooperation von *nie* bis *sehr häufig*) mit einem theoretischem Mittelwert von $M = 2.5$ erhoben. Die hohe Korrelation zwischen *gemeinsamer Zielbindung* und *Vertrauen* (T1: $r^2 = .60$) zeigt eine Kollinearität an, die sich in den Konditionsindizes bestätigt. Vertrauen

---

[3] Für eine vertiefende Darstellung von ChiK sei auf Gräsel und Parchmann (2004) sowie Parchmann et al. (2000) verwiesen. Beispiele von Unterrichtseinheiten für die Sekundarstufe I und II sind auf www.chik.de zu finden.

wird somit aus den Regressionsanalysen ausgeschlossen. Theoretisch ist die Kollinearität plausibel: Vertrauen kann eine Grundlage dafür sein, gemeinsame Ziele zu erkennen, zu festigen und ggf. gemeinsam zu verändern. Das Wissen um eine gemeinsame Zielbindung dient wiederum der Festigung des Vertrauens in die Kooperationspartner (vgl. Deutsch, 1949).

Querschnittliche Analyse

Die *soziale Orientierung* weist einen signifikant positiven Zusammenhang mit der Lehrerkooperation auf: Sozial orientierte Lehrkräfte suchen grundsätzlich eher Kontakt zu den Kollegen und kooperieren deshalb häufiger als weniger sozial orientierte Lehrkräfte. Auch die *gemeinsame Zielbindung* bestätigt einen signifikant positiven Zusammenhang mit der Lehrerkooperation, und das ebenfalls unabhängig von ihrer Form. Die *Aufgabenorientierung* spielt nur für die Ko-Konstruktion der Lehrkräfte keine Rolle. Aufgabenorientierte Lehrkräfte schätzen bei anfallenden Aufgaben ab, ob sich eine Kooperationsform für die effiziente Aufgabenerledigung lohnt. Die Ko-Konstruktion wird scheinbar nicht als gewinnbringend für die Erreichung der anstehenden Ziele erachtet, gleichwohl sie theoretisch besonders für die Generierung neuer Ideen und Herangehensweisen im Unterricht geeignet ist. Allerdings impliziert sie einen hohen Aufwand. Zeitgleiches Zusammenarbeiten, also gemeinsame Freistunden, nachunterrichtliche Arbeitstreffen oder gemeinsame Arbeitsplätze sind in den gegebenen Schulorganisationen wohl schwer zu realisieren. Der nicht vorhandene Zusammenhang zwischen *Autonomie* und der Lehrerkooperation belegt, dass das oft bemühte Motiv kein Kooperationshemmnis sein muss. Einzig die Synchronisation mag also als eine ungewollte Einschränkung der subjektiven Handlungsautonomie empfunden werden. Nur diese Kooperationsform verlangt, dass anstehende Aufgaben gemäß gemeinsamer Vorgaben zeitlich aufeinander abgestimmt werden müssen.

Tabelle 4:　Multiple Regressionsanalysen Studie 3

Prädiktor	Austausch		Synchronisation		Ko-Konstruktion	
	T1 $\Delta\beta$	T2 $\Delta\beta$	T1 $\Delta\beta$	T2 $\Delta\beta$	T1 $\Delta\beta$	T2 $\Delta\beta$
Alter	.03	.00	−.01	−.25*	.01	−.17
Soziale Orientierung	.32**	.25*	.20*	.24*	.36**	.26*
Aufgabenorientierung	.20*	.23*	.24**	.10	.03	.14
Autonomiemotiv	−.04	−.06	−.18*	−.18	−.17	−.01
Gemeinsame Zielbindung	.37**	.24*	.36**	.16	.21*	.23*
$\Delta R2$	.36** $F = 12$	.26** $F = 5$	.34** $F = 9.7$	.23** $F = 5.4$	.20** $F = 6$	.20** $F = 4.7$

Anmerkungen: T1:N = 109, T2:N = 81; *p < .05, **p < .001

Längsschnittliche Analyse

Chemie im Kontext und die neuen Bildungsstandards für Chemie können als eine Innovation erachtet werden, mit denen sich die Lehrkräfte zum Zeitpunkt der Erhebung gerade vier bis fünf Monate beschäftigt hatten. Die Zusammenhänge der personalen Faktoren mit der spezifischen Lehrerkooperation zu diesem Ziel lassen sich vor diesem Hintergrund erklären. Der nicht vorhandene Zusammenhang zwischen *der gemeinsamen Zielbindung* und der *Synchronisation* mag darin begründet liegen, dass trotz gemeinsamer Zielbindung zu diesem Zeitpunkt der Innovationsimplementation noch keine konkreten gemeinsamen Aufgaben bzw. Unterrichtseinheiten vorlagen, zu denen die Lehrkräfte sich hätten abstimmen können. In einer ersten Phase der Innovation (vgl. Pröbstel, 2008) tauschen sich die Kooperierenden zur Innovation aus und ko-konstruieren neue Herangehensweisen, entwickeln so Zielklarheit und neue Ideen zur Implementation im Unterricht. Der Zusammenhang der *Aufgabenorientierung* mit der Lehrerkooperation weist darauf hin, dass interdependentere Kooperationsformen in dieser Phase der Innovation nicht als effizient für die Zielerreichung eingestuft werden. Längsschnittlich wird auch das Alter der Lehrkräfte für die Lehrerkooperation statistisch bedeutsam. Über die Gründe, die dazu führen, dass ältere Lehrkräfte nur in diesem spezifischen Fall der Kooperation zu einer Innovation weniger häufig synchronisieren, kann nur gemutmaßt werden.

Tabelle 5:   Deskriptive Werte und Interne Konsistenzen der Skalen aus den Studien 1–3

Skalen	Itemsbeispiel	Anz. Items	M	SD	α
Teamorientierung	Meine Arbeit stellt mich vor allem dann zufrieden, wenn ich nicht auf die Unterstützung anderer angewiesen bin (-).	13	4.31	0.80	.86
Beruflicher Selbstwert	Ich glaube, didaktisch und pädagogisch erfolgreich an meiner jetzigen Schule zu sein.	7	3.17	0.40	.82
Angst vor negativer Bewertung durch Kollegen	Ich fürchte, dass Kolleginnen und Kollegen mich nicht anerkennen.	8	1.88	0.63	.91
Soziale Orientierung	Ich pflege einen persönlichen Kontakt zu meinen Fachgruppenmitgliedern.	3	2.53	0.61	.74
Vertrauen	Meine Fachgruppenmitglieder sind da, wenn ich beruflich Hilfe brauche.	4	3.18	0.57	.89
Gemeinsame Zielbindung	Ich bin mir genau im Klaren über die Ziele meiner Fachgruppe.	7	2.82	0.62	.88
Aufgabenorientierung	Es ist mir ein echtes Anliegen, die neuen Bildungsstandards bestmöglich umzusetzen.	4	3.19	0.49	.75

Skalen	Itemsbeispiel	Anz. Items	M	SD	α
Autonomie-motiv	Bei der Arbeit lasse ich mir von anderen nicht gerne reinreden.	4	2.82	0.49	.67
Austausch	Studie 2: Mit meinen Kollegen tausche ich Unterrichtsmaterialien aus.	3	3.04	0.55	.79
	Studie 3 (T1): Ich tausche mit Fach-gruppenmitgliedern Unterrichtsmateria-lien aus.	4	2.91	0.62	.84
	Studie 3 (T2): Ich tausche mit Fach-gruppenmitgliedern Materialien zu den Bildungsstandards aus.	4	2.32	0.61	.91
Synchro-nisation	Studie 2: Mit Kollegen erarbeite ich Konzepte für neue Unterrichtsreihen.	3	2.31	0.72	.87
	Studie 3 (T1): Ich gestalte mit Fach-gruppenmitgliedern, die dieselbe Klas-senstufe unterrichten, die Themenfolge parallel.	3	2.34	0.49	.70
	Studie 3 (T2): Mit Fachgruppenmitglie-dern, die die neuen Bildungsstandards für ihren Unterricht berücksichtigen, gestalte ich die Themenabfolge parallel.	3	2.28	0.75	.86
Ko-Konstruktion	Studie 2: Um ein Feedback zu erhalten, führe ich mit Kolleginnen und Kollegen Unterrichtshospitationen durch.	4	2.12	0.57	.69
	Studie 3 (T1): Mit Fachgruppenmitglie-dern erarbeite ich Konzepte für neue Chemieprojekte.	6	1.77	0.34	.87
	Studie 3 (T2): Mit Fachgruppenmitglie-dern erarbeite ich Konzepte zur Umset-zung der Bildungsstandards.	6	1.65	0.59	.91

Anmerkungen: In den Studien 2 und 3 wurden unterschiedliche Versionen der Skalen *Austausch, Synchronisation* und *Ko-Konstruktion* verwendet.

6   Theoretische und praktische Implikationen

Zweifelsohne gibt die Schulorganisation den Rahmen vor, innerhalb dessen sich eine Lehrerkooperation entfalten kann. Gleichsam ist ihr Entstehen von den

Bedürfnissen, Interessen und Einstellungen der beteiligten Lehrkräfte abhängig. Neben Organisationsentwicklungsmaßnahmen, die den Rahmen dafür schaffen, dass Lehrkräfte kooperieren können, kann die Förderung einer Lehrerkooperationssituation deshalb erst unter Berücksichtigung personaler Faktoren sinnvoll gestaltet werden. Welchen Einfluss haben nun die in diesem Artikel analysierten personalen Faktoren für das Zustandekommen von Lehrerkooperation?

Zunächst kann in unseren Studien ein generell hohes Bedürfnis der Lehrkräfte, autonom und ohne Fremdeinmischung arbeiten zu wollen, nicht bestätigt werden. Ihr Autonomiebedürfnis ist nicht besonders stark ausgeprägt, vielmehr sind Lehrkräfte teamorientierter als meist angenommen wird. Zudem zeigt sich, dass auch autonomiebedürftige Lehrkräfte durchaus kooperieren. Eine Voraussetzung scheint dabei allerdings zu sein, dass sie weiterhin eine gewisse Autonomie im pädagogischen Handeln für sich beanspruchen können. So mag eine Synchronisation als zeitliche und inhaltliche Abstimmung des Unterrichtes für autonomiebedürftige Lehrkräfte eine ungewollte Einschränkung implizieren. Auch wollen sich Lehrkräfte nicht vorschreiben lassen, wann und mit wem sie zusammenarbeiten sollen (vgl. Hargreaves und Dawe, 1990). Aber welch anderer eigenständige Arbeitnehmer lässt sich gerne sein Tun vorschreiben, ohne dass dem ein sinnvoll erscheinendes Ziel zugrunde liegt? Unsere Ergebnisse sprechen auch dagegen, dass eine berufliche Unsicherheit der Lehrkräfte und die Angst vor negativem Feedback als Hemmfaktor von Kooperation fungieren. Als personale Faktoren können damit weder die Autonomie noch die Unsicherheit hinreichend begründen, warum Lehrkräfte (nicht) kooperieren. Vielmehr bedarf es der Beachtung weiterer personaler Faktoren, um dem Mangel an Kooperation in Schulen entgegenzuwirken.

Wenn die Zusammenarbeit an Schulen gefördert werden soll, erscheint es auf Basis der vorliegenden und anderer Studien (vgl. Friend und Cook, 1990; Rosenholtz, 1991) zunächst wichtig, dass gemeinsame Ziele definiert werden. Eine seltene Lehrerkooperation hängt oft damit zusammen, dass den Lehrkräften nicht klar ist, was überhaupt gemeinsam erreicht werden soll (vgl. Pröbstel, 2008). Es empfiehlt sich deshalb, die Lehrkräfte an dem Prozess der Zielfindung frühzeitig zu beteiligen, damit ihnen gemeinsame Ziele bewusst, bedeutsam und klar werden und eine Kooperation als sinnvolles Mittel erachtet werden kann, um diese Ziele zu erreichen. So erleben die Lehrkräfte die Kooperation als ein probates Mittel und nicht etwa als aufoktroyierte Einmischung in ihre Handlungsautonomie.

Sozial orientierte Lehrkräfte suchen grundsätzlich eher Kontakt zu den Kollegen und kooperieren deshalb häufiger als weniger sozial orientierte Lehrpersonen. Kooperation dient also dem Bedürfnis nach persönlicher Nähe und damit dem sozialen Klima an den Schulen. Dies ist ein wichtiger Effekt der Zusammenarbeit von Lehrkräften, denn ein positives soziales Klima ist ein zentrales Merkmal von Schulen, deren Lehrkräfte gesund sind (vgl. Schaarschmidt, 2004). Eine soziale Orientierung in der Förderung der Kooperationssituation an Schulen zu berücksichtigen bedeutet aber nicht, dass nur persönlich befreundete Kollegen eine Kooperation eingehen sollten. Bei engen Freundschaftsbeziehungen besteht immer auch die Gefahr, dass kritische Auseinandersetzungen vermieden werden, um das Gemeinschaftsgefühl nicht zu beschädigen (vgl. De Lima, 2001). Alternative Sichtweisen werden in homogenen Gruppen seltener geäußert, wodurch Innovationen kaum entstehen können (vgl. West und Hirst, 2003). Eine soziale Orientierung in der Förderung der Kooperationssituation zu berücksichtigen, bedeutet deshalb vielmehr, eine gemeinschaftliche Atmosphäre anzustreben, in der vertrauensvoll und offen gearbeitet werden kann. Dann sind alternative Sichtweisen erwünscht, wenn sich die Lehrkräfte in dieser Gemeinschaft bewusst sind, gemeinsame Ziele bestmöglich erreichen zu wollen.

Auch die Aufgabenorientierung erweist sich als bedeutsamer personaler Faktor im Entstehen von Lehrerkooperation. Aufgabenorientierte, leistungsmotivierte Lehrkräfte gehen eine Kooperation dann ein, wenn sie annehmen, dass sie gemeinsam zu einem spezifischen Ziel mehr erreichen können als alleine. Für die Förderung einer Kooperationssituation gilt es somit zu berücksichtigen, dass Kooperation dann gewinnbringend für die berufliche Entwicklung des Einzelnen, der Gruppe und schlussendlich der Schule sein kann, wenn die Komplexität der jeweiligen Ziele und Aufgaben der Lehrkräfte eine Kooperation erforderlich und sinnvoll machen.

Literatur

Ahlgrimm, F. (2010): „Für mich persönlich hat sich wahnsinnig viel geändert" – Untersuchungen zur Kooperation in Schulen. Unveröffentlichte Dissertation. Universität Erfurt.

Altrichter, H. (2000): Konfliktzonen beim Aufbau schulischer Qualitätssicherung und Qualitätsentwicklung. 41. Beiheft der Zeitschrift für Pädagogik. Qualität und Qualitätssicherung im Bildungsbereich: Schule, Sozialpädagogik, Hochschule, S. 93–110.

Altrichter, H., Eder, F. (2004): Das „Autonomie-Paritätsmuster" als Innovationsbarriere? In: Holtappels, H. G. (Hrsg.): Schulprogramme – Instrumente der Schulentwicklung. Konzeption, Forschungsergebnisse, Praxisempfehlungen. Weinheim, S. 195–221.

Ashton, P. T., Webb, R. B. (1986): Making a difference. Teachers' sense of efficacy and student achievement. New York.

Bischof, N. (1989): Das Rätsel Ödipus. München.

De Lima, J. A. (1998, April): Improving the study of teacher collegiality: Methodological issues. Paper presented at the Annual Meeting of the American Educational Research Association. San Diego.

De Lima, J. A. (2001): Forgetting about friendship: Using conflict in teacher communities as a catalyst for school change. Journal of Educational Change, 2, S. 97–122.

Deutsch, M. (1949): A Theory of cooperation and competititon. Human Relations, 2, S. 129–152.

Doll, J., Prenzel, M. (2002): Bildungsqualität von Schule: Schulische und außerschulische Bedingungen mathematischer, naturwissenschaftlicher und überfachlicher Kompetenzen (45. Beiheft): Zeitschrift für Pädagogik.

Friend, M., Cook, L. (1990): Collaboration as a predictor for success in school reform. Journal of Educational and Psychological Consultation, 1, S. 69–86.

Fullan, M. G. (1994): Implementation of innovations. In: Husen, T., Postlethwaite, T. N. (Hrsg.): International encyclopedia of education. Oxford, U. K., S. 2839–2847.

Fussangel, K. (2008): Subjektive Theorien von Lehrkräften zur Kooperation. Eine Analyse der Zusammenarbeit von Lehrerinnen und Lehrern in Lerngemeinschaften. Dissertation. Bergische Universität Wuppertal.

Gräsel, C., Fussangel, K., Pröbstel, C. (2006): Lehrkräfte zur Kooperation anregen: eine Aufgabe für Sisyphos? Zeitschrift für Pädagogik, 52, S. 205–219.

Gräsel, C., Parchmann, I. (2004): Die Entwicklung und Implementation von Konzepten situierten, selbstgesteuerten Lernens. Zeitschrift für Erziehungswissenschaft, 7 (3. Beiheft), S. 171–184.

Gräsel, C., Pröbstel, C., Freienberg, J., Parchmann, I. (2007): Fostering collaboration among secondary school science teachers. In: Prenzel, M. (Hrsg.): Studies on the Educational Quality of Schools. Münster, S. 157–173.

Grunwald, W. (1981): Konflikt – Konkurrenz – Kooperation: Eine theoretisch empirische Konzeptanalyse. In: Grunwald, W., Lilge, H. G. (Hrsg.): Kooperation und Konkurrenz in Organisationen. Bern, S. 50–84.

Hargreaves, A., Dawe, R. (1990): Path of professional development: Contrived collegiality collaborative culture and the case of peer coaching. Teaching and Teacher Education, S. 227–241.

Hossiep, R., Paschen, M., Mühlhaus, O., Collatz, A. (2003): BIP. Das Bochumer Inventar zur berufsbezogenen Persönlichkeitsbeschreibung. Göttingen.

Kain, D. L. (1996): Looking beneath the surface: Teacher collaboration through the lens of grading practices. Teachers College Record, 97, S. 569–587.

Kullmann, H. (2009): Lehrerkooperation an Gymnasien – Eine explorative Untersuchung zu Ausprägung und Wirkungen am Beispiel des naturwissenschaftlichen Unterrichts. Dissertation. Universität Duisburg-Essen.

Kultusministerkonferenz (2005): Bildungsstandards für Chemie für den mittleren Schulabschluss. Beschluss vom 16.12.2004. München, Neuwied.

Lortie, D. C. (1975): Schoolteacher: A sociological study. Chicago.

Neuberger, O. (1998): Strategische Kooperation (Mikropolitik). In: Spieß, E. (Hrsg.): Formen der Kooperation. Bedingungen und Perspektiven. Göttingen, S. 37–52.

Orton, J. D., Weick, K. E. (1990): Loosely coupled systems: A reconceptualisation. Academy of Managment Review, 15, S. 203–223.

Parchmann, I., Freienberg, J., Kandt, W., Bünder, W., Demuth, R., Klüter, R., Ralle, B. (2006): Lernlinien zur Verknüpfung von Kontextunterricht und Kompetenzentwicklung. Chemkon, 13, S. 124–132.

Parchmann, I., Ralle, B., Demuth, R. (2000): Chemie im Kontext – eine Konzeption zum Aufbau und zur Aktivierung fachsystematischer Strukturen in lebensweltlichen Kontexten. Mathematisch Naturwissenschaftlicher Unterricht, 53, S. 132–136.

Prenzel, M., Allolio-Näcke, L. (2006): Untersuchungen zur Bildungsqualität von Schule: Abschlussbericht des DFG-Schwerpunktprogrammes.

Pröbstel, C. H. (2008): Lehrerkooperation und die Umsetzung von Innovationen. Eine Analyse der Zusammenarbeit von Lehrkräften aus Perspektive der Bildungsforschung und der Arbeits- und Organisationspsychologie. Angewandte Stress- und Bewältigungsforschung: Bd. 3. Berlin.

Ring, P. S., Ven, van de A. (1994): Developmental processes of cooperative interorganizational relationships. Academy of Management Journal, 19, S. 90–118.

Rosenholtz, S. J. (1991): Teachers' workplace. The social organisation of schools. New York.

Roth, H. (1994): Zusammenarbeit im Lehrerberuf: Literaturstudie, qualitative Untersuchung und standardisierte Erhebung unter Verwendung der Rep-Grid-Technik von G. A. Kelly. Zürich: Universität Zürich, Pädagogisches Institut.

Schaarschmidt, U. (2004): Halbtagsjobber? Psychische Gesundheit im Lehrerberuf. Analyse eines veränderungsbedürftigen Zustandes. Weinheim.

Schönknecht, G. (1997): Innovative Lehrerinnen und Lehrer: Berufliche Entwicklung und Berufsalltag. Weinheim.

Soltau, A. (2007): Zusammenarbeit in Schulkollegien. Teamorientierung und Einstellungen zu Formen der Lehrerkooperation bei Bremer Lehrkräften. Unveröffentlichte Diplomarbeit. Universität Bremen.

Soltau, A., Mienert, M. (2009): Teamorientierung und Einstellungen zur Lehrerkooperation bei Lehrkräften. Psychologie in Erziehung und Unterricht, 58, S. 213–223.

Soltau, A., Mienert, M. (2010): Unsicherheit im Lehrerberuf als Ursache mangelnder Lehrerkooperation? Eine Systematisierung des aktuellen Forschungsstandes auf Basis des transaktionalen Stressmodells. Zeitschrift für Pädagogik, 56, S. 761–778.

Soltau (in Vorbereitung): Isolation aus Unsicherheit? Berufliche Unsicherheit von Lehrkräften und dessen Zusammenhang zur Lehrerkooperation. Dissertation in Vorbereitung. Universität Bremen.

Spieß, E. (2004): Kooperation und Konflikt. In: Schuler, H. (Hrsg.): Organisationspsychologie – Gruppe und Organisation. Göttingen, S. 193–250.

West, M. A. (1990): The social psychology of innovation in groups. In: West, M. A., Farr, J. L. (Hrsg.): Innovation and Creativity at Work. New York, S. 309–333.

West, M. A., Hirst, G. (2003): Cooperation and teamwork for innovation. In: West, M. A.; Tjosvold, D., Smith, K. G. (Hrsg.): International Handbook of Teamwork and Cooperative Working. New York, S. 297–321.

Young, G. (2003): Contextualizing cooperation. In: West, M. A., Tjosvold, D., Smith, K. G. (Hrsg.): International Handbook of Organizational Teamwork and Cooperative Working. West Sussex, S. 77–110.

Erwünschte Charakteristika von Partner/-innen für Lehrerkooperation
Eine empirische Analyse anhand der Selbstbestimmungstheorie der Motivation

Harry Kullmann

1 Lehrerarbeit zwischen Autonomie und Kooperation

Das Unterrichten als Kernaufgabe von Lehrkräften ist eine der komplexesten beruflichen Tätigkeiten überhaupt (vgl. Stern, 2009): Im Verlauf des Planungs- und Interaktionshandel
ns sind vielfältige Probleme zu lösen und Ziele zu erreichen, um allen Schülern in bestmöglicher Weise gerecht zu werden. Aufgrund ihrer Mitgliedschaft in einem Kollegium stehen die Lehrpersonen vor zusätzlichen Herausforderungen, die durch Normen und andere Elemente ihrer Berufskultur dann entstehen, wenn diese als sich widersprechend wahrgenommen werden. Ein Beispiel für ein solcherart dialektisches Moment lässt sich im Kontext des Bewahrens und Entwickelns von Unterrichtsqualität ausmachen: Eine Berufsnorm zur kollegiumsinternen Kooperation im Hinblick auf Unterricht ist abzuwägen gegen die schulgesetzlich verbriefte pädagogische Freiheit der einzelnen Lehrperson.

Die Berufsnorm zur Zusammenarbeit lässt sich etwa daran festmachen, dass die Fachkonferenz den Auftrag besitzt, über die „Grundsätze zur fachmethodischen und fachdidaktischen Arbeit" zu entscheiden (SchulG-NRW, 2010, § 70). Der durch solcherlei Vorgaben verbleibende Freiheitsgrad ist auf kollegialer wie individueller Ebene erheblich. Für letztere ist er sogar schulgesetzlich festgeschrieben, wenn es etwa heißt, dass die „Unterrichtsvorgaben so zu fassen [sind], dass für die Lehrerinnen und Lehrer ein pädagogischer Gestaltungsspielraum bleibt" (ebd., § 29). Letztendlich dürften die administrativen Vorgaben nur insofern zu einem abgestimmten Verfahren unter Kollegen führen, wie die Betroffenen dies selbsttätig tun.

Ein zentraler Faktor ist in diesem Kontext die in unterschiedlicher Weise beschriebene Kultur der Nichteinmischung unter Lehrpersonen. Nach Terhart (1996) besitzt diese Kultur eine Schutzfunktion, weil „die Unterrichtsarbeit mit einem hohen Beteiligungsgrad der eigenen Person, einem hohen Grad an persönlichem Involvement also, verrichtet wird – und eben nicht in distanzierter, mechanischer Form" (ebd., S. 463). Gemäß dem bereits von Lortie (1975) beschriebenen Autonomie-Paritäts-Muster gilt in Kollegien das Prinzip „Leben und leben lassen". Die kollegiale Kultur ist stets Teil der gesamten einzelschulischen Kultur und kann als solche nur langfristig modifiziert werden (vgl. van Ackeren et al., 2008). Zugleich lassen sich anhand der Lehrerperspektive klar artikulierte Wünsche nach einem Mehr an hilfreichen kollegialen Impulsen zur Unterrichtsarbeit feststellen (vgl. Kullmann, 2010). Die bislang skizzierte Problematik spiegelt die Notwendigkeit für die einzelne Lehrperson wider, sich zwischen den häufig anzutreffenden Formen individualistisch-orientierter Kollegialität einerseits und einer erwünschten Kooperation andererseits zu verorten.

Aus einer am Wohl der Institution Schule sowie den an ihr beteiligten Personengruppen ausgerichteten Perspektive wurden von Seiten der erziehungswissenschaftlichen Forschung viele Gründe identifiziert, warum Lehrkräfte mehr kooperieren sollten. Richtig umgesetzt steigert eine Kooperation die Professionalität der Lehrkräfte, d. h., es verbessert sich die Qualität des von ihnen erteilten Unterrichts, wovon wiederum die Schüler in vielfältiger Hinsicht profitieren (vgl. Fussangel und Gräsel, 2011; Kullmann, 2010). Zudem bietet Kooperation den Lehrkräften einen gewissen Schutz vor den Folgen der Belastungen des schulischen Alltags (vgl. Bauer, 2004). Ebenfalls wurden – wie oben anhand der Kultur der Nichteinmischung gezeigt – auf der Individual-, Kollegiums-, Schul-und Systemebene eine Reihe von Bedingungsfaktoren identifiziert (vgl. Huber und Ahlgrimm, 2009). Auf der Individualebene betrifft dies u. a. jene Faktoren, die für das zielbezogene Arbeiten in Gruppen allgemein von Bedeutung sind. Hier sind z. B. die Fähigkeit zur Kommunikation und Koordination (zur Systematik vgl. Kullmann, 2010, S. 18 ff.), zur Kompromissfähigkeit sowie Zuverlässigkeit, gegenseitige Sympathie (vgl. Terhart, 1998) oder Vertrauen (vgl. Spieß, 2004) zu nennen.

Auf der Individualebene ist auch die vorliegende Studie verortet, welche sich jedoch einer selten aufgegriffenen Perspektive widmet: der Bedeutsamkeit verschiedener Charakteristika eines möglichen Kooperationspartners. Spezifiziert werden soll demnach die Ge- bzw. Misslingensbedingung des Vorhandenseins eines geeigneten Gegenübers innerhalb des Lehrerkollegiums als besonderer Zwangsgemeinschaft (vgl. Eikenbusch, 2008). Was zeichnet dieses Gegenüber, diesen möglichen Kooperationspartner aus? Welcher Art die betreffenden Charakteristika auch sein mögen, in Bezug auf sie als kollegiale Präferenzen muss zwischen den Kooperationspartnern im Vorfeld eine hinreichend große Passung empfunden werden, damit eine unterrichtsbezogene Kooperation autonom initiiert wird.

2   Kollegiale Präferenzen von Lehrkräften

Die Möglichkeit zu einer Untersuchung der Frage, welche Eigenschaften eines Kooperationspartners Lehrkräfte präferieren, ergab sich im Rahmen des von der Deutschen Forschungsgemeinschaft (DFG) geförderten Projekts „Schulsystem und Kultur der Einzelschule als Kontext des naturwissenschaftlichen Lernens an Schulen der Sekundarstufe I" (vgl. van Ackeren et al., 2008). In diesem Kontext wurden die Gesamtkollegien von 16 Gymnasien in Nordrhein-Westfalen und Schleswig-Holstein befragt (zum Modus der Schulauswahl vgl. ebd. sowie Kullmann, 2010). Die resultierende Datengrundlage wird weiter unten charakterisiert.

Grundlage der Studie sind mehrere Indikatoren, welche den erwünschten Grad unterrichtsbezogener Kompetenz des möglichen Gegenübers ebenso erfassen wie seine Unterrichtserfahrung oder seine Popularität bei den Schülern sowie bei den Kollegen (s. u.). Inspiriert wurde das gewählte Vorgehen u. a. durch die Selbstbestimmungstheorie der Motivation nach Deci und Ryan (2000). Gemäß dieser Theorie benötigt ein gelingendes und die Integrität einer Person wahrendes Handeln notwendig die Wahrnehmung von Autonomie, Kompetenz sowie der sozialen Eingebundenheit (*relatedness*). Eine hinreichende Befriedigung dieser Bedürfnisse ist für die intrinsische und die extrinsische Motivation gleichermaßen relevant. Da die Lehrerkooperation einerseits als zentraler Problemlösemodus in Schulen ausgemacht ist, andererseits innerhalb der Kultur sehr vieler Kollegien als noch nicht hinreichend etabliert gilt (vgl. z. B. Bauer, 2004; Kullmann, 2010), bedarf es beider Motivationselemente, um sie zu steigern.

Ebenfalls unabdingbar ist, dass eine unterrichtsbezogene Kooperation den Beteiligten einen didaktisch-methodischen Mehrwert verschafft bzw. dass sie hilfreiche Impulse für ihre Unterrichtsarbeit enthält (vgl. auch Fussangel und Gräsel, 2011). Entsprechende Präferenzen möglicher Kooperationspartner wurden daher ebenfalls beispielhaft erhoben (s. u.). Entwickelt wurde ein Fragebogenabschnitt mit sieben Items (s. Tabelle 1). Ihre Anzahl stellt einen befragungsökonomischen Kompromiss dar zwischen der Gesamtlänge des Erhebungsinstruments in o. g. DFG-Projekt und einer Erhebung der zentral interessierenden Aspekte (vgl. Rost et al., 2008).

Tabelle 1: Erwünschte Eigenschaften von Partnerinnen und Partnern für unterrichtsbezogene Kooperation

Bereich	Nr.	Eigenschaften der Kooperationspartner[a]	MW (SD)[b, c, i, j]	Bewertungsunterschied[d, e] 2	3	4	5	6	7	Korrelation[f, g, h] 2	3	4	5	6	7
		Die kooperierende Lehrkraft ...													
Unterrichtsbezogene Kompetenz	1	... muss in ihrer unterrichtsbezogenen Kompetenz mindestens mein Niveau besitzen.	1.24 (0.73)	0.05	0.86	0.58	0.72	1.38	1.12	.39	.26	.31	.25	.01	.01
	2	... muss im Fachkollegium hinsichtlich ihrer unterrichtsbezogenen Kompetenz einen guten Ruf haben.	1.28 (0.76)		0.90	0.63	0.76	1.30	1.05		.24	.30	.40	.08	.08
Unterrichtserfahrung	3	... muss mindestens so viel Unterrichtserfahrung im betreffenden Fach aufweisen wie ich.	0.65 (0.63)			0.30	0.16	2.44	2.06			.24	.25	-.08	-.03
Popularität	4	... muss bei den Schüler/-innen beliebt sein.	0.84 (0.65)				0.14	2.12	1.78				.63	.11	.06
	5	... muss innerhalb des Fachkollegiums beliebt sein.	0.75 (0.63)					2.29	1.93					-.05	-.02
Didaktische Präferenzen	6	... muss offen sein für die Einbindung der Schülerinteressen bei der Unterrichtsgestaltung.	2.18 (0.62)						0.18						.64
	7	... muss offen sein gegenüber handlungsorientierten Unterrichtsmethoden (z. B. Lernen an Stationen, Gruppenpuzzle/ Expertenmethode).	2.06 (0.73)												

a: Einleitungstext zur Itemliste: Bitte schätzen Sie die Wichtigkeit der im Folgenden genannten Eigenschaften Ihrer Kolleginnen und Kollegen im Hinblick auf eine unterrichtsbezogene Kooperation ein.

b: Kodierung: 0 = trifft gar nicht zu, 1 = trifft eher nicht zu, 2 = trifft eher zu, 3 = trifft voll zu.

c: MW: Mittelwert, SD: Standardabweichung (nicht für imputierte Daten verfügbar).

d: Zahlenwerte: Effektstärkemaß d auf der Basis des Originaldatensatzes (FN e); untere Grenzen für kleine, mittlere und große Effekte: 0.20, 0.50 und 0.80 (vgl. Cohen, 1988). Schattierung: ansteigend nach Effektstärken. Fettdruck: t-Test für gepaarte Stichproben gemäß FN f, g.

e: Originaldatensatz (fehlende Werte: 6 % der Fälle, 2,8 % der Bewertungen).

f: Datenbasis: Fünf durch multiple Imputation mit SPSS 17.0 vervollständigte Datensätze. Sofern möglich, werden zusammengefasste (*pooled*) Ergebnisse berichtet. Falls diese in SPSS 17.0 nicht verfügbar sind, wurden nach Möglichkeit alternative Wege beschritten (z. B. van Ginkel, 2010). Ansonsten wurden die Ergebnisse verbal zusammengefasst und anhand einzelner Ergebnisse erläutert. MI-5 z. B. steht für das Ergebnis des 5., durch Schätzung vervollständigten Datensatzes.

g: Fettdruck: signifikant mit α-Fehler < .0024 (Bonferroni-Korrektur für 21 parallele Vergleiche, ausgehend von α-Fehler < .05).

h: Zahlenwerte: Produkt-Moment-Korrelation r; zugleich Effektstärkemaß; untere Grenzen für kleine, mittlere und große Effekte: .10, .30 und .50 (vgl. Cohen, 1988). Schattierung: ansteigend nach Effektstärken.

i: t-test für eine Stichprobe zu Item 1 als Beispiel zur Abweichung der Items 1 und 2 gegenüber 1.0 nach oben: t_{MI-5} (435) = 6.630; p = .000.

j: t-test für eine Stichprobe zu Item 4 als Beispiel zur Abweichung der Items 3 bis 5 gegenüber 1.0 nach unten: t_{MI-5} (435) = -7.740; p = .000.

Erwünschte Kompetenz des Kooperationspartners

Die Kompetenz eines Partners ist in zweifacher Hinsicht als Bedingungsfaktor der Kooperation interessant. Zum einen in Bezug auf das Binnenverhältnis beider Personen: In einer Art selbst gesteuertem Referenzgruppeneffekt können Partner bevorzugt oder toleriert werden, die weniger Kompetenz besitzen als man selbst (vgl. Trautwein und Lüdtke, 2010). In dieser Konstellation wäre die Wahrscheinlichkeit für ein eigenes Kompetenzerleben in der Kooperationssituation höher, als wenn das Gegenüber ähnlich kompetent oder kompetenter wäre. Zum anderen ist davon auszugehen, dass durch die Kooperation die eigene Kompetenz gestärkt werden soll und ein höheres Kompetenzerleben „erst" für künftige Unterrichtssituationen erwartet wird.

Das zweite Item operationalisiert die Relevanz des kompetenzbezogenen „Rufes" eines möglichen Partners. In dieser Reputation dürften – obwohl zentral im Kollegium tradiert – insbesondere die über mehrere Schuljahre getroffenen Aussagen der Schüler über die Unterrichtspraxis eines Lehrers einen Widerhall finden.

Erwünschte Unterrichtserfahrung des Kooperationspartners

Grundsätzlich ist gemäß der Expertiseforschung davon auszugehen, dass Professionelle durch Berufserfahrung ein höheres Kompetenzniveau erreichen (vgl. Ericsson, 2006). Dieser Befund ist in vielen Bereichen konsistent mit der Alltagserfahrung. Andererseits ist ebenfalls festzustellen, dass das Niveau der unterrichtsbezogenen Kompetenz bei Lehrpersonen – theoriewidrig – anscheinend mit der Zeit nicht steigt (vgl. Stern, 2009). In der Folge ist es wahrscheinlich, dass die Lehrkräfte anhand ihrer alltäglichen Beobachtungen die längere Unterrichtserfahrung eines potenziellen Kooperationspartners nicht notwendigerweise mit höherer Kompetenz gleichsetzen. Vor diesem Hintergrund ergibt sich die Frage, welche Bedeutung der langjährigen Unterrichtserfahrung als Eigenschaft eines möglichen Partners für die Kooperation zukommt.

Erwünschte Popularität des Kooperationspartners

Dem Einsatz beider Items liegt zunächst die Annahme zugrunde, dass das Bedürfnis nach Eingebundenheit (s. o., Deci und Ryan, 2000) für eine Person eher erfüllt wird, wenn sie oder er innerhalb relevanter Personenkreise „beliebt" ist. Die Frage ist nun, inwiefern die Popularität einer Kollegin oder eines Kollegen von den befragten Lehrpersonen als relevante Kategorie für eine unterrichts-bezogene Kooperation eingestuft wird. Grundsätzlich denkbar wäre, dass eine höhere Popularität als vorteilhaft gilt: Zum ersten könnte Popularität in der päda-gogischen Organisation Schule als Teil jener Kompetenz zur Gestaltung kon-struktiver zwischenmenschlicher Beziehungen interpretiert werden, welche als Voraussetzung für Unterrichtsqualität anzusehen ist (vgl. KMK, 2004). Zum zweiten könnte schlichtweg ein eigener Popularitätsgewinn durch die Zusam-menarbeit mit populären Kollegen erwartet werden, welcher dann das Grundbe-dürfnis nach sozialer Eingebundenheit stärker befriedigt. Drittens ist denkbar, dass Lehrpersonen die Popularität anderer im vorliegenden Kontext nicht als relevant einstufen, weil beliebte Personen für sie nicht zwangsläufig auch eine höhere Unterrichtskompetenz aufweisen müssen.

Offenheit gegenüber schüler- und handlungsorientiertem Unterricht

Diese beiden Items erfassen beispielhaft die didaktischen Prioritäten, welche sich die befragten Lehrpersonen auf Seiten ihrer potenziellen Kooperationspartner wünschen. Beide Items sind bei einer positiven Beantwortung auf Gestaltungs-elemente von Unterricht ausgerichtet, die man vor dem Hintergrund der noch immer überwiegenden Lehrerzentriertheit des Unterrichts als progressiv einstu-fen kann (vgl. Wiechmann et al., 2005).

Das von Seiten der Selbstbestimmungstheorie unverzichtbare Autonomie-bedürfnis wird hier dadurch berücksichtigt, dass die Lehrkräfte die Ausprägung von zentralen Eigenschaften jenes fiktiven Kooperationspartners einschätzen sollen, mit dem sie sich eine autonom bestimmte Kooperation wünschen. Die Alternative läge in einer gekünstelten Kollegialität (*contrived collegiality*), wel-che dem Autonomiebedürfnis auf Seiten der Lehrperson nicht gerecht wird und in der Literatur bereits eingehend kritisiert wurde (vgl. Hargreaves, 1994, S. 186 ff.).

Die im Frühsommer 2005 durchgeführte Befragung lieferte auswertbare Fragebögen von 436 Personen. Die Rücklaufquote aus den 16 gymnasialen Ge-samtkollegien betrug durchschnittlich 48 % (s. Kullmann, 2010, S. 141 ff. für weitere Details). Fehlende Daten traten in geringem Maße auf und wurden durch multiple Imputation ergänzt (s. FN f in Tabelle 1).

3   Ergebnisse und Diskussion

Die beiden auf die unterrichtsbezogene Kompetenz potenzieller Kooperationspartner bezogenen Indikatoren – mindestens das Niveau der befragten Person zu
besitzen oder im Kollegium diesbezüglich einen guten Ruf zu haben – sind
gemäß Tabelle 1 als „eher nicht wichtig" einzustufen. Zugleich sind die Abwei-
chungen gegenüber dem Referenzwert von 1.0 in Richtung einer höheren Wichtigkeit signifikant (s. FN i in Tabelle 1). Die Korrelation beider Aspekte ist mit
r = .39 bedeutsam (s. FN h in Tabelle 1).

   Sowohl die Notwendigkeit einer bestimmten Unterrichtserfahrung als auch
einer Popularität im Kollegium oder der Schülerschaft werden als noch weniger
wichtig eingeschätzt. Die zugehörigen Rückmeldungen unterschreiten den Referenzwert von 1.0 deutlich (s. FN j in Tabelle 1). Die Bewertungsunterschiede zu
den beiden erstgenannten Items sind durchgängig hoch (d ≥ 0.58), untereinander
dagegen zumeist unbedeutend (s. d-Werte in Tabelle 1). Die didaktischen Präferenzen möglicher Partner sind von größerer Relevanz und werden als „eher
wichtig" angesehen.

   Eine Faktorenanalyse verweist auf zwei, den Bewertungen zugrundeliegen-
de Konstrukte (s. Tabelle 2). Die Einschätzungen zur unterrichtsbezogenen Kompetenz und der Popularität bilden demnach ein gemeinsames Beurteilungsfeld (s.
K1 in Tabelle 2). Mit Abstrichen ist hierzu auch die Unterrichtserfahrung zu
zählen. Diese zeigt jedoch eine geringere Faktorladung (ebd.) sowie eine geringere Trennschärfe und leistet keinen Beitrag zur Erhöhung der Reliabilität. Die
aus den Items 1, 2, 4 und 5 gebildete Skala besitzt mit α = .72 eine befriedigende
Reliabilität. Sie erhebt aus der Perspektive der urteilenden Lehrperson die Wichtigkeit des berufsbezogenen Ansehens möglicher Partner für unterrichtsbezogene
Kooperation als Bedingungsfaktor für diese Form der Zusammenarbeit. Berufs-
bezogen ist dieses Ansehen, weil es sich auf die unterrichtliche Tätigkeit sowie
die persönliche Beziehung zu Schülern sowie Kollegen als wichtigste Akteure
des beruflichen Alltags bezieht.

Tabelle 2: Faktoren- und Reliabilitätsanalyse sowie Skalenwerte zu den Eigenschaften

Bereich	Nr.	Eigenschaften der Kooperationspartner	Fak.[a]		Reli.[b]		Skal.[c]
			K1	K2	r_{it}	α	MW (SD)
Unterrichts-bezogene Kompetenz	1	Unterrichtsbezogene Kompetenz mindestens auf dem Niveau der/des Befragten	**.65**	-.08	.43		
	2	Guter Ruf im Fachkollegium hinsichtlich der unterrichtsbezogenen Kompetenz	**.69**	.03	.49		
Unterrichts-erfahrung	3	Unterrichtserfahrung mindestens auf dem Niveau der/des Befragten	.54	-.22		.72	1.03 (0.50)
Popularität	4	Beliebt bei Schülerinnen und Schülern	**.76**	.01	.54		
	5	Beliebt innerhalb des Fachkollegiums	**.78**	-.14	.58		
Didaktische Präferenzen	6	Offenheit gegenüber Einbindung der Schülerinteressen bei der Unterrichtsgestaltung	.13	**.91**	.66		2.11 (0.61)
	7	Offenheit gegenüber handlungsorientierten Unterrichtsmethoden	.13	**.90**	.66	.79	
		erklärte Varianz in % (kumuliert: 58.1):	34.1	24.0			

a: Explorative Faktorenanalyse anhand des Originaldatensatzes (vgl. FN e und Korrelationsmatrix in Tabelle 1). Varimax-Rotation; KMO = .606; Bartletts χ^2 (21) = 705.972 p = .000. (Wiederholt man die Faktorenanalyse mit den Items 1 bis 5, laden alle auf demselben Faktor.)

b: Reliabilitätsanalyse anhand des Originaldatensatzes (FN e in Tab. 1). Item 3 ausgeschlossen, s. Text.

c: Skalenwerte. Korrelation und Bewertungsunterschied zwischen den Konstrukten „berufsbezogenes Ansehen" (Items 1, 2, 4 und 5) sowie „didaktische Präferenzen" (Items 6 und 7): r = .054 (n.s.), d = 1.93, t-Test für gepaarte Stichproben: t_{pooled} (76,888) = 29.261; p = .000.

Die Faktoren- und die Reliabilitätsanalyse legen gemeinsam nahe, dass Lehrpersonen bei der Beurteilung potenzieller Kooperationspartner deren Unterrichtskompetenz i. w. S. einerseits und ihre Popularität andererseits nicht voneinander trennen (vgl. Tabelle 2). Vielmehr herrscht eine Diffusität, welche hier mit dem Begriff des „Ansehens" umschrieben wird. Unter einer kritischen Perspektive unterstreicht dieser Befund, dass die Einblicke in die Unterrichtskompetenz der Kollegen selten sind und in der Folge einen nur geringen Wert bei der Beurteilung möglicher Kooperationspartner haben. Eine optimistischere Perspektive findet sich in Kapitel 4. Die Geringschätzung der Unterrichtserfahrung durch die Lehrkräfte belegt auch im vorliegenden Kontext den Befund, dass die Qualität des Unterrichts einer Lehrperson nicht systematisch mit der Dauer ihrer Berufsausübung steigt (s. o.). Andernfalls würde ihr wohl ein höherer Stellenwert bei der Wahl des Kooperationspartners zukommen.

Herauszustellen bleibt noch, dass die beiden Items zur Offenheit gegenüber schüler- und handlungsorientierten Unterrichtsmethoden gemeinsam auf einem zweiten Faktor laden. In der Zusammenschau orientieren die befragten Lehrpersonen ihre Urteile – wenn auch in stark unterschiedlichem Maße – an zwei übergreifenden Konzepten: dem hier breiter erfassten, professionsbezogenen Ansehen einerseits sowie der am Beispiel zweier Items erhobenen didaktischmethodischen Präferenzen andererseits.

Wie sich anhand Tabelle 1 bereits abzeichnet, sind die beiden Konstrukte nicht miteinander korreliert (s. FN c, Tabelle 2). Die Bewertung der beiden Eigenschaften erfolgt somit unabhängig voneinander bzw. sind die Merkmalskombinationen zufällig über die Befragten verteilt. Zugleich ist der zugehörige Bewertungsunterschied statistisch signifikant und inhaltlich bedeutsam (ebd.): Didaktische Präferenzen sind die deutlich wichtigeren Eigenschaften eines möglichen Kooperationspartners. Die Intra-Klassenkorrelation als Maß für den auf die Schulzugehörigkeit entfallenden Anteil der Gesamtvarianz liegt für beide Konstrukte bei 1 %. D. h., die Kooperationskultur auf Schul- bzw. Kollegiumsebene besitzt demnach keinen systematischen Einfluss auf die hier untersuchten Präferenzen der einzelnen Lehrkraft.

Wie die Ergebnisse in Tabelle 3 zeigen, lassen sich für die didaktischen Präferenzen, nicht aber für das professionsbezogene Ansehen, signifikante Prädiktoren identifizieren, die zusammen rund 10 % der Stichprobenvarianz aufklären (mittlerer bis großer Effekt; Cohen, 1988). Lehrkräfte mit wenig Berufserfahrung schreiben demnach den didaktischen Präferenzen eine höhere Bedeutsamkeit zu. Dagegen erweisen sich Mathematiklehrkräfte als jene Gruppe, welche die beiden erfragten didaktischen Präferenzen bei den möglichen Kooperationspartnern als weniger wichtig ansehen (s. FN d in Tabelle 3). Der Faktor „Geschlecht" wird von den anderen überlagert. Isoliert betrachtet wird deutlich, dass männliche Lehrkräfte die erfragten didaktischen Präferenzen als weniger wichtig erachten. Der Faktor „Häufigkeit der Binnendifferenzierung" leistet nur einen geringen eigenständigen Aufklärungsbeitrag, welcher zudem noch durch die Aufnahme der Berufszufriedenheit in das Modell entscheidend geschmälert wird. Beide Prädiktoren sind mit r = .11 schwach korreliert (kleiner Effekt, p_{pooled} = .021) und weisen in der Gesamtschau darauf hin, dass zufriedene Lehrkräfte in didaktischer Hinsicht innovationsfreudiger sind und eine betreffende Grundhaltung bei möglichen Kooperationspartnern präferieren.

Tabelle 3: Regressionsmodelle zu den erwünschten didaktischen Präferenzen

Regression[a]	Block 1 β[b]	sig.	Block 2 β	sig.	Block 3 β	sig.	Block 4 β	sig.	Block 5 β	sig.
männlich/weiblich	.100	.042	.071	.144	.061	.213	.054	.271	.048	.313
wenig/viel Expertise[c]			-.201	.000	-.202	.000	-.195	.000	-.167	.000
Mathematiklehrer/in / andere Lehrer/in[d]					.107	.032	-.105	.036	.109	.027
Binnendifferenzierung[e]							.101	.033	.080	.085
Berufszufriedenheit[f]									.213	.000
ANOVA (F-Test)[g]	F	sig.	F	sig.	F	sig.	F	sig.	F	sig.
	3.886	.049	10.805	.000	8.719	.000	7.799	.000	10.696	.000
korrigiertes R² [h]	.008		.045		.055		.062		.105	

a: Abhängige Variable: Skala „Didaktische Präferenzen" nach Tabelle 2 (Items 6 und 7).
b: Berechnung standardisierter Koeffizienten nach Brosius (2004, S. 578) auf der Basis fünf vervollständigter Datensätze (FN f in Tabelle 1).
c: wenig Expertise: höchstens fünf Jahre Berufserfahrung.
d: Klassifikation nach dem am meisten unterrichteten Fach.
e: Fünfstufige Häufigkeitsskala (7 Items, Cronbachs Alpha = .782, Quelle: Helmke und Schrader, 2002).
f: Vierstufige Einschätzungsskala (9 Items, Cronbachs Alpha = .884, Quelle: Projekt Selbstständige Schule, Institut für Schulentwicklungsforschung, TU Dortmund).
g: Zusammenfassende F-Statistik nach van Ginkel (2010). Grundlage ist eine GLM-mixed-Analyse auf der Basis unstandardisierter Variablen der Modelle aus den Blöcken 1 bis 5 mit SStype I. Ausnahme: Für Block 1 ist das Wertepaar für MI-1 angegeben. Die vier weiteren lauten: F/sig: 4.319/.038; 4.151/.042; 3.611/.058; 6.046/.014.
h: Durchschnitt aus den fünf Regressionen mit vervollständigten Datensätzen (s. FN f in Tabelle 1).

4   Zusammenfassung und Ausblick

Lehrkräfte werden sich zu einer stärkeren unterrichtsbezogenen Zusammenarbeit vor allem dann entschließen, wenn die von der Selbstbestimmungstheorie der Motivation identifizierten Grundbedürfnisse erfüllt werden. Zu dem dort angesprochenen Bedürfnis nach Autonomie dürfte einerseits die freie Wahl eines Kooperationspartners beitragen. Andererseits ist gerade diese Wahl innerhalb des schulischen Kollegiums nur begrenzt möglich. Anhand der vorliegenden Studie erscheint zumindest für gymnasiale Gesamtkollegien wahrscheinlich, dass sowohl das berufsbezogene kollegiale Ansehen als auch die langjährige Unterrichtserfahrung eines Kollegen keine bedeutsamen Bedingungsfaktoren für das Zustandekommen einer Kooperationspartnerschaft darstellen. Als eine Gelingensbedingung deutet sich dagegen eine Offenheit des möglichen Kooperationspartners gegenüber didaktischen Präferenzen wie der Schüler- oder Handlungsorientierung an. Den befragten Lehrpersonen ist es anscheinend wichtig, diese Präferenzen in ihrem künftigen Unterricht zu bewahren oder fortzuentwickeln. Dies gilt vor allem für Personen mit geringer Berufserfahrung und für solche mit einer höheren Berufszufriedenheit. Letzteren kann auch ein etwas höheres Interesse an einer Binnendifferenzierung im Unterricht attestiert werden. Somit zeichnet sich insgesamt ab, dass die Bereitschaft zu einer stärkeren Lehrerkooperation mit einer größeren Offenheit gegenüber didaktischen Innovationen einhergeht (vgl. Kullmann, 2010). Wahrscheinlich liegt hier eine Interdependenz vor: Das Interesse an offeneren Formen des Unterrichts motiviert eher zur kollegialen Kooperation und bereits vorhandene kooperative Prozesse von Lehrpersonen können durch eine gemeinsame schülerorientierte Unterrichtsgestaltung noch intensiviert werden. Die Identifizierung weiterer Faktoren, welche die Lehrpersonen veranlassen, sich zwischen individualistisch geprägter Kollegialität einerseits und unterrichtsbezogener Kooperation andererseits zu verorten, erscheint notwendig und lohnend.

Literatur

Ackeren, van I., Block, R., Kullmann, H., Sprütten, F., Klemm, K. (2008): Schulkultur als Kontext naturwissenschaftlichen Lernens – Allgemeine und fachspezifische explorative Analysen. Zeitschrift für Pädagogik, 54 (3), S. 341–360.

Bauer, K.-O. (2004): Lehrerinteraktion und -kooperation. In: Helsper, W., Böhme, J. (Hrsg.): Handbuch der Schulforschung, Wiesbaden, S. 813–831.

Brosius, F. (2004): SPSS 12. Bonn.

Cohen, J. (1988): Statistical power analysis for the behavioral sciences. Hillsdale, N. J.

Deci, E. L., Ryan, R. M. (2000): The „what" and „why" of goal persuits: Human needs and the self-determination of behavior. Psychological Inquiry, 11 (4), S. 227–268.

Eikenbusch, G. (2008): Spannungen im Kollegium lösen. Pädagogik, 60 (10), S. 6–9.

Ericsson, K. A. (2006): The influence of experience and deliberate practice on the development of superior expert performance. In: Ericsson, K. A. et al. (Hrsg.): The Cambridge Handbook of Expertise and Expert Performance. Cambridge, S. 683–703.

Fussangel, K., Gräsel, C. (2011): Forschung zur Kooperation im Lehrerberuf. In: Terhart, E.; Bennewitz, H., Rothland, M. (Hrsg.): Handbuch der Forschung zum Lehrerberuf. Münster, S. 665–682.

Ginkel, van J. R. (2010): SPSS syntax for applying rules for combining multivariate estimates in multiple imputation. Online unter: www.socialsciences.leiden.edu/educationandchildstudies/childandfamilystudies/organisation/staffcfs/van-ginkel.html (am 22.05.2011).

Hargreaves, A. (1994): Changing teachers, changing times. Trowbridge, UK.

Helmke, A., Jäger, R. S. (Hrsg., 2002): Das Projekt MARKUS. Landau.

Huber, S. G., Ahlgrimm, F. (2009): Was Lehrkräfte davon abhält zusammenzuarbeiten. In: Bartz, A. et al. (Hrsg.): PraxisWissen Schulleitung (Kap. 81.10). München.

KMK – Kultusministerkonferenz (2004): Standards für die Lehrerbildung: Bildungswissenschaften. Online unter: www.kmk.org/doc/beschl/standards_lehrerbildung.pdf (am 27.07.2007).

Kullmann, H. (2010): Lehrerkooperation – Ausprägung und Wirkungen am Beispiel des naturwissenschaftlichen Unterrichts an Gymnasien. Münster.

Lortie, D. C. (1975): Schoolteacher. A sociological study. Chicago.

Rost, D. H., Sparfeldt, J. R., Buch, S. R. (2008): Kann denn Kürze Sünde sein? Erfassung schulfachspezifischer Interessen mit nur einem Item. In: Hofmann, F., Schreiner, C., Thonhauser, J. (Hrsg.): Qualitative und quantitative Aspekte. Münster, S. 225–238.

SchulG-NRW (2010): Schulgesetz für das Land Nordrhein-Westfalen, zuletzt geändert am 21.12.2010.

Spieß, E. (2004): Kooperation und Konflikt. In: Schuler, H. (Hrsg.): Organisationspsychologie. Göttingen, S. 193–247.

Stern, E. (2009): Implizite und explizite Lernprozesse bei Lehrerinnen und Lehrern. In: Zlatkin-Troitschanskaia, O. et al. (Hrsg.): Lehrprofessionalität. Weinheim, S. 355–364.

Terhart, E. (1996): Berufskultur und professionelles Handeln bei Lehrern. In: Combe, A., Helsper, W. (Hrsg.): Pädagogische Professionalität. Frankfurt/M., S. 448–471.

Terhart, E. (1998): Lehrerberuf: Arbeitsplatz, Biographie, Profession. In: Altrichter, H.; Schley, W., Schratz, M. (Hrsg.): Handbuch zur Schulentwicklung. Innsbruck. S. 560–585.

Trautwein, U., Lüdtke, O. (2010): Referenzgruppeneffekte. In: Bos, W., Klieme, E., Köller, O. (Hrsg.): Schulische Lerngelegenheiten und Kompetenzentwicklung. Münster, S. 11–30.

Wiechmann, J., Baghouil, A., Seupel, H. (2005): Innovationen im Bereich schulischer Lehr- und Lernformen. Online unter: www.inga.zepf.uni-landau.de/aktuell/Materialien/lehrlernformen.pdf (am 20.05.2006).

Unterrichtsbezogene Kooperation und Organisation „Sie haben praktisch schon vorher mit dem Chef gesprochen"

Heike de Boer

1 Kooperation und Organisation

Frau Alt: Also und ich fand es halt auch effektiver als wenn da jeder alleine vor sich brütet. Die Referendarin hat ja auch wieder davon profitiert und sie hat uns diesen Lernzirkel z. B. dann wieder gemacht und Ideen vom Reallehrerseminar mitgebracht. Also auch dieser Austausch, dieses Lernen dabei, das fand ich nur bereichernd.

Kooperation, so die Äußerung dieser Lehrerin, kann gelingen und effektiv sein. Doch was genau muss passieren, damit Kooperation zwischen Lehrpersonen, wie das Zitat zeigt, als produktiv wahrgenommen wird? Kooperationsfähigkeit gehört zu den grundlegenden Kompetenzen im Lehrberuf. Empirische Untersuchungen zur Schul- und Unterrichtsqualität weisen einen Zusammenhang von guten Schulen und intensiver kollegialer Kooperation nach. Kooperation ist ein Verfahren,

> „bei dem im Hinblick auf geteilte oder sich überschneidende Zielsetzungen durch Abstimmung der Beteiligten eine Optimierung von Handlungsabläufen oder eine Erhöhung der Handlungsfähigkeit bzw. Problemlösekompetenz angestrebt wird" (vgl. van Santen und Seckinger, 2003, S. 23).

Kooperation wird hier verstanden als kollegiale, innerschulische und inhaltliche Zusammenarbeit mit dem gemeinsamen Ziel, Unterricht zu gestalten und zu verbessern. Im besten Fall professionalisiere Kooperation in schuleigenen Praxisgemeinschaften, so Bonsen und Rolff (2006), und sei ein wirksamer Kontext für Schulentwicklung. Der schulischen Praxisgemeinschaft als Lerngemeinschaft und als Ort des schulinternen Professionalisierungsprozesses werden enorme Leistungen zugeschrieben, die als normative Bestimmungskriterien zunächst einleuchtend klingen. Denn: Der kommunikative Austausch in Praxisgemeinschaften führe zum reflektierenden Dialog über Unterrichtserfahrungen und damit zur De-Privatisierung der Unterrichtspraxis. Der Austausch produziere wichtiges Erfahrungswissen und führe zur Entwicklung gemeinsamer, handlungsleitender Ziele, die den Fokus des Unterrichtens stärker auf das Lernen als auf das Lehren richteten (vgl. Bonsen und Rolff, 2006, S. 179).

Die Vorstellung, innerhalb von Schulentwicklungsprozessen Kooperationsformen zu fordern, schränkt allerdings die tradierte individuelle Lern- und Vorbereitungskultur der Lehrenden ein und durchbricht eingespielte Muster, die unter anderem auch als Zwang und Kontrolle empfunden werden. Die Bedeutung organisationaler Strukturen im Prozess der Etablierung schulischer Praxisgemeinschaften ist aus dieser Perspektive elementar. Erstaunlicherweise findet sie in aktuellen Studien zur Kooperation nur geringe Berücksichtigung.

Gräsel et al. (2006) sowie Fussangel und Gräsel (2011) konnten mit einer Lehrerbefragung im Rahmen ihres Kooperationsprojektes „Chemie im Kontext" herausarbeiten, dass Kooperation als kollegialer Austausch breit akzeptiert wird, die gemeinsame Planung von Zielen und Inhalten aber nur selten zu finden sei. Der Zusammenhang von Kooperation und einzelschulspezifischen organisationalen Bedingungen spielt im analytischen Kontext eine nachgeordnete Rolle. Bonsen und Rolff (2006) heben in ihrer Untersuchung die gemeinsamen handlungsleitenden Ziele im sozialen Kontext der Lerngemeinschaft hervor (ebd., S. 178 f.), ohne den Zusammenhang der Entstehung gemeinsamer Ziele im Kontext organisationaler Voraussetzungen zu thematisieren. Steinert et al. (2006) mutmaßen in ihren Analysen, dass die organisationsstrukturellen Bedingungen und Spezifika der Schulformen weit weniger für die Lehrerkooperation bedeutsam sind, als vielfach erwartet, und formulieren, dass schulkulturelle und bildungspolitische Aspekte des Schulumfeldes bedeutsam seien. Doch auch hier stellt sich die Frage, wie es sich mit den schulformunabhängigen organisationalen, einzelschulspezifischen Bedingungen verhält. Kelchtermanns (2006) verweist in seinen Analysen „Teacher collaboration and collegiality as workplace conditions" darauf, dass ein adäquates Verständnis von der Kooperation von Lehrenden nur unter Berücksichtigung des organisatorischen Kontextes möglich ist und dabei eine kulturbezogene, mikropolitische Perspektive bedeutsam sei. „Collaboration and collegiality do not happen in a vacuum, but – on the contrary – always appear in the particular context of a school, at a particular moment in time" (ebd., S. 221). Dazu gehört die Zusammenarbeit von Kollegium und Schulleitung genauso wie eine Kultur der Zusammenarbeit in verschiedenen Gremien und Arbeitsgruppen.

Einerseits macht die Schulentwicklungsforschung erkennbar, dass für erfolgreiche und profilierte Schulen die Zusammenarbeit von Lehrer/-innen in Fach-, Jahrgangs-, Projekt- oder Schulleitungsteams grundlegend ist und die Arbeit erfolgreicher Schulen kennzeichnet. Andererseits machen Untersuchungen zur

Kooperation in fachdidaktischen Zusammenhängen sowie im Kontext der Ganztagsschulforschung sichtbar, dass es ambivalente Einstellungen in der Lehrerschaft zur Kooperation gibt, sich die Implementierung kooperativer Strukturen zögerlich zeigt und reflexive Prozesse nur vereinzelt zu beobachten seien (vgl. Reh, 2008). Kolbe und Reh (2008, S. 802) konstatieren: Ungeklärt ist die Frage, „unter welchen Konstellationen und mit welchen Merkmalen organisatorischer, sachlicher und interaktionsbezogener Art Lehrkräfte tatsächlich kooperieren". Reh resümiert in ihren theoretischen Überlegungen zum Verhältnis von Organisation und Profession im Erziehungssystem: „Organisation mache pädagogisches Handeln im Unterricht möglich und begrenze sie zugleich" (Reh, 2008, S. 165). Organisation wird in Anlehnung an Luhmann als „autopoetisches System" aufgefasst, das Entscheidungen aus eigenen Produkten, nämlich Entscheidungen, reproduziert (vgl. Luhmann, 2000, S. 159). Organisationen bestehen, so Luhmann, nur aus der Kommunikation von Entscheidungen, die sich ihrerseits in einem rekursiven Netzwerk anderer Entscheidungen desselben Systems (und nur so!) identifizieren lassen. (ebd.). Mittels der Ausdifferenzierung von Schulklassen, Curricula, einzelnen Fächern und Stundenplänen findet die Respezifikation der Organisation des Erziehungssystems statt und führt zu Ressourcenzuweisungen und Budgetierungen. Diese wiederum fußen auf einer Fülle von Entscheidungen. Die fachdidaktische Kooperation vollzieht sich im Kontext dieser für die Organisation Schule typischen Respezifikationen und stößt an Grenzen besonders dort, wo Schulen sich noch als zellulare, additive und segmentierte Organisationen (Lortie, 1975; Weick, 1982) zeigen, in denen zahlreiche, nebeneinander existierende Einzelzellen bestehen. Die in der Einzelschule kommunizierten Entscheidungen über die Bildung schulischer Arbeitszusammenhänge in themen-, klassen- und fachbezogenen Arbeitsgruppen, können zur Transparenz und zum Informationsfluss, aber auch zur unverbundenen Existenz verschiedener Gruppen nebeneinander führen. Die Lerngemeinschaft als Quelle gemeinsamen und individuellen Weiterlernens berührt die meistens hierarchisch etablierten organisationalen Entscheidungsstrukturen und überschreitet aus der Systemperspektive den Blick, der üblicherweise auf die Organisation des Unterrichtes in der Einzelklasse gerichtet ist, und erfordert eine Handlungskoordination der beteiligten Akteure im Mehrebenensystem Schule. Im Prozess der Planung und Durchführung der Kooperation zeigt sich, was die Beteiligten in ihrer Organisation Schule für kommunizierbar und gestaltbar halten. Diesem Beitrag liegen zwei Hypothesen zugrunde:

- Kooperation ist ein Produkt der Konstruktion schulischer Wirklichkeit. Diese setzt sich aus Annahmen, Zuschreibungen, Deutungen und Aushandlungsprozessen der beteiligten Akteure zusammen.

- Kooperation ist einerseits von den vor Ort spezifischen Bedingungen der Organisation Schule abhängig und wirkt andererseits prägend darauf zurück.

Vor diesem Hintergrund fokussiert dieser Beitrag die fachdidaktische Kooperation im Kontext schulischer Organisation. Dazu wird zunächst der Untersuchungskontext des zugrunde liegenden Datenmaterials sowie die methodologische Vorgehensweise vorgestellt. Am Beispiel eines Transkriptausschnittes werden anschließend die Ergebnisse eines Forschungsprojektes zur fachdidaktischen Lehrer/-innenkooperation diskutiert.

2   Untersuchungskontext und -methodik

Wie kooperieren Lehrerinnen und Lehrer in der schuleigenen Praxisgemeinschaft? Welche individuellen und kollektiven Vorstellungen von schulinterner Kooperation werden sichtbar? So lauten die Leitfragen zu einer Untersuchung, in der die Zusammenarbeit von Lehrenden im Fach Mathematik im Mittelpunkt steht. Zu den beteiligten Lehrer/-innen gehören circa 40 Personen aus ganz Baden-Württemberg von Grund-, Haupt- und Realschulen, die sich in schulbezogenen Gruppen an einem Forschungsprojekt zum Thema Lehrerkooperation beteiligt haben[1]. 13 Schulen mit jeweils 2–4 Personen starken Lerngemeinschaften wirkten daran mit.

Zwei im Rahmen des Projektes geplante Impulsveranstaltungen und eine Bilanztagung sahen ein Angebot von methodisch-inhaltlichen Inputs sowie anschließenden Phasen der Besprechung und des Austausches in den einzelnen Schulteams vor. Jede Veranstaltung war zweigeteilt: Vormittags wurde ein mathematisch ausgerichteter Impuls zum Thema „Methoden problemorientierten Mathematikunterrichts" angeboten, mit einer anschließenden Aufgabe für eine Gruppenarbeitsphase. Nachmittags erhielten die schulischen Arbeitsgruppen Aufgaben zur Planung und Gestaltung ihres Kooperationsprozesses.

Um nachvollziehen zu können, wie die auf den Projektveranstaltungen angebotenen inhaltlichen und methodischen Aspekte im schulinternen Kooperationsgespräch verarbeitet werden, wurden die Reflexionsphasen per Audioauf-

---

[1] Ergänzend zu einem von der Landesstiftung Baden-Württemberg geförderten Projekt „Serelisk – Selbstreflexives Lernen im schulischen Kontext" (2007-2009) wurde ein Teilprojekt entwickelt, in dessen Mittelpunkt die Analyse kooperativer Gruppengespräche steht.

nahmen aufgezeichnet. Zunächst erfolgte eine Inventarisierung aller Gruppengespräche. Diese machte bereits eine Unterscheidung der Interaktionsverläufe und Kooperationen hinsichtlich der Beteiligungsstruktur und Handlungsdynamik möglich und führte zur Auswahl von vier Schulen, die das Untersuchungsfeld aufspannen. Alle Gespräche wurden transkribiert und in einem ersten Schritt inhaltsanalytisch kodiert. In einem zweiten Schritt wurden interaktiv dichte Szenen gesprächsanalytisch interpretiert. Der nun folgende Gesprächsausschnitt fand im Rahmen der Bilanztagung statt und stammt aus einer nachmittäglichen Gruppenarbeitsphase, in der vier Kolleginnen und Kollegen unterschiedlicher Schulen zusammen ihren zurückliegenden Kooperationsprozess reflektieren. Er wurde zum einen ausgewählt, da an der Argumentation der Beteiligten Bedingungen des Gelingens sichtbar werden genauso wie des Scheiterns. Zum anderen stehen die hier angesprochenen Aspekte repräsentativ für Themen, die in den Bilanzgesprächen der weiteren Gruppen diskutiert wurden.

2.1 Bilanzgespräch: Auswertung der zurückliegenden Kooperation

Nachdem sich die Gruppenmitglieder einander vorgestellt haben, äußern sich drei der vier Lehrpersonen dieser Gesprächsgruppe zu ihrem zurückliegenden Kooperationsprozess und geben eine Einschätzung zum Gesamtverlauf ab:

Frau Alt: Wenn eine mal ein bisschen mehr Zeit oder mal eine Idee hatte, hat sie halt etwas entwickelt und zusammengestellt und: Zack, mal eine E-Mail an die andern geschrieben: „Hey was haltet ihr davon?" Dann kam das überarbeitet wieder zurück und irgendwo war's dann erst ein Lernzirkel, dann ist irgendwann eine Unterrichtseinheit entstanden oder eine Klassenarbeit. Wir haben ganze Einheiten geplant. Das ist natürlich schon intensiv gewesen: Mal einen Nachmittag oder mal einen Sonntagmorgen Brunch gemacht, es war aber ein Spaßfaktor dabei. Also und ich fand es halt auch effektiver als wenn da jeder alleine vor sich brütet. Die Referendarin hat ja auch wieder profitiert und sie hat uns diesen Lernzirkel z. B. dann wieder gemacht und Ideen vom Reallehrerseminar mitgebracht. Also auch dieser Austausch, dieses Lernen dabei das fand ich nur bereichernd.

Frau Runkel: Bei uns war es so: Es gab eine siebte Klasse und zwei achte Klassen im Projekt. Weil an unsrer Schule ist aber parallel dazu noch so viel anderes gelaufen. Es ist aus der Grund, Haupt und Realschule eine Schule gegründet worden, weil der Rektor der Hauptschule in Pension gegangen ist. Da ist einfach bestimmt worden, es kam kein neuer Schulleiter für die Hauptschule. Gleichzeitig ist ein Ganztagskonzept entwickelt worden für die Realschule, weil an der Grund und Hauptschule ist ab diesen Jahr ein Ganztagsbetrieb eingeführt worden ist und des hieß dann, es ist relativ wenig Zeit geblieben für dieses Projekt insgesamt.

Herr Hack: Wir sind eine Zweiergruppe, ein Zweierteam und die Kollegin hatte letztes Jahr eine achte und ich eine siebte Klasse und dann haben wir uns sehr selten getroffen, weil wir völlig unterschiedliche Zielsetzung hatten. Ich hab meine siebte im Blickfeld gehabt und sie ihre achte. Bei ihr in der achten, da ging es eher darum überhaupt unterrichten zu können. Dann war die Motivation für die Kooperation eher gering. Das fand ich schade.

Die Statements der drei Lehrpersonen zeigen, dass die Voraussetzungen an den jeweiligen Schulen sehr unterschiedlich waren. Kooperation, so die Äußerung von Frau Alt, kann gelingen und effektiv sein. Gemeinsam mit ihren drei Fach-kolleginnen beurteilt sie ihre schulinterne Kooperation im Fach Mathematik positiv und argumentiert mit zahlreichen Synergieeffekten, die ein effizientes Arbeiten und zugleich Freude und Spaß beim gemeinsamen Tun ermöglicht haben.
　　Frau Runkels Ausführung macht hingegen darauf aufmerksam, dass das Kooperationsprojekt neben zahlreichen weiteren Anforderungen untergegangen ist: Die Zusammenführung von Grund- Haupt und Realschule, die Einführung des Ganztages sowie die Einarbeitung der neuen Schulleitung haben das Schul-leben bestimmt. Das durch die Pädagogische Hochschule initiierte Projekt zur Kooperation im Mathematikunterricht hat schulintern keine weitere Beachtung gefunden hat. In anderen, hier nicht dokumentierten Gesprächen wird deutlich, dass sich an dieser Schule mit äußerster Not drei Personen für das Projekt finden ließen, die allerdings keine Kooperationsvorerfahrung hatten. Die Transkripte der weiteren Bilanzgespräche, in denen Kolleginnen von Frau Runkel involviert waren, zeigen, dass die Gruppenmitglieder nicht zufrieden mit der Zusammen-setzung ihrer Gruppe waren und sich eine andere Konstellation gewünscht hät-ten. Rüegg (2000, S. 255 ff.) macht ein Kooperation förderndes Klima an dem Aufbau von Toleranz, Vertrauen, Offenheit und gegenseitiger Unterstützung fest. Sympathie spielt in diesem Kontext eine wichtige Rolle. Die Zusammenarbeit in der Gruppe von Frau Runkel war damit durch verschiedene Faktoren erschwert. Grundlegende Umstrukturierungsfragen zur Ganztagsschule und ein Schullei-tungswechsel dominierten die schulinterne Entwicklungsarbeit und sahen auf der Schulentwicklungsebene keine Verknüpfung mit dem Projekt vor. Die Kolleginnen waren nicht zufrieden mit ihrer Kooperationsgruppe; zugleich waren die

beteiligten Lehrerinnen in unterschiedlichen Klassenstufen eingesetzt und hatten Probleme, gemeinsame Zeitfenster für ihre Planungsgespräche zu finden. Hier zeigen sich organisatorische Schwierigkeiten auf der Planungsebene, schulkulturelle Probleme durch eine fehlende Verankerung im Kollegium, fehlende Unterstützung durch die Schulleitung sowie zwischenmenschliche Schwierigkeiten in der Lerngemeinschaft, die die Zusammenarbeit erschwert haben.

Die Äußerung von Herrn Hack verweist ebenfalls auf organisatorische und zwischenmenschliche Schwierigkeiten. Seine Kooperationskollegin vor Ort arbeitet nicht nur in einer anderen Schulstufe, sondern ist zudem als Berufsanfängerin besonders beschäftigt damit, das soziale Miteinander in ihrer Klassen zu regeln. Beide sind unerfahren in der fachdidaktischen Kooperation und haben Schwierigkeiten, gemeinsame Themen und gemeinsame Zielsetzungen zu finden. Zwischen Hack, einem gestandenen Lehrer mit etlichen Jahren Unterrichtserfahrung, und seiner jungen Kollegin, die sich in der Berufseinstiegsphase befindet, gibt es bislang keinen Kooperationskontext. Die weiteren transkribierten Gespräche zeigen, dass beide ein gewisses Maß an Skepsis gegenüber der Aufforderung, Matheunterricht kooperativ vorzubereiten, verbindet. Diese Skepsis überwinden sie in im Rahmen dieses Projektes nicht.

Im weiteren Verlauf des Gespräches zeigt Frau Alt auf, wie die Zusammenarbeit an ihrer Schule frühzeitig vorgeplant wurde.

Frau Alt: Ah, da muss ich auch noch dazu sagen, wir haben natürlich schon im Schuljahr davor geplant. Es war auch eine Intention von unserm Chef zu sagen: „Hey Leute, ich möcht da welche dabei haben in dem Projekt." Wir haben natürlich noch vorher Optionen gehabt, also unsere Wünsche geäußert, wer mit wem in welcher Klassestufe unterrichten möchte. Es war schon im Schuljahr davor festgelegt: Ok, die wollen an dem Projekt teilnehmen, die kriegen natürlich Parallelklassen. Es war schon von vornherein die Intention, dass jeder Parallelklassen hat und Kollegen hat zum Sichaustauschen.

Herr Müller: Ich mein das ist schon ein großer Vorteil, wenn man die Rahmenbedingungen dazu hat, ja, wie Sie es gesagt haben, also dass man die gleichen Klassen hat.

Herr Hack: Interessant, gell, Sie haben praktisch vorher schon mit dem Chef gesprochen [Fr. A.: ja klar] Also damit wir erfolgreich arbeiten können, brauchen wir (solche) Bedingungen.

Herr Müller: Wir brauchen Rahmenbedingungen und müssen Voraussetzungen schaffen.

Frau Runkel: Wobei, da hängt es ja dann wirklich davon ab wie sehr ein Chef mitspielt.

Die Äußerung von Frau Alt verweist darauf, dass die Kooperationsarbeit an ihrer Schule personell und organisatorisch abgesprochen war. Bereits in der Vorbereitungsphase nehmen die Kolleginnen Kontakt mit der Schulleitung auf und klären organisationale Fragen. Ihre Vorbereitungsüberlegungen gehen über inhaltliche Überlegungen hinaus und nehmen die personellen, zeitlichen und organisatorisch zu klärenden Aspekte mit in den Blick. Sie kommunizieren erfolgreich mit der Schulleitung und erreichen die für sie notwendigen Voraussetzungen, um ihre Kooperationspläne umsetzen zu können. Aus weiteren, hier nicht zitierten Gesprächsausschnitten wird ersichtlich, dass sich die Kooperationsgruppe selbstständig und auf eigenen Wunsch zusammengefunden hat. Zwei der drei Kolleginnen sind kooperationserfahren und sehr positiv zueinander eingestellt; anders die Gruppen von Frau Runkel und Herrn Hack, die sich aus einzelnen interessierten Lehrpersonen zusammen gesetzt haben.

2.2 Kooperation und Kommunikation

Die Kooperation einer sich etablierenden Lerngemeinschaft, so zeigt sich, hat damit mehrere Anforderungsebenen, die zum einen die Arbeit innerhalb der Lerngemeinschaft und zum anderen außerhalb der Lerngemeinschaft im Kontext der Einzelschule betreffen. Sie wird zu einer Herausforderung an die Gruppe: als Organisation der Zusammenarbeit nach innen und nach außen. Zunächst der Blick nach innen: Es bestehen divergierende Perspektiven, Relevanzkriterien und Interessen hinsichtlich der Kooperation in der Lerngemeinschaft,

- die Übersetzungs-, Aushandlungs- und Anpassungsleistungen zwischen den beteiligten Akteuren sowie
- eine Abstimmung von pädagogischen oder fachdidaktischen Aspekten und organisationalen Strukturen erfordern (vgl. de Boer, 2010, S. 127 ff.).

Kommunikative Kooperativität wird erst in diesem Prozess auf der gesprächsorganisatorischen Ebene als Modalität des gemeinsamen Handelns hergestellt – bzw. nicht hergestellt – und kann immer scheitern. Sie hängt von der Bereitschaft der Beteiligten ab, Kontroversen auszuhalten und auszuhandeln. Dieser

Aushandlungsprozess scheint in der Kooperationsgruppe von Frau Runkel und Herrn Hack keine befriedigende Lösung nach sich gezogen zu haben.

Nun der Blick nach außen: Die Perspektive der Handlungskoordination im Mehrebenensystem Schule zeigt, dass die Kooperation der schulischen Lerngemeinschaft eng an die Frage der Ressourcenverteilung und damit an Machtfragen und Abhängigkeitsbeziehungen geknüpft ist, die die Organisation Schule als System betreffen. Kooperation deutet sich hier auch als ein Produkt des Aushandelns und der Handlungskoordination der Lehrerinnen und Lehrer im Mehrebenensystem Schule an. Mit Luhmann gesprochen, führt die Respezifikation der Organisation des Erziehungssystems zu einer Fülle von Entscheidungen, die kommuniziert werden müssen. Der theoretische „Leitbegriff" der Organisationstheorie „Entscheidung" legt den Fokus auf die organisationsinternen Konstruktionen der eigenen Realität. Bedeutsam wird, welche in einer Organisation zu fällenden strategischen und operationalen Aspekte von Entscheidungen als entscheidbar oder beeinflussbar verhandelt werden (vgl. Kuper, 2001, S. 102). Kuper konstatiert in diesem Kontext:

> „So ist die Kommunikation in Organisationen durch die Verknüpfung von Entscheidungen gekennzeichnet, womit sowohl in der Selbst- als auch in der Fremdwahrnehmung von Organisationen Aufmerksamkeitsschemata entstehen, die sich auf die Zurechenbarkeit von Verantwortlichkeiten für die organisationsinternen Handlungen und deren Folgen beziehen. Organisationen sind damit Adressaten einer über das alltägliche Maß hinaus gesteigerten Erwartung an Kontrollierbarkeit und Steuerbarkeit von Prozessen" (ebd., S. 86).

Es gibt eine ausdifferenzierte organisierte Hierarchie von Entscheidungsprozessen (vgl. Kuper, 2008, S. 263), in der es Zu-, vielleicht auch Festschreibungen von Verantwortlichkeiten gibt. Die erstaunte Äußerung von Herrn Hack verweist auf eine solche Zuschreibung, die besagt, dass die Schulleitung verantwortlich für Stundenplan- und Personalüberlegungen ist und er sich da bislang nicht eingemischt, auch keine Vorschläge gemacht hat. Gewohnheitsmuster werden hier evident und wirkmächtig. Die im Vorfeld zu planende Koordination verschiedener Handlungen für die fachdidaktische Kooperation ist nicht in seinem Blick- und Handlungsfeld. Herrn Müllers Äußerung traduziert die von Hack gemachte Äußerung und hebt die Bedeutung der notwendigen Rahmenbedingungen hervor. Frau Runkel verweist auf die Bedeutung der Schulleitung und rekurriert damit ebenso auf die hierarchisch etablierten formalen Entscheidungsstrukturen. Mit ihrer Aussage wird sichtbar, dass die Schulleitung „mitspielen" muss, im Sinne von sich einlassen, damit die Kommunikation fruchtbar wird. Die Kommunikation zwischen Lerngemeinschaft und Schulleitung zeigt sich als bedeutende Schnittstelle.

Kooperation, so macht Frau Alts Argumentation sichtbar, erfordert eine Koordination der Handlungen im Mehrebenensystem Schule. Mit Handlungskoordination sind die Abstimmung und das Zusammenwirken verschiedener Systemebenen gemeint. Drei Ebenen sind entscheidend: die Makroebene (Kultusministerien), die Mesoebene der Einzelschule (Schulleitung Fachgremien) und die Mikroebene (Unterricht, Lehrerkommunikation usw.). Die Lerngemeinschaft von Frau Alt verlässt für die Planung ihrer Kooperation die Mikroebene des Unterrichtes und begibt sich auf die Mesoebene der Einzelschule. Sie schließt eine Einflussnahme auf die formalen und hierarchisch etablierten Entscheidungsstrukturen nicht aus und kommuniziert die Wünsche der Gruppe mit dem Schulleiter. Dieser lässt sich auf die Vorschläge der Kolleginnen ein. Frau Alt kann mit Unterstützung des Schulleiters die wünschenswerte Voraussetzung, mit speziellen Kolleginnen in Parallelklassen eingesetzt zu werden, erreichen. Die Entwicklung gemeinsamer Einheiten, Klassenarbeiten und das gegenseitige Vertreten sind ein kooperatives Ergebnis dieser organisationalen Voraussetzung.

Die Kodierung der nachmittäglichen Kooperationsgespräche der Impulsveranstaltungen, in denen die Planung der schulinternen Kooperationsprozesse im Mittelpunkt standen, zeigt, dass der Umgang mit der Ressource Zeit und die Auseinandersetzung mit der Verhandelbarkeit oder Nicht-Verhandelbarkeit von Entscheidungsprämissen notwendiger Voraussetzungen eine Rolle spielt. Im Laufe des Projektzeitraumes gelingt es der Hälfte der am Projekt beteiligten Kooperationsgruppen nicht, schulintern die Kooperationsarbeit zu etablieren (vgl. auch de Boer, 2011).

Warum führen diese Fragen in der einen Gruppe zum Scheitern der Kooperationsarbeit und in der anderen Gruppe nicht?

3   Handlungskoordination im Mehrebenensystem – Strukturfaktoren für Kooperation

Im vorangegangenen Beispiel wird erkennbar, dass nicht nur die kooperative Zusammenarbeit in der Lehrer/-innengruppe, sondern darüber hinaus mit der Schulleitung zum Gelingen der Arbeit beigetragen hat. In der Schulforschung rückt in diesem Kontext die notwendige Handlungskoordination von Akteurskonstellationen im Mehrebenensystem Schule in den Blick[2]. Denn: Das Verfügungsrecht des für die Planung der Kooperation notwendigen Umganges mit den Ressourcen Personal, Zeit, Stundenplanung und Räume, liegt nicht in der Hand der Lehrer/-innen, sondern in der des Schulleiters (Mesoebene) und des weiteren

---

[2] Die Educational-Governance-Forschung beschäftigt sich mit diesen Zusammenhängen.

der Schulverwaltung (Makroebene). Frau Alts Argumentation zeigt, dass ihr bewusst ist (im Gegensatz zu Herrn Hack), über den Schulleiter Einfluss auf organisationale Bedingungen ihrer Arbeit nehmen zu können. Die Qualität dieser Perspektive[3] zeigt sich darin, dass das Zusammenspiel und auch die Abhängigkeiten der einzelnen Akteure auf den unterschiedlichen Ebenen erkennbar werden. Denn: Während auf der Makroebene überwiegend Organisationen miteinander kommunizieren und dezidierte Steuerungsabsichten bestehen, gibt es auf der Mikroebene eine Unzahl einzelner Akteure und entsprechende interne Kommunikationsdynamiken, die einen Einfluss auf Entwicklungsprozesse der Einzelschule haben.

Dies bedeutet, die Kooperationspartner/-innen müssen zunächst ihre eigenen Interessen und Absichten austauschen und bündeln. Heinrich spricht hier von Individulallogiken (Heinrich, 2008 in: Langer, S. 130), in der sich subjektive Interessen äußern, und unterscheidet davon eine Organisationslogik, die der Organisation Schule als ganzer dient. Der Kooperationsprozess der Gruppe von Frau Alt zeigt, dass sie zu einer Klärung ihrer Einzel- sowie einer Formulierung ihrer Gruppeninteressen gekommen sind und eine „Übersetzungsleistung" dieser individuellen in eine organisationale Logik vorgenommen haben. Denn: Die Schulleitung verwaltet die Ressource Zeit, Personal- und Stundenplanung, auf die sie einen Zugriff benötigen.

Die im weiteren Verlauf des Kooperationsprozesses von den Kolleginnen ebenfalls vom Schulleiter gewünschte Deputatstunde für Kooperation wird allerdings nicht bewilligt, auch die geforderte zusätzliche Klassenlehrerstunde nicht. Es bleiben Wünsche offen, die laut Aussage des Schulleiters daran scheitern, dass ihm ein entsprechendes Zusatzstundenkontingent nicht zur Verfügung stehe. Hier ist der Schulleiter auf die Handlungskoordination mit der Makroebene angewiesen, die die Verfügungsrechte über die Stundengesamtkontingente hat. Damit werden die Grenzen des Einflusses der Schulleitung sichtbar. Ein typisches Merkmal von Schulentwicklungsprozessen, so Kussau und Brüsemeister, sei, dass im Rahmen von Kostenneutralität vor allem „endogene Potenziale" ausgeschöpft werden (Kussau und Brüsemeister, 2007, S. 18). Dies könnte auch dazu führen, dass Schul- und Unterrichtsentwicklungsprozesse ausgehöhlt und verhindert werden. Der offensichtlich gelungene Kommunikationsprozess an der Schule von Frau Alt bewirkt nun trotz fehlender Ressourcen eine Weiterentwicklung. Wie ist dies zu erklären? Die Kommunikation zwischen Schulleitung,

---

[3] Während sich die klassische Governance-Perspektive auf die Wirkung von Steuerungsmaßnahmen auf der Makroebene konzentriert, z. B. die Wirkung von Schulinspektionen auf die Einzelschule, möchte ich diese Perspektive nun umdrehen und fragen: Wie agieren die Akteure auf der Mikroebene und wie verhalten sie sich zur Meso- und Makroebene?

Kooperationsgruppe und auch Fachgruppen[4] führt zu einem hohen Maß an Informationsfluss und damit auch zu Transparenz innerhalb der Schule. Die Entscheidungsprämissen und -wege scheinen nicht als hierarchisch festgeschrieben interpretiert zu werden. Schulleitung und schulinterne Arbeitsgruppen pflegen einen intensiven Austausch, der zur gemeinsamen Reflexion von Chancen und Grenzen der Möglichkeiten, die Kooperation strukturell klug zu verankern, führt. Es gibt eine Kultur der Kommunikation und des Austausches über hierarchisch verankerte Entscheidungsstrukturen hinaus. So erreichen die Lehrerinnen zwar keine optimalen Bedingungen, erfahren aber ein gewisses Maß an Entgegenkommen. Die Kolleginnen erreichen außerdem im weiteren Prozess, dass alle im Projekt gewonnen Erfahrungen im neuen Schuljahr gefestigt und unter den gleichen Bedingungen wiederholt und modifiziert werden können. Die beteiligten Lehrerinnen haben auf diese Weise die Möglichkeit, Routinen zu entwickeln, Bewährtes zu etablieren und Schwachstellen zu bearbeiten. Zugleich entscheidet der Schulleiter, das Thema Lehrerkooperation zum neuen Schulentwicklungsthema zu machen.[5] Für das neue Schuljahr hat er, in Absprache mit dem Schulamt, pädagogische Tage mit Referenten für das Thema Teamentwicklung beantragt und geplant.

Es zeigt sich, dass die Kooperation der schulischen Lerngemeinschaft eng an die Frage der Ressourcenverteilung und damit an Machtfragen und Interdependenzbeziehungen geknüpft ist, die die Organisation Schule als System betreffen. Kooperation erfordert damit auch die steuernde Einflussnahme auf Interdependenzbeziehungen und ist ein Produkt des Aushandelns und der Handlungskoordination der Akteure im Mehrebenensystem der Einzelschule. Zugleich zeigen sich Grenzen durch die Abhängigkeit der Einzelschule von steuernden Einflüssen der Kultusministerien.

Erkennbar wird, dass Kooperation damit nicht nur das Thema einzelner engagierter und interessierter Kolleginnen und Kollegen sein kann, sondern auf der Einzelschulebene eine breite Basis und eine kommunikative Kultur benötigt, mit der eine Schulkultur der Kooperation entwickelt werden kann, die von Lehrenden und Schulleitung getragen wird. Kooperation ist damit auch abhängig davon, was die Akteure in der Organisation Schule für gestaltbar halten, und davon, welche Möglichkeiten der Handlungskoordination und Steuerbarkeit innerhalb der Organisation Schule kommuniziert und umgesetzt werden

---

[4] Frau Alt ist in der Fachgruppe Mathematik Schule und zugleich auch Mathematikausbildnerin in der zweiten Ausbildungsphase. Alle Aufgaben, die in der Kooperationsgruppe entwickelt werden, binden die Kolleginnen an das schuleigene fachdidaktische Mathecurriculum an und sichern sich auf diese Weise inhaltlich ab.
[5] Beides wurde von Frau Alt gemeinsam mit dem Schulleiter auf der Abschlusstagung des Projektes im Herbst 2008 berichtet.

Literatur

Boer, de H. (2010): Kooperation und Selbstreflexion schulischer Praxisgemeinschaften im Rahmen eines Interventionsprogramms – Rekonstruktion kommunikativer Prozesse. In: Schwarz, B., Nenniger, P., Jäger, R. S. (Hrsg.) (2010): Erziehungswissenschaftliche Forschung – nachhaltige Bildung. Beiträge zur 5. DGfE-Sektionstagung „Empirische Bildungsforschung"/AEPF-KBBB im Frühjahr 2009. Erziehungswissenschaft, Bd. 29.

Boer, de H. (2011): „Motivierte Lehrer kooperieren auch nebenbei" – Schulentwicklung und Effizienz. In: Boer, de H., Deckert-Peaceman, H., Westphal, K.: Entgrenzungen–Irritationen–Befremdungen. Fragen an die Grundschulforschung. Frankfurt/M.

Bonsen, M., Rolff, H.-G. (2006) Professionelle Lerngemeinschaften von Lehrerinnen und Lehrern. In: Zeitschrift für Pädagogik, 2, S. 167–184.

Fussangel, K., Gräsel, C. (2011): Forschung zur Kooperation im Lehrerberuf. In: Terhart, E.; Bennewitz, H.; Rothland, M.: Handbuch der Forschung zum Lehrerberuf, Münster, S. 667–683.

Gräsel, C., Fussangel, K., Parchmann, I. (2006): Lerngemeinschaften in der Lehrerfortbildung. Kooperationserfahrungen und -überzeugungen von Lehrkräften. In: Zeitschrift für Erziehungswissenschaft, 4, S. 545–561.

Heinrich, M. (2008): Wechselseitige Rationalitätsunterstellungen von Schulleitungen und Lehrkräften – zur Potenzierung von Ambivalenz in Schulentwicklungsprozessen. In: Langer R. (2008) (Hrsg.): ‚Warum tun die das?' Governanceanalysen zum Steuerungshandeln in der Schulentwicklung. Wiesbaden.

Kelchtermanns, G. (2006): Teacher collaboration and collegiality as workplace conditions. In: Zeitschrift für Pädagogik, 2, S. 220–237.

Kolbe, F.-U., Reh, S. (2008): Kooperation unter Pädagogen. In: Coelen, T., Otto, H.-U. (Hrsg): Grundbegriffe Ganztagsbildung. Das Handbuch. Wiesbaden, S. 799–809.

Kuper, H. (2001): Organisationen im Erziehungssystem. ZfE, 4. Jg., Heft 1/2001, S. 83–106.

Kuper, H. (2008): Interaktion/Organisation – Formalität/Informalität. Systemtheoretische Grundbegriffe für eine Theorie der Schule. In: Ehrenspeck, Y., de Haan, G., Thiel, F. (Hrsg.): Bildung: Angebot oder Zumutung? Wiesbaden, S. 259–273.

Kussau, J., Brüsemeister, Th. (2007): Educational Governance: Zur Analyse der Handlungskoordination im Mehrebenensystem Schule. In: Altrichter, H., Brüsemeister, Th., Wissinger, J. (Hrsg.): Educational Governance. Handlungskoordination und Steuerung im Bildungssystem. Wiesbaden.

Luhmann, N. (2000): Das Erziehungssystem der Gesellschaft. Frankfurt/M.

Lortie, D. C. (1975): Schoolteacher: A sociological study. Chicago.

Reh, S. (2008): „Reflexivität der Organisation" und Bekenntnis. Perspektiven der Lehrerkooperation. In: Helsper, W., Busse, S., Hummrich, M., Kramer, R.-T.: Pädagogische Professionalität in Organisationen. Wiesbaden, S. 163–183.

Rüegg, S. (2000): Weiterbildung und Schulentwicklung. Eine empirische Studie zur Zusammenarbeit von Lehrerinnen und Lehrern. Bern.

Santen, van E., Seckinger, M. (2003): Kooperation: Mythos und Realität einer Praxis. Opladen.

Steinert, B., Klieme, E., Maag Merki, K., Döbrich, P., Halbheer, U., Kunz, A. (2006): Lehrerkooperation in der Schule: Konzeption, Erfassung, Ergebnisse. In: Zeitschrift für Pädagogik, 2, S. 185–204.

Weick, K. E. (1982): Administering Education in Loosely Coupled Schools. In: Phi Delta Kappan 63, S. 673–676.

Jahrgangsstufenteams als Schicksalsgemeinschaften Ein Fallbeispiel zu Potenzialen und Grenzen verordneter Kooperation

Nadine Bondorf

1 Einleitung

Im aktuellen schulpädagogischen Diskurs wird die Kooperation von Lehrkräften in Klassen-, Jahrgangs-, Fach-, Projekt- oder Leitungsteams als Schlüsseldimension für gelingende Schul- und Unterrichtsentwicklung sowie für die weitere Professionalisierung der Lehrkräfte angesehen. Obwohl Schule nach wie vor so angelegt ist, dass sie auch ohne eine engere Zusammenarbeit der in ihr tätigen Lehrpersonen funktionieren kann (Steffens, 1991), gewinnt die Kooperation schulischer Akteure offensichtlich an Bedeutung.

Dabei stellt die Lehrerkooperation kein gänzlich neues Tätigkeitsfeld von Lehrerinnen und Lehrern dar: Schon immer gab es kooperative Prozesse in Schulen in Form des Konferenzwesens. Neben die etablierten Kooperationsformen wie Fach- und Notenkonferenzen sind inzwischen neue Formen der Zusammenarbeit getreten, die sich zunehmend durch Modernisierungsanforderungen an Schulen ergeben – vor allem im Zuge der Erweiterung der Gestaltungsautonomie Einzelschule und einem veränderten Verständnis der Schule als „pädagogischer Handlungseinheit" (Fend, 1986). Kooperation wird als ein fester Bestandteil der Lehrertätigkeit an Schulen betrachtet, der aus unterschiedlichsten Anlässen resultiert und in unterschiedlichen Formen realisiert werden muss.

In der Schulforschung wird Lehrerkooperation als Indikator für Organisationsqualität verstanden. Im Zentrum steht die These, dass in guten Schulen das Ausmaß der Zusammenarbeit höher und die Formen der Kooperation anspruchsvoller sind (Steinert et al., 2006). Auf der Grundlage institutionalisierter Kooperationsstrukturen können Professionelle auch in ein reflexives Verhältnis zur eigenen Schule und zur eigenen Berufstätigkeit gelangen (Reh, 2008). Zumeist wird angenommen, dass ausgeprägte Lehrerkooperation einen positiven Effekt auf die Bewältigung von Organisations- und Entwicklungsprozessen und wichtige Dimensionen schulischer Qualität hat.[1] Die aktuelle Situation an den Schulen, die durch gesteigerte Innovationszumutungen, stärkere Outcome-Orientierung und regelmäßige Konfrontation mit externer Inspektion und Evaluation gekennzeichnet ist, scheint die Intensivierung kooperativer Prozesse von Lehrpersonen auf den Ebenen Organisations- und Unterrichtsentwicklung geradezu unabdingbar zu machen (Feldhoff et al., 2008). Als ideale Form der Lehrerkooperation werden sogenannte „Professionelle Lerngemeinschaften" (Bonsen und Rolff, 2006) bzw. „Communities of Practice" (Wenger, 1998) postuliert. Der Kooperation im Sinne des fachlichen Austausches unter Kolleginnen und Kollegen wird großes Professionalisierungspotenzial beigemessen (Bastian et al., 2002; Baumert und Kunter, 2006). Diesbezüglich gilt die Annahme, dass die Zusammenarbeit umso produktiver sei, je enger und je näher sie dem Unterrichtsgeschehen kommt (Gräsel et al., 2006).

Angesichts der in beeindruckender Breite aufgeführten vermuteten Potenziale, die der kollegialen Kooperation unter Lehrkräften zugeschrieben werden, sowie den innovativen Erwartungen, die an diese gestellt werden, ist der verbreitete Eindruck, Lehrerkooperation spiele an deutschen Schulen keine nennenswert große Rolle, ernüchternd. Gerade neuere Untersuchungen zeigen, dass Kooperation zwar erwünscht ist, jedoch innerhalb der Schulen in Deutschland nur zögerlich realisiert wird (Steinert et al., 2006; Bonsen und Rolff, 2006; Gräsel et al., 2006). Zur Erklärung dieses Umstandes wird zumeist auf die Spezifik der Schule als Organisation verwiesen. Schulen weisen eine gefügeartige Organisationsstruktur auf und in ihnen herrscht das Autonomie-Paritäts-Muster vor, d. h. die implizite Übereinkunft der Professionellen über eine wechselseitige Nicht-Einmischung bei gleicher kollegialer Anerkennung (Altrichter und Eder, 2004). Die auf gegenseitige Schonung bedachte kollegiale Haltung ist einerseits in der schulischen Organisationsstruktur als loosly coupled system (Weick, 1976) und andererseits im traditionellen berufskulturellen Habitus der Lehrerschaft verankert (Idel et al., 2011, im Erscheinen).

Insgesamt kann also mittlerweile auf eine breite Basis an Forschungsergebnissen zu Lehrerkooperation geblickt werden. Dabei ist der Blick in erster Linie auf das Ausmaß, die Felder und die Formen von Zusammenarbeit gerichtet. Lehrerkooperation gerät dabei vornehmlich durch das Medium der Selbstauskünfte von Lehrerinnen und Lehrern in den Blick. Trotz der zahlreichen Befunde ist eine konsistente theoretische Fundierung und empirische Erfassung des Konstruktes „Kooperation von Lehrkräften" bisher nur ansatzweise geleistet (vgl. Steinert et al., 2006). Problematisiert werden muss weiterhin die in der Debatte vorherrschende, normativ aufgeladene Sicht, die allein die positiven Aspekte der

---

[1] Wenngleich empirische Forschungen diesen Effekt bislang noch nicht eindeutig zu bestätigen vermochten (vgl. Halbheer et al., 2008).

Kooperation thematisiert und Kooperation fraglos als Mehrwert konstruiert. Die vorherrschende Praxis individualisierten Lehrerhandelns wird oft abgewertet und in der Debatte über Schul- und Unterrichtsentwicklung das Heil in der Forderung nach Intensivierung von Kommunikation und Kooperation gesucht.

Unbeachtet bleibt zumeist die Bedeutung des aus professionstheoretischer Sicht als Begrenzung von Kooperationsansprüchen zu verstehende Prinzips der Kollegialität. Es ist geradezu eine strukturelle Bedingung von Kooperationsprozessen unter Lehrkräften, dass diese sich dabei stets im Spannungsverhältnis zwischen Kollegialität und Kooperation bewegen müssen. Kollegialität wird hierbei als Achtung der professionellen Autonomie der Kolleginnen und Kollegen und somit als eine systematische Grenze der gegenseitigen Beeinflussung in Kooperationsprozessen verstanden. Handeln in pädagogischen Kontexten muss immer im Rahmen eines pädagogischen Arbeitsbündnisses vollzogen werden, dessen herausragende Merkmale die je spezifische Anerkennung, Nicht-Technologisierbarkeit sowie das Prinzip der Unvertretbarkeit des Professionellen sind. Insofern stellt die Kollegialität gewissermaßen einen Standard professionellen Handelns dar, der den einzelnen Professionellen vor der Einmischung Anderer schützt und seine individuelle Autonomie und Verantwortung wahrt. Insbesondere im Hinblick auf dieses grundsätzliche Spannungsverhältnis in der Lehrerkooperation, wurde bislang noch kein heuristischer Rahmen entwickelt, der es gestattet, die Komplexität von Interaktionssituationen in Lehrerkooperationsprozessen verstehend zu erfassen. Mehr noch: Die zu vermutende Dynamik und Ambivalenz von kooperativen Interaktionen sowie das hohe Maß an Aufwand der Beteiligten wird in der bisherigen Forschung weitestgehend vernachlässigt (Rothland, 2007).

An diesem Forschungsdesiderat setzt der Ansatz einer qualitativen, fallorientierten Prozessforschung zu Lehrerteams an, der dem an der Johannes Gutenberg-Universität Mainz von 2006 bis 2010 angesiedelten „Praxisforschungsprojekt Lehrerkooperation" zugrunde lag.

Über einen Zeitraum von in der Regel anderthalb Jahren wurden insgesamt sieben Lehrerteams mit je spezifischer Aufgabenstellung und institutioneller Verankerung und Mandatierung unterschiedlicher Sekundarschulen in Rheinland-Pfalz wissenschaftlich mit Methoden der qualitativen Forschung begleitet. Darunter fanden sich Lehrergruppen, die gemeinsam im Bereich der Schulsteuerung, methodisch-didaktischen Entwicklungsarbeit, Fach- oder Jahrgangskoordination sowie pädagogischen Reflexion arbeiteten. Auf der Grundlage von In-situ-Daten wurde die fallspezifische kommunikative Praxis von Lehrerkooperation rekonstruiert und dadurch Strukturprobleme bestimmter Kooperationsformen abstrahiert. In einer ersten Annäherung konnte damit auch die Forschungsfrage „was genau die Qualität der Interaktion in der Kooperation mit Kolleg(inn)en auszeichne und was daran vorteilhaft sei" (Kolbe und Reh, 2008, S. 816) geklärt werden. Im Folgenden soll ein Lehrerteam des Forschungssamples, nämlich ein Jahrgangsstufenteam, als Fall einer konzeptionell und schulorganisatorisch vorgegebenen Form von Lehrerkooperation näher beleuchtet werden. In Bezug auf den Kooperationsdiskurs besteht das strukturell Besondere dieses Teams darin, dass es sich um keine frei gewählte Kooperationsform handelt. Dabei geht es vor allen Dingen darum aufzuzeigen, wie die Beteiligten ihre strukturell verordnete Kooperation nutzen und welche Potenziale sich ergeben, aber auch, welche Grenzen bestehen.

2   Fallbeispiel: Jahrgangsstufenteam

Beim vorliegenden Jahrgangsstufenteam handelt es sich um eine traditionell in der Organisationsstruktur einer Integrierten Gesamtschule fest verankerte Form der Lehrerkooperation. Alle Tutorinnen und Tutoren eines Altersjahrganges gehören verpflichtend dem entsprechenden Jahrgangsstufenteam an. Im vorliegenden Fall besteht das Team aus sechs Tutorinnen und Tutoren, da der Altersjahrgang an dieser Schule dreizügig ist und jede Parallelklasse von einem Tutorentandem betreut wird. Aufgabe von Jahrgangsstufenteams ist die Erörterung organisatorischer, pädagogischer und didaktischer Fragestellungen, die den eigenen Klassenjahrgang betreffen. Mögliche Themen können demnach die Planung und Organisation von klassenübergreifenden Veranstaltungen und Klassenfahrten, die Absprache bezüglich des parallel unterrichtenden Faches „Offenes Lernen", aber auch die pädagogische Diskussion über den Umgang mit Schwierigkeiten innerhalb der Schülerschaft sein.

Lehrerkooperation in Jahrgangsstufenteams wird also durch die Organisation der Schule ständig gefordert: Sie stellt eine Hohlform zur Verfügung, die sowohl die personale Zusammensetzung des Teams, ihre zeitliche wie räumliche Gestaltung der Zusammenarbeit als auch die Themen der Kooperation vorgibt. Anhand des vorliegenden Fallbeispieles lässt sich zeigen, wie die Beteiligten diesen Rahmen ihrer Kooperation ausfüllen und nutzen. Dabei stellen sich u. a. die Fragen: In welchem Formen interagieren die Mitglieder des Teams? Welche Themen werden von ihnen über die institutionellen Vorgaben hinaus in den Kooperationskontext eingebracht? Welche Funktionen erfüllt die Kooperation für die einzelnen Mitglieder für die Bewältigung ihrer beruflichen Aufgaben?

Ganz allgemein kann das Jahrgangsstufenteam als „Schicksalsgemeinschaft" beschrieben werden; die Mitglieder haben einander nicht bewusst gewählt und gemeinschaftlich als Team formiert.[2] Sie sind als Klassenleitungen desselben Jahrgangs zur regelmäßigen Zusammenarbeit verpflichtet. Gemeinhin wird aber Kooperation aber immer dann als gelingend beschrieben, wenn die Beteiligten freiwillig ko-agieren und bei ihnen „die Chemie stimmt". Ebenso wurde in den Lehrerteams des Forschungssamples ein solches basales Kooperationsverständnis immer wieder erkennbar. Auch im Selbstverständnis des Jahrgangsteams scheint indirekt dieser Idealfall des freiwilligen Sichaussuchens und der gegenseitigen Sympathie als Vergleichsfolie durch: „die gruppe ist doch gut auch wenn wir uns nicht ausgesucht haben"[3]. Eine Lehrerin konstruiert hier in ihrer Äußerung den Gegenhorizont zur tatsächlichen Zwangsgemeinschaft und damit zugleich einen Orientierungsrahmen für das Gelingen der Kooperation. Insgesamt konstruiert sich das Team innerhalb der Schule als eine exklusive Professionsgemeinschaft. Die Exklusivität wird nicht, wie in anderen Kooperationsgruppen, mit der spezifischen Aufgabenstellung des Teams zusammen, sondern wird von den Akteuren durch die sozio-emotionale Abgrenzung der Gruppe nach außen hin geschaffen. Das Team entwirft sich als eine Wir-Gemeinschaft (Schütze, 1995), die sich gegenüber verschiedenen Sie-Gebilden abgrenzt. Die Sie-Gebilde stellen in diesem Falle primär das Lehrerkollegium der eigenen Schule, aber auch die Eltern der Schülerschaft des eigenen Jahrganges dar. Dies dokumentieren Äußerungen wie die folgenden:

„oder ä- es wird geklagt über schülerinnen und schüler oder andere fachkolleginnen und -kollegen"

„dann muss man einfach geschlossen ( ) und mutig den eltern gegenübertreten"

„ich hab den eindruck es gibt leute [innerhalb des Kollegiums, N. B.] ( ) die wollen daran gar=nichts ändern"

Nach innen binden sich die Teammitglieder sehr eng über gegenseitiges Vertrauen aneinander. Als Grundsatz gilt implizit die Freiheit, alles sagen zu können. Dieser wird vor allen Dingen vor dem negativen Gegenhorizont der Kommunikation im Gesamtkollegium konstruiert, wo die Lehrenden das kollegiale Fallbeil für scheinbar qualitativ minderwertige Redebeiträge befürchten. Im Kollegium erscheint es ihnen nicht möglich zu sein, alles, was sie denken, offen und in ihren eigenen Worten zu äußern. Das Gespräch im Jahrgangsstufenteam wird dagegen als völlig anders erlebt.

---

[2] Wenngleich die Schule stets bemüht ist, bei der Zusammensetzung der Tutorenteams und damit der Jahrgangsstufenteams die Beteiligten in die Entscheidung einzubinden.
[3] Transkriptionsregeln s. Anhang S. 115

„ich denk ganz wichtig ist für mich das <u>vertrauen</u> ( ) also dass man eben nicht das gefühl hat (2) mh ja (1) wenn man etwas sagt dass man das dann direkt <u>ange</u>- lastet <u>ange</u>kreidet bekommt" – „ja genau wenn-wenn we=mer irgendwas <u>hat</u> also wenn ich irgendwas hab und ( ) ich kann=s hier net sagen weil ich denk oh die rollen jetzt gleich die augen dann is=es <u>ganz</u> schlecht ( ) und das hab ich <u>net</u> das gefühl also-"

In der Gruppendiskussion beschreiben die Mitglieder ihr Jahrgangsstufenteam insgesamt als einen Ort des Aufgehobenseins im Miteinander. Das Team erscheint als kleiner, heimatlicher Raum inmitten einer großen Organisation. Auch das Jahrgangsteam ist, wie die Schulklasse, ein Eigenraum innerhalb des Loosly-Coupled-Systems Schule. Es operiert eigenlogisch für sich, wodurch die Kommunikation nach außen hin erschwert wird.

Das Jahrgangsstufenteam kann in diesem Sinne auch als eine Koalition innerhalb der Schule betrachtet werden. Für die Beteiligten ist es ein Ort der Identifikation und der Stabilisierung im alltäglichen pädagogischen Betrieb. Trotz seiner insularen Position bildet es den positiven Gegenpol zur permanenten Belastungserfahrung in den Unterrichtsstunden und im Schulalltag (Combe, 1997). Das Team birgt für seine Mitglieder ein großes Entlastungspotenzial und fungiert gleichzeitig als Erneuerungsquell für die pädagogische und didaktische Motivation. Die Tutorinnen und Tutoren erörtern schwerpunktmäßig pädagogische Themen in den Sitzungen, insbesondere Problemlagen der eigenen Schülerschaft. Das Jahrgangsstufenteam wird von ihnen als der Ort empfunden, an dem sie regelmäßig die beruflichen Herausforderungen erörtern können, die sich im Umgang mit der heterogenen Schülerschaft in der Gesamtschule ergeben. Hier erfolgt eine gemeinsame Prozessreflexion, die den Einzelnen kollegiale Anerkennung für die eigene Berufstätigkeit erfahren lässt.

Das Team kann auch als Tröstergemeinschaft im Falle nicht gelingenden Unterrichtes fungieren. Besonders wichtig ist für die Lehrkräfte in einem solchen Fall der Umstand, dass eine vermeintlich schlechte Unterrichtsstunde nicht als persönlicher Misserfolg verbucht wird. Vielmehr werden diese Scheiternserlebnisse innerhalb der Kooperation ent-individualisiert und damit für die Einzelnen erträglicher gemacht. Die Kooperation wird demnach von den Beteiligten in erster Linie individuell als Stabilisierung der eigenen Ressourcen und Befindlichkeiten genutzt. Das ist die herausragende Qualität dieses Jahrgangsstufenteams.

„normalerweise kenn <u>ich</u> des von andern systemen dass man ne tür hinter sich zumacht und der- und die- die schülerinnen und *schüler waren da hintendran* [lachend] und m-hat ne miese stunde ( ) und man <u>sacht</u> dann da drüber ( ) äh erfährt man nix und hier erfährt man des halt einfach und des ( ) is auch ok so dann ja, des ( ) und dann erfährt man auch dass die andern *auch (für-)* [lachend] ihren trouble (irgendwie in) situationen haben das entlastet zum beispiel <u>mich</u> auch ( )"

Als fest verankertes Team innerhalb der Schulstruktur treten neben diese persönlichen Bedürfnisse nach Sicherheit und Stabilität aber vor allen Dingen die Ansprüche der Organisation Schule. Jahrgangsstufenteams haben eine institutionelle Aufgabe, nämlich die Erörterung der pädagogischen, didaktischen und besonders auch organisatorischen Fragestellungen, die den jeweiligen Altersjahrgang betreffen. Es herrscht damit ein Spannungsverhältnis zwischen zwei Funktionen: des gegenseitigen kollegialen Austausches der Mitglieder auf der einen und der Erledigung der organisatorischen Aufgaben in ihrem Jahrgang für die Schule auf der anderen Seite.

Aus der Steuerungszumutung, die an Jahrgangsstufenteams gerichtet ist, ist im vorliegenden Falle sogar eine Steuerungsambition hervorgegangen. Der eigene Altersjahrgang wird von den Tutorinnen und Tutoren als ihr Hoheitsgebiet konstruiert: Sie haben gegenüber der eigenen Schülerschaft eine hohe pädagogische Selbstwirksamkeitserwartung und schreiben den unterrichtenden Fachlehrern eine geringere pädagogische Durchschlagskraft als sich selbst zu. Deshalb möchte das Jahrgangsstufenteam bei der Auswahl der Fachlehrer, die in ihrem Jahrgang unterrichten, mitreden und die entsprechenden Entscheidungen zusammen mit der Schulleitung treffen.

„wir ham ( ) immer wieder drum gekämpft dass wir als tutoren äh zuständigkeiten bekommen und mit entscheidungen treffen können (1) ob=s jetzt die: einteilung (nur in) kursen geh:t oder wie wir die kurse wollen welche lehrer wir ( ) in welchen fächern haben wollen wir ham immer versucht einfluss zu nehmen ( )"

Die Steuerungsambition geht sogar über den eigenen Verantwortungsbereich des Jahrganges hinaus in den größeren Rahmen der Schulgemeinschaft. Die Aussichten werden aber bereits im Vorfeld eher resignativ beurteilt, indem die anderen Lehrkräfte als wenig veränderungsbereit beschrieben werden. Das Jahrgangsstufenteam sieht sich damit als Zusammenschluss veränderungsbereiter Lehrkräfte im Gegensatz zum Großteil des Kollegiums und der Schulleitung. In Bezug auf das Schulganze erscheint das Jahrgangsstufenteam nicht nur als Rückzugsraum zur Stabilisierung der beruflichen Motivation, sondern auch als mikropolitischer Akteur mit eigener Identität im Zwischenraum zwischen Lehrerindividualität und Lehrerkollegium.

„es is schon so dass- dass äh: für mich so=n tea:m (1) äh so en bisschen mehr zuhause bedeutet als äh: ( ) des ganze ( ) lehrerkollegium" „team ist für mich ( ) lebensqualität ( ) als lehrer um das- und deswegen ist es extrem wichtig"

„ich würde sogar sagen achtzig prozent meines wohlfühlfaktors macht mein team aus"

Das Jahrgangsstufenteam ist indes ein sensibles und sehr voraussetzungsreiches Gefüge: Die gemeinsame Kooperation wird zunächst einmal als Praxisbelastung empfunden, weil sie verordnet ist und zusätzlichen Arbeitsaufwand bedeutet; letztlich führt aber die Kooperation in diesem Team gerade auch zur Praxisentlastung. Dabei ist es weniger die offizielle organisatorische Aufgabe des Teams, deren Erfüllung für die einzelnen Teammitglieder bedeutsam ist, sondern vor allen Dingen das „Beiprodukt" der Kooperation: die Stabilisierung eigener Ressourcen und Befindlichkeiten und die individuelle, vor allem sozio-emotionale Entlastung. Diese Aufgabe ist gewissermaßen der „heimlicher Lehrplan" des Teams.

> „also für mich is kooperation ( ) so ne (2) seelische entlastung, (1) weil hier ja schon viel los ist, (1) und auch ( ) vieles: ( ) hm: durchaus „ä" schwierige zu lösen ist, oder auch frustrierende ( ) ähm: ergebnisse entstehen ( ) und ähm ( ) wenn ich dafür nich alleine verantwortlich bin ( ) sondern das also auch ( ) analytisch oder ähw: so besprechen kann ( ) und äh trotzdem ( ) die vorstellung da ist es geht halt weiter, ( ) w-wir wir ziehen den karren weiter un da is des einfach ne entlastung; (3)"

3   Fazit

Die aktuellen Entwicklungen im Schulsystem zeitigen einen Strukturwandel der Schule als Organisation sowie stärkere Professionalisierung der Tätigkeit der Lehrkräfte. Sowohl die Organisation Schule als auch die in ihr tätigen Akteure sehen sich mit neuen Aufgaben und steigenden Anforderungen konfrontiert, die zum Teil durch bessere Koordination und intensivere Kooperation zu erfüllen sind. In der programmatischen Debatte besteht deshalb die Gefahr eines verkürzten Verständnisses der Lehrerkooperation als Instrument der Steuerung und Sozialtechnologie.

Lehrerkooperation sollte stattdessen auch als berufs- und organisationskulturelles Entwicklungsproblem verstanden werden. Es geht nicht nur um die strukturelle Ebene zweckrationaler Optimierungen von sachlichen und finanziellen Ressourcen, sondern vor allem auch um die Veränderung eingewöhnter Praktiken, Haltungen und Überzeugungen sowie um die Veränderung der Arbeitsbeziehungen von Professionellen in unverwechselbaren Einzelschulkulturen mit einer jeweils spezifischen Entwicklungsgeschichte.

Diesem Verständnis folgend, erscheinen alle Anlässe und Formen der Lehrerkooperation charakteristisch zunächst einmal als Anforderungs- und Zumutungssituation an die Akteure und die Schule als Organisation. Erschwert wird die Situation durch das alltagstheoretische Verständnis der „stimmenden Chemie" als zentraler Gelingensbedingung für Kooperation. Selbst Gruppen, die in ihrer Zusammensetzung nicht frei bestimmt sind, aber dennoch eine positive Selbstwirksamkeit erleben, halten an einem angenommenen Idealfall des freien Wählens der Kooperationspartner fest. Solche Fragen der Assoziation sind für Kooperationsprozesse elementar. Im Sinne einer Professionalisierung muss es von den beteiligten Lehrkräften als professionelle Aufgabe angesehen und angenommen werden, auch mit Kolleginnen und Kollegen zu kooperieren, mit denen man sich ansonsten nicht bewusst und intentional als Team formieren würden. Welche Qualitäten für die Einzelnen und die Organisation Schule solche „Schicksalsgemeinschaften" haben können, zeigt das vorliegende Fallbeispiel.

Der Kern dieses Jahrgangsstufenteams ist die exklusive Anerkennungsgemeinschaft, welche die Beteiligten für sich geschaffen haben. Letztlich wird der ursprüngliche Zwang zur Zusammenarbeit ausgestaltet zu eine Teamkultur, die von den Akteuren trotz des zusätzlich aufzubringenden Zeitaufwandes als Entlastung erlebt wird, da die vereinzelte Form der Berufsausübung – zumindest zeitweise – aufgesprengt wird.

Jedoch wird die Besonderheit und Bedeutung des Teams für seine Mitglieder vor allen Dingen durch eine Innen-Außen-Differenz hergestellt. Hieraus ergibt sich auch das zentrale Strukturproblem dieser Form der Lehrerkooperation: Innerhalb des Teams erscheint die Kooperation perfektioniert, durch die Konstruktion als exklusive Professionsgemeinschaft ergibt sich jedoch ein Kooperationshemmnis nach außen im Austausch mit Anderen. Das Kreisen in sich selbst führt möglicherweise zur Stabilisierung eigener Ressourcen und Befindlichkeiten, aber eben auch dazu, dass bestimmte (Defizit-)Zuschreibungen gegenüber der Außenwelt vorgenommen werden, die beschränkend sind. Die Schulleitung, die anderen Kolleginnen und Kollegen sowie die Eltern der Schüler des eigenen Jahrganges werden tendenziell als Bedrohung bzw. als Schuldige konstruiert.

Die Ambivalenz wird deutlich: Das Team hat ein enormes Potenzial, um innerhalb der Kooperation für die Beteiligten entlastend zu wirken, aber zugleich führt die dazu benötigte Exklusivität auch dazu lose gekoppelt bzw. nach außen hin abgegrenzt zu verbleiben. Kooperation ist jedoch umso voraussetzungsreicher, je näher sie an den individuellen Handlungsbereich der einzelnen Lehrkraft heranreicht. Um die professionelle Autonomie der Einzelnen ein Stück weit aufzuweichen bzw. zurückzustellen, müssen alle Beteiligten das Gefühl haben, dass die gemeinsame Kooperation einen geschützten Bereich der Kommunikation darstellt. Das kann als Strukturmerkmal sehr dichter Kooperation angenommen werden.

Es sollte deutlich geworden sein, dass eine vorschnelle Idealisierung der Lehrerkooperation als Allheilmittel nicht tragbar ist, wenngleich diese selbst in Kooperationszusammenhängen als „Schicksalsgemeinschaften" ein erstaunlich großes Potenzial aufweisen können.

„Lehrkräfte können in kooperativen Prozessen – durch den gegenseitigen Austausch –
eine Entlastung von ihrer alltäglichen Rolle als Einzelkämpfer erfahren; und sie
können – durch die Möglichkeiten der Arbeitsteilung und Koordination – in der Kooperation auch einen Zuwachs an beruflicher Kompetenz erleben" (Ullrich, 2010).

Um diese Potenziale ermöglichen zu können, muss Lehrerkooperation als berufs-
und organisationskulturelles Entwicklungsproblem verstanden werden. Lehrerinnen und Lehrer müssen diesbezüglich eine Professionalisierung erfahren, um
Kooperation als Element ihrer Berufskultur erst herausbilden zu können.

Anhang

Transkriptionsregeln

Der gesamte Sprechtext wird radikal kleingeschrieben. Beim Transkribieren bleibt die gesprochene Sprache erhalten, es erfolgen keine Veränderungen nach den Regeln der Grammatik. Lokale Varietäten werden dann (annähernd) in Lautschrift abgebildet, wenn hinsichtlich der rhetorischen Gestaltung und damit der Bedeutung Anlass dazu besteht.

( )	kurze Pause; merklich, aber unter einer Sekunde
(3)	Anzahl der Sekunden, die eine Pause dauert
nein	betont
„nee"	sehr leise (in Relation zur üblichen Lautstärke der sprechenden Person)
.	stark sinkende Intonation bei besonders starker Betonung in Relation
,	schwach steigende Intonation bei besonders starker Betonung in Relation
vielei-	Abbruch eines Wortes (auch wenn es ausgesprochen, aber „gestoppt" wird)
oh=nee	Wortverschleifung
nei::n	Dehnung, die Häufigkeit vom : entspricht der Länge der Dehnung
(doch)	Unsicherheit bei der Transkription, schwer verständliche Äußerungen
[stöhnt]	Kommentar bzw. Anmerkungen zu parasprachlichen, nicht-verbalen oder gesprächsexternen Ereignissen. Der Hinweis bezieht sich immer auf die Passage vor der Klammer. Die Länge der Passage wird durch Kursivdruck gekennzeichnet.

Literatur

Altrichter, H., Eder, F. (2004): Das „Autonomie-Paritäts-Muster" als Innovationsbarriere. In: Holtappels, H. G. (Hrsg.): Schulprogramme – Instrumente der Schulentwicklung. Konzeptionen, Forschungsergebnisse, Praxisempfehlungen. Weinheim, S. 195–221.

Bastian, J., Combe, A., Reh, S. (2002): Professionalisierung und Schulentwicklung. In: Zeitschrift für Erziehungswissenschaft 5 (2002), H. 5, S. 417–435.

Baumert, J., Kunter, M. (2006): Stichwort: Professionelle Kompetenz von Lehrkräften. In: Zeitschrift für Erziehungswissenschaft 9, H. 4, S. 469–520.

Bonsen, M., Rolff, H.-G. (2006): Professionelle Lerngemeinschaften von Lehrerinnen und Lehrern. In: Zeitschrift für Pädagogik 52 (2006), H. 2, S.167–184.

Combe, A. (1997): Der Lehrer als Sisyphus. Zur Theorie einer pädagogischen Handlungslehre – oder: Vom hohen Preis der schnellen Sicherheit. In: PÄDAGOGIK H. 4/1997, S. 10–14.

Feldhoff, T., Kanders, M., Rolff, H.-G. (2008): Kooperation im Kollegium. In: Holtappels, H. G., Klemm, K., Rolff, H.-G. (Hrsg.): Schulentwicklung durch Gestaltungsautonomie. Münster, S. 167–173.

Fend, H. (1986): „Gute Schule – schlechte Schule". Die einzelne Schule als pädagogische Handlungseinheit. In: Die Deutsche Schule. 78 (3), S. 275–293.

Gräsel, U., Fussangel, K., Pröbstel, C. (2006): Lehrkräfte zur Kooperation anregen – eine Aufgabe für Sisyphos? In: Zeitschrift für Pädagogik 52 (2006), H. 2, S. 205–219.

Halbheer, U., Kunz, A., Maag Merki, K. (2008): Kooperation zwischen Lehrpersonen in Züricher Gymnasien. Eine explorative Fallanalyse zum Zusammenhang zwischen kooperativen Prozessen in Schulen und schulischen Qualitätsmerkmalen. In: Zeitschrift für Soziologie der Erziehung und Sozialisation, 28. Jg. (1). S. 19–35.

Idel, T. S., Baum, E., Bondorf, N. (im Erscheinen): Wie Lehrkräfte kollegiale Kooperation gestalten. Potenziale einer fallorientierten Prozessforschung in Lehrergruppen. In: Huber, S. G., Ahlgrimm, F. (Hrsg.): Kooperation in der Schule. Münster.

Kolbe, F.-U., Reh, S. (2008): Kooperation unter Pädagogen. In: Coelen, T., Otto, H.-U. (Hrsg.): Grundbegriffe Ganztagsbildung. Das Handbuch. Wiesbaden. S. 799–808.

Reh, S. (2008): „Reflexivität der Organisation" und Bekenntnis Perspektiven der Lehrerkooperation. In: Helsper, W., Busse, S., Hummrich, M., Kramer, R.-T. (Hrsg.): Pädagogische Professionalität in Organisationen. Neue Verhältnisbestimmungen am Beispiel der Schule. Wiesbaden. S. 163–183.

Rothland, M. (2007): Wann gelingen Unterrichtsentwicklung und Kooperation? In: Becker, G., Feindt, A., Meyer, H., Rothland, M., Stäudel, L., Terhart, E. (Hrsg.): Guter Unterricht. Maßstäbe & Merkmale – Wege & Werkzeuge. Friedrich Jahresheft XXV 2007. S. 90–94.

Schütze, F. (1995): Verlaufskurven des Erleidens als Forschungsgegenstand in der interpretativen Soziologie. In: Krüger, H.-H., Marotzki, W. (Hrsg.) (1986): Erziehungswissenschaftliche Biographieforschung. Opladen, S. 116–157.

Steffens, U. (1991): Ergebnisse aus schulischer und betrieblicher Qualitätsforschung. In: Wissinger, J., Rosenbusch, H. S. (Hrsg.): Motivation durch Kooperation. Braunschweig.

Steinert, B., Klieme, E., Maag Merki, K., Döbrich, P., Halbheer, U., Kunz, A. (2006): Lehrerkooperation in der Schule: Konzeption, Erfassung, Ergebnisse. In: Zeitschrift für Pädagogik 52 (2006). S. 185–204.

Ullrich, H. (2010): Lehrerkooperation – eine Gelingensbedingung für Schulentwicklung. Online verfügbar unter: http://www.aqs.rlp.de/service/archiv/lehrerkooperation-eine-gelingensbedingung-fuer-schulentwicklung/ (abgerufen am 08.04.11)

Weick, K. E. (1976): Educational Organizations as Loosely Coupled Systems. In: Administrative Science Quarterly, Jg. 21, S. 1–19.

Wenger, E. (1998). Communities of Practice: Learning, Meaning, and Identity. Cambridge.

Zeitschrift für Pädagogik (2006): Schwerpunktthema: Kooperation im Lehrberuf, 52. Jg., H. 2.

„Wir sind der Fels in der Brandung" Eine Fallstudie über Teamkooperation in der kollegialen Selbstverwaltung einer Freien Waldorfschule

Heiner Ullrich und Till-Sebastian Idel

1 Einleitung

Schulen in freier Trägerschaft haben das Recht, sich im Rahmen der gesetzlichen Bestimmungen eine eigene Schulverfassung zu geben. Dies betrifft auch die Entscheidung darüber, wie die Schule als Organisation geführt werden soll. Viele freie Schulen, insbesondere solche reform- oder alternativpädagogischer Provenienz, entscheiden sich gegen Formen einer direktorialen Schulleitung, wie sie in staatlichen Schulen als Normalform etabliert ist. Stattdessen präferieren diese Schulen partizipatorische Formen einer kollegialen Leitung, die häufig gewählten Gruppen auf Zeit überantwortet wird. Diesen Gruppen stellt sich in besonderer Weise das Kooperationsproblem: Sie müssen, als von der Schulgemeinschaft mandatierte Instanzen, zielorientiert, effizient und im Einklang mit dem pädagogisch-konzeptionellen Selbstverständnis der Schule zustimmungsfähige Entscheidungen von großer Tragweite treffen. Im Bereich öffentlicher Schulen sind Formen einer kooperativen, demokratisierten Leitung insbesondere in den 1990er-Jahren im Kontext der organisationstheoretisch ausgerichteten Debatte um Schulentwicklung diskutiert worden (vgl. Bildungskommission NRW 1995, S. 164). Die Diskussion reicht aber weiter zurück bis in die Weimarer Republik, wo in den 1920er-Jahren in reformpädagogischen Schulversuchen erste Erfahrungen mit partizipatorischen bzw. demokratischen Modellen der Selbstverwaltung gesammelt wurden.

Während im Schulentwicklungsdiskurs der 1990er-Jahre vorwiegend Fragen einer vom Kollegium auf Zeit gewählten Schulleitung oder einer Steuerung der Organisation und ihrer Entwicklung durch sogenannte Steuergruppen verhandelt wurden, richtet sich das Interesse der heutigen Kooperationsforschung primär auf die Frage, wie Lehrkräfte die Entwicklung von Unterricht durch Kooperation vorantreiben und dabei ihren je eigenen Professionalisierungsprozess befördern können. Trotz dieser Schwerpunktsetzung in der Kooperationsforschung ist das steuerungstheoretisch fokussierte Interesse an empirischen Befunden zu Kooperationsprozessen auf der Ebene der Leitung und des Managements von Einzel-

schulen als Organisationen keineswegs überflüssig. Das Problem kooperative
Schulleitung stellt sich angesichts eines erweiterten Aufgabenspektrums und
erhöhter Anforderungen an die teilautonome Selbststeuerung von Einzelschulen
auch der gegenwärtigen Schulentwicklung: Die Frage, wie Schulen im Rahmen
ihrer erweiterten Selbstverantwortung in der Mittelbewirtschaftung, der Einstellung und Verwendung von Personal und der Erstellung eigener Schulcurricula
bei gleichzeitiger Aufforderung zur Rechenschaftslegung in erneuerten Formen
einer kooperativ-partizipativen Schulleitung zielorientiert zu führen sind, ist nach
wie vor aktuell.

    ʼ Die Praxen und Probleme leitungsbezogener Kooperation sind aufgrund ih-
rer Verbreitung und des Erfahrungsreichtums vor allem in freien Schulen ertrag-
reich zu erforschen. Es ist davon auszugehen, dass die empirische Analyse kollegialer Selbstverwaltung in freien Schulen auch einen Beitrag zur Diskussion um
eine Lockerung bzw. Ergänzung direktorialer Leitungsmodelle durch partizipatorische Formen an öffentlichen Schulen leisten kann. Im folgenden Beitrag soll
daher exemplarisch am Beispiel der Steuer- und Leitungsgruppe einer Waldorfschule das Problem, die Kooperation in einem kollegialen Leitungsteam zu organisieren, erörtert werden. Das an Waldorfschulen etablierte Modell kann dabei
als konsequenteste Form einer sehr weitreichenden, basisdemokratischen Selbstverwaltung verstanden werden. Bevor der Forschungskontext, in dem das Fallbeispiel erhoben wurde, und die Fallrekonstruktion dargestellt werden, soll die
Diskussion um direktoriale und kollegiale Schulleitungsmodelle historisch und
systematisch rekapituliert werden.

2   Kollegiale versus direktoriale Schulleitung

Die Forderung nach Selbstverwaltung und nach einer kollegialen Schulleitung
ist – geschichtlich gesehen – immer dann erhoben worden, wenn autoritär verfes-
tigte schulische Organisationsstrukturen verändert werden sollten, insbesondere
in der *Reformpädagogik* zu Beginn der Weimarer Republik und in der Alterna-
tivschulbewegung der 70er- und 80er-Jahre des vergangenen Jahrhunderts (vgl.
Nevermann, 1995). Die Forderung nach pädagogischer Autonomie der Lehrerschaft und nach kollegialer Schulleitung entsprang nicht nur der Kritik an der
starken Stellung des Volksschulrektors und Gymnasialdirektors gegenüber der
Konferenz zu Beginn des 20. Jahrhunderts, sie war auch Ausdruck des Protests
gegen die monarchistisch-obrigkeitsstaatliche Verfassung des Kaiserreichs. Nach
dessen Zusammenbruch wurden in sozialdemokratisch regierten Ländern die
Selbstverwaltungsrechte des Kollegiums (und der Elternschaft) gestärkt. Und für
die ca. 160 reformpädagogisch geprägten Schulversuche und Versuchsschulen der

Weimarer Republik waren die mit der Selbstverwaltung verbundenen Möglichkeiten der Bildung von Wahlkollegien selbstverständlich (vgl. Schmitt, 1992).

In Hamburg wurde 1920 in allen Schulen die Selbstverwaltung durch das Lehrerkollegium eingeführt; dessen Beschlüsse waren für alle Lehrpersonen verbindlich. Der Schulleiter wurde auf drei Jahre gewählt und führte seine Arbeit ehrenamtlich und ohne besondere Amtsbezeichnung aus. Bei der Einführung der kollegialen Selbstverwaltung waren die politisch Verantwortlichen von der Überzeugung ausgegangen, dass ein gemeinschaftliches, pädagogisches Ethos die von der Herrschaft der Schulmonarchen befreiten Lehrpersonen quasi von selbst zu Kooperation und Konsens veranlassen würde.

Die damaligen Erfahrungen mit der Selbstverwaltung an staatlichen Schulen und der damit verbundenen Beschränkung der Macht der Schulaufsicht waren indes sehr unterschiedlich. Die größere Gestaltungsautonomie der Einzelschule wurde nur von solchen Schulen produktiv genutzt, deren Kollegium von gemeinsamen reformpädagogischen Überzeugungen getragen war. An anderen Schulen führten die erweiterten Partizipationsrechte der Lehrer und Eltern hingegen oft zu endlosen programmatischen Debatten, zu einem von allen als belastend erlebten politischen „Kampfgetümmel" im Schulalltag (vgl. Fiege, 1970, S. 96 ff.) oder zur gegenseitigen Abschottung der Kollegen in den ihnen nun zugestandenen individuellen Freiräumen hinter den geschlossenen Klassenzimmertüren.

Die historische Erfahrung, dass die kollegiale Selbstverwaltung insgesamt gesehen weniger zur Herausbildung gemeinsamer pädagogischer Orientierungen und Impulse beigetragen hat, sondern eher zur Verstärkung von Dissens und organisationsstrukturell bedingtem Individualismus der Lehrpersonen (vgl. Leschinsky, 1986), hat durchgängig die *Rückkehr zur direktorialen Schulleitung* in den öffentlichen Schulen der Bundesländer befördert. Dem Schulleiter als Dienstvorgesetztem der Lehrkräfte mit Weisungs- und Letztentscheidungsrecht und als Vertreter der Schulaufsicht vor Ort fällt nun (wieder) die Aufgabe zu, durch zielorientierte Führung für Konsens und Kooperation im Kollegium Sorge zu tragen. Die Schulgesetze der Länder verbinden direktoriale und kollegiale Elemente: Die Konferenzen treffen die Grundsatzentscheidungen, die Schulleitung hat die Entscheidungsbefugnis im Einzelfall sowie die Kontroll-, Aufsichts- und Beurteilungsbefugnis über den Unterricht der Lehrkräfte. Der rechtlich starken Stellung des Schulleiters gegenüber dem Lehrerkollegium „sind jedoch durch die als ‚loosely coupled' charakterisierte Struktur der Schule faktisch relativ enge Grenzen gesetzt" (Baumert und Leschinsky, 1986, S. 251). Diesen aus der zellularen Arbeitsorganisation der Schule entspringenden strukturellen Machtmangel versuchen Schulleiter häufig durch die Verkörperung eines gemeinsamen Leitbildes der Schule und durch die Intensivierung von Formen kollegialer Kommunikation auszugleichen.

Empirische Befunde aus nationalen und internationalen Studien zur Qualität und Effizienz von Schulen weisen darauf hin, dass die pädagogische Steuerung der Schule durch eine kompetente direktoriale Schulleitung ein *zentraler Faktor für die Qualität einer Schule* und ein distaler Faktor für hohe Schülerleistungen ist (vgl. zum Folgenden Bonsen, 2006; Huber, 2009). Den höchsten Einfluss auf die Qualität der Einzelschule hat eine Schulleitung, welche durch die vier Faktoren *zielbezogene Führung, Innovationsbereitschaft, Organisationskompetenz* und *Partizipation in der Entscheidungsfindung* bestimmt ist. Ein guter Schulleiter oder eine gute Schulleiterin zeichnet sich also dadurch aus, dass er/sie als Leitbild-Repräsentanten, Change Agents, effektive Manager und Primus inter pares agieren können. Eine zentrale Herausforderung bleibt dabei die Kultivierung eines Führungsstils, der eine situativ angemessene Balance zwischen kollegialer Beteiligung und direktiver Entscheidung herstellt. Eine professionalisierte Schulleitung zeichnet sich auch durch kooperative Führung aus, die sich entweder als Streuung von Führungsverantwortung oder durch Führung in geteilter Verantwortung manifestiert. Im letzteren Fall stellt eine direktoriale Schulleitung den Anspruch, als kollegiale zu handeln, um einen möglichst großen Teil des Kollegiums in Prozesse der Schulsteuerung einzubeziehen. Dabei kann es in einem Lehrerkollegium durchaus zur Erfahrung kollektiver Selbstwirksamkeit in professionellen Lerngemeinschaften kommen; andererseits hat sich eine verordnete Kollegialität immer wieder als belastend und ineffizient erwiesen (vgl. Rothland, 2005, S. 170 f.).

3   Kollegiale Selbstverwaltung an Freien Waldorfschulen

Die aktuell ca. 210 Freien Waldorfschulen und die ca. 80 Freien Alternativschulen in Deutschland haben sich gemäß dem freiheitlich-basisdemokratischen *Leitbild der Selbstverwaltung* für eine kollegiale Schulführung anstelle der in den staatlichen Schulen üblichen direktorialen Leitung entschieden (vgl. Fuchs und Krampen, 1992). Es gibt in der Organisation der Schule keinen von der Schulbehörde vorgesetzten Direktor; das Lehrerkollegium ist der alleinige Souverän und wählt aus seiner Mitte die Trägerinnen und Träger von Leitungsfunktionen auf Zeit und ohne finanzielle Besserstellung. Die Gewählten gehen nach Ablauf ihrer Amtszeit wieder ins Kollegium zurück und sorgen damit für eine personelle Rotation des Schulleitungsteams und für die Partizipation weiterer Kolleginnen und Kollegen an Führungsaufgaben. Mit der kollegialen Schulleitung verbindet sich die Hoffnung, dass sich die traditionelle Hierarchie von Vorgesetzten und Untergebenen in der Schule auflösen, das Interesse der Lehrerinnen und Lehrer an Leitungsthemen und ihre Führungskompetenzen steigern sowie ihre Bereitschaft zur Übernahme von Verantwortung stärken lässt (vgl. Höhmann, 2005). Das Prinzip der Selbstverwaltung geht auf die Ansichten des Anthroposophen Rudolf Steiner zurück, der im Jahre 1919 in Stuttgart die erste der heute weltweit ca. eintausend Freien Waldorfschulen eröffnete: „Innerhalb des Staatsgefüges ist das Geistesleben zur Freiheit herangewachsen; es kann in dieser Freiheit nicht richtig leben, wenn ihm nicht die volle Selbstverwaltung gegeben wird. [...] Das Erziehungs- und Unterrichtswesen, aus dem ja doch alles geistige Leben herauswächst, muss in die Verwaltung derer gestellt werden, die erziehen und unterrichten. In diese Verwaltung soll nichts hineinreden oder hineinregieren, was im Staate oder in der Wirtschaft tätig ist. [...] Niemand gibt Vorschriften, der nicht gleichzeitig selbst im lebendigen Unterrichten und Erziehen drinnen steht" (Steiner, 1919; 1976, S. 10 f.). Steiners *republikanisch-basisdemokratischem Prinzip* der Selbstverwaltung folgen heute alle anthroposophischen Initiativen nicht nur im Bildungsbereich, sondern auch im Gesundheitswesen, in der Landwirtschaft, in der Ökonomie usw. Selbstverwaltung durch die an der Basis tätigen Akteure gilt sozusagen als die „Managementform der Mündigkeit" und als unvereinbar mit bürokratischem Zentralismus. Anders bei der direktorialen Führung liegt die gesamte Verantwortung nunmehr auf der kollegialen Zusammenarbeit.

Somit stellt sich an allen Waldorfschulen dieselbe Frage: Wie kann man in einem Lehrerkollegium, das jeder Lehrperson maximale pädagogische Autonomie zubilligt, eine effektive Leitungskultur entwickeln, die dem Grundsatz der Hierarchiefreiheit folgt und in den Kooperationsprozessen das Spannungsverhältnis zwischen individuellem Gestaltungsanspruch und gemeinschaftlichem Konsensverlangen zum Ausgleich bringt? An allen Waldorfschulen trifft sich das Lehrerkollegium wöchentlich an einem Nachmittag zur *Konferenz*, die in der Regel aus mehreren Teilen besteht: (1.) Pädagogische Konferenz: ihr gehören alle Lehrpersonen an, in ihr geht es um die ständige waldorfpädagogische Fortbildung durch gemeinsame Lektüre oder durch Schüler- und Klassenbesprechungen; (2.) Technische bzw. Verwaltungskonferenz: hier geht es um die Organisationsfragen der alltäglichen Arbeit, die alle Kolleginnen und Kollegen betreffen; (3.) Schulleitungs- bzw. interne Konferenz: sie besteht an vielen Schulen aus bis zu zehn Lehrpersonen und dem Geschäftsführer des Schulträgervereins; die Lehrkräfte sind für einen mehrjährigen Zeitraum von der gesamten Konferenz gewählt, um alle Aufgaben der Schulführung kollegial zu regeln. Die Beschlüsse der Schulleitungskonferenz sollen grundsätzlich einmütig erfolgen (vgl. Organigramm Abbildung 1).

Unsere Waldorfschule ist eingebunden in den

Bund der Freien Waldorfschulen

und in die

Arbeitsgemeinschaft der Freien Waldorfschulen in Rheinland-Pfalz und Saarland

Förderverein	finanzielle	**Waldorfschulverein**
Empfänger der Elternbeiträge Basarkreis: Ausrichtung des Basars	Förderung	Als Trägerverein die äußere Rechtsgestallt der Schule. Seine Mitglieder tragen gemeinsam die rechtliche und wirtschaftliche Verantwortung

Mitgliederversammlung

des Waldorfschulvereins, bestehend aus den Vereinsmitgliedern

wählt   den

Steuerungsgruppe Ganztagesbereich (Führung des GTB) 2 Kollegen GTB, 2 Lehrer, 1 Vorstand, Geschäftsführer, Elternrat	Information	**Kollegium** Alle Lehrer und Mitarbeiter von Schule und GTB	Information	**Vorstand** Vertritt den Verein nach außen, bestehend aus Vertretern der Eltern/Lehrer/ Fördermitglieder	Information	**Elternrat** Je 2 Vertreter jeder Klasse offen für alle Eltern bei kontinuierlicher Mitarbeit

wählt   Beratung und Unterstützung

Setzt Arbeitskreis ein

Zusammenarbeit in allen wesentlichen Fragen

		aus der Elternschaft
Klassen- konferenzen	**Schulleitungs-konferenz** (alle Aufgaben der Schulführung) 11 Lehrer Geschäftsführer	**Baukreis** (Bau –Unterhaltung) Lehrer, Eltern, Geschäftsführer, Architekt	Eltern arbeiten mit
Oberstufen- Konferenz			GTB
Fremdsprachen- konferenz	**Pädagogische Konferenz** (ständige pädagogische Fortbildung) Alle pädagogischen Mitarbeiter und der Geschäftsführung	**Finanzkreis** (Elternbeiträge usw.) Eltern und Geschäftsführer	nur Eltern arbeiten mit
Fach- konferenzen		**Veranstalt-ungskreis** (Veranstaltungs- kalender usw.) Lehrer, Eltern	Eltern arbeiten mit
Religionslehrer- konferenz	**Technische Konferenz** (Organisation der täglichen Arbeit) alle pädagogischen Mitarbeiter.	Arbeitskreise bilden sich	Eltern arbeiten mit

Öffentlichkeits
.Arbeitskreis

Diverse
Elterninitiativen

Gemeinsame pädagogische Initiativen von Eltern und Lehrern

Abbildung 1:   Organigramm der Freien Waldorfschule A

Über die Leistungen und Grenzen dieser Form der kollegialen Schulführung gibt die einschlägige waldorfpädagogische Literatur reichhaltige Hinweise. Verbreitet ist die Klage, dass in einer selbstverwalteten Schule viel zu viele Kollegen bei allem mitreden und dass es dadurch zu endlosen und inhaltlich sich wiederholenden Sitzungen mit schwelenden Konflikten und zu einer „Mehrheitsherrschaft der Inkompetenten" (Herrmannstorfer, 2001, S. 18) komme: „Zeitverschwendung, Kompetenzgerangel und schwerfällige Entscheidungsprozesse führen zu Zeitmangel, Erschöpfung, Unverbindlichkeit und Rückzug aus der Kollegiumsarbeit. Zunehmender äußerer Druck und Finanzierungsprobleme verstärken den Eindruck, mit den vorhandenen Organisationsstrukturen immer komplexeren Problemen immer weniger gewachsen zu sein, und führen zum Ruf nach ‚Führung'" (Herrmannstorfer et al., 2008, S. 5). Die „Schulführungskonferenzen [sind] so sehr mit Verwaltungsfragen oder mit der Behandlung von (häufig dort unlösbaren) Personalproblemen überfrachtet, dass schon zur Bewältigung des normalen Programms Sonderkonferenzen eingelegt werden müssen. Zu den eigentlichen Schulführungsfragen kommt man dort gar nicht mehr" (Harslem, 2001, S. 3). Die kollegiale Schulführung wird zusätzlich erschwert durch immer größer werdende Schulen und Kollegien sowie durch eine jüngere Generation von Waldorflehrern, die stärker ihre individuellen Bedürfnisse als die gemeinsamen Belange der Schule betont (vgl. ebd., S. 8 f.). Deshalb ist verbreitet die Rede von einer *Krise der Selbstverwaltung*, die eine Weichenstellung hin zu neuen Formen effektiver Führung erforderlich mache. Die Vorschläge gehen in die Richtung einer Verkleinerung der Schulführungsgremien, der Aufhebung des Einmütigkeitsgebotes und einer Delegation zentraler Aufgaben auf Zeit. „Delegation [ist] angesagt. Einzelne oder Mandatsgruppen machen sich für die Gemeinschaft auf den Lösungsweg, treffen Entscheidungen, handeln eigenverantwortlich für das Ganze. So werden die Fähigkeiten der einzelnen für die Schulgemeinschaft fruchtbar. Allerdings: was aufgrund von Delegation geschieht, darf dem Bewusstsein der Gemeinschaft nicht entschwinden. Deshalb ist Rückblick und ‚Entlastung' so wichtig" (Strawe, 2010, S. 17). Mit dem Verfahren der „*dynamischen Delegation*" erteilt die Konferenz einem Team ein Mandat zur gemeinsamen Lösung einer komplexen Selbstverwaltungsaufgabe. Die Mandatsgruppe ist dann voll verantwortlich für die Bearbeitung der ihr zugewiesenen Leitungsaufgaben; sie trifft hierzu eigenständige Entscheidungen und sorgt für deren Realisierung; von Zeit zu Zeit legt sie vor der Konferenz Rechenschaft ab und lässt sich von dieser entlasten (vgl. Herrmannstorfer, 2001). Durch Delegation gebildete Mandatsgruppen können, insbesondere wenn sie von der Konferenz auch mit Entscheidungskompetenzen ausgestattet sind, die Führung der Schule effektiver und zeitökonomischer gestalten. Sie können gleichzeitig aber auch in die Macht- und Hierarchie-Falle geraten. Nach anfänglicher Erleichterung über die effektive Realisierung der Führungsverantwortung in einer Delegation oder Mandatsgruppe kann im Kollegium schon bald der Eindruck eines Top-down-Gefälles aufkommen. „Das führt schnell in eine Isolierung der Leitungskollegen und zum Gefühl, es sei eine Hierarchie entstanden" (Di Ronco, 2010, S. 14). Bestand vordem die Gefahr endloser Debatten durch den Anspruch aller, alles mitzuentscheiden, so droht nun durch die mandatierten Teams der Rückfall in ungewollte hierarchische Strukturen und die Herausbildung vom Kollegium isolierter Machtkerne. Teamarbeit in der Leitung von Waldorfschulen erfolgt somit in einem Spannungsfeld zwischen Effektivität und Kollegialität, zwischen der Oligarchie von Experten und der herrschaftsfreien Partizipation des Kollektivs. Fraglich bleibt, ob sich die gegensätzlichen Ansprüche zugleich erfüllen lassen und unter welchen Bedingungen dies möglich ist.

4   Fallbeispiel: Die Mandatsgruppe Unterrichtsorganisation an der Waldorfschule A

Selbstverwaltungsformen, die nach dem Prinzip der dynamischen Delegation als Reaktion auf die Krise der Selbstverwaltung entstanden sind, bergen also potenziell die Strukturproblematik einer Rehierarchisierung der Leitungsfunktion in sich. Im Rahmen des von 2006 bis 2010 an der Universität Mainz durchgeführten ‚Praxisforschungsprojekts Lehrerkooperation' (vgl. Baum et al., 2007 und 2010; Idel et al., im Erscheinen)[1] konnte am Fallbeispiel der Mandatsgruppe Unterrichtsorganisation einer Waldorfschule die Kooperation in einem solchen Schulleitungsteam empirisch beobachtet und auf die spezifischen Struktur- und Entwicklungsprobleme hin analysiert werden. Im Zentrum dieses qualitativ ausgerichteten Forschungsprojekts stand ein mikroskopischer Blick auf Kooperationsprozesse von Lehrkräften in sieben Teams rheinland-pfälzischer Sekundarschulen.

Der Ansatz einer fallorientierten Praxisforschung ist, so die grundlegende Annahme des Projekts, in besonderer Weise dazu eignet, die fallspezifische kommunikative Praxis von Lehrerkooperation auf der Grundlage von In-situ-Daten zu rekonstruieren und Strukturprobleme bestimmter Kooperationsformen zu abstrahieren, um die Frage, „was genau die Qualität der Interaktion in der Kooperation mit Kolleg(inn)en auszeichne und was daran vorteilhaft sei" (Kolbe und Reh, 2008, S. 816), in ersten Annäherungen zu klären. Dem Ansatz liegt ein systemtheoretisches Verständnis von Kommunikation und Organisation zugrunde (vgl. Luhmann, 2000). Die Interaktion von Lehrkräften in Gruppen kann als

---

[1] Antragssteller und Projektleiter waren Franz Hamburger, Heiner Ullrich und Till-Sebastian Idel (Zentrum für Bildungs- und Hochschulforschung, Universität Mainz).

Keimzelle von Kooperation in der Organisation Einzelschule bezeichnet werden. Im Medium der „Kommunikation unter Anwesenden" (vgl. Kieserling 1999) verhandeln und reflektieren Lehrkräfte Problem- und Aufgabenstellungen, formulieren Ziele und treffen Entscheidungen über Folgehandlungen.[2] Lehrergruppen – seien dies Steuergruppen, Fachgemeinschaften, Klassen- oder Jahrgangsteams etc. – sind mehr oder weniger abgegrenzte Interaktionssysteme in der gefügeartigen Organisation der Einzelschule. Sie werden durch von der Organisation bereitgestellte Ressourcen und durch organisatorisch verfügte Regelungen gerahmt und erhalten so Optionen, einen gemeinsamen Handlungsraum einzurichten. Auf diese Weise werden Möglichkeiten von Lehrergruppen bzw. -teams durch die Organisation eröffnet und zugleich limitiert, ohne diese allerdings zu determinieren (vgl. Reh und Schelle, 2004). Wie die Gruppe die ihr gewährten Optionen nutzt, obliegt ihrer relativen Autonomie im präfigurierten Gestaltungsraum. Zudem eröffnen die Entscheidungen, die in den Lehrergruppen getroffen werden, wiederum Möglichkeiten für die Organisation. Organisation und Kooperationsgruppen stehen demzufolge in einem Wechselverhältnis: Sie stellen sich Gelegenheiten zur Verfügung und beschränken sich dadurch auch wechselseitig, weil mit jeder eröffneten Option andere ebenfalls mögliche ausgeschlossen werden. Wie diese wechselseitige Strukturierung und Limitierung sich konkret ausprägt, ist eine durch empirische Analyse zu beantwortende Frage.

Die Bereitschaft der Teams, sich dem „fremden Blick" der Forscher/-innen auszusetzen, entsprang wahrscheinlich der positiven Einschätzung der Erfahrungen, die sie gerade mit kollegialer Kooperation machten; insofern war das Sample des Forschungsprojekts durch in der Selbstwahrnehmung besonders kooperationsbereite und innovative Teams geprägt. Als Datenmaterial dienten Transkriptionen audiographischer Mitschnitte der Teamsitzungen und der abschließend initiierten Gruppendiskussionen. Die Auswertung der Gesprächsprotokolle erfolgt mit den rekonstruktiven Verfahren der Dokumentarischen Methode und Objektiven Hermeneutik; sequenzanalytische Rekonstruktionen wurden mit codierenden Analysen kombiniert. Nach einer ersten Auswertungsphase wurden die

---

[2] Im Unterschied zu einem handlungstheoretischen Verständnis, das Sozialität als Verkettung absichtsvoller kommunikativer Handlungsakte konzeptualisiert, geht das systemtheoretische Konzept davon aus, dass soziale Kommunikation als Erzeugungsmechanismus des Sozialen eigensinnig und kontingent prozessiert. Die intentionalen Handlungen bzw. Motive, die die an der Kommunikation teilnehmenden Akteure sich wechselseitig als für die Kommunikation ursächlich unterstellen, sind demgegenüber nur Derivate der rekursiven Kommunikation, gewissermaßen symbolische Konstruktionen der Teilnehmer/innen, die als „einheitsstiftender Modus der Beobachtung" (Reh und Schelle, 2004, S. 253) fungieren. Für die empirische Rekonstruktion von kooperativer Kommunikation in Lehrergruppen hat dies den Vorteil, den Bedeutungsgehalt der vollzogenen Sprechakte in ihrer rekursiven Verknüpfung zu untersuchen, und nicht das, was die Akteure selbst intentional im Sinne haben, meinen oder sich nachträglich als handlungsleitende Orientierungen zuschreiben.

Ergebnisse den teilnehmenden Lehrergruppen im Rahmen von Rückspiegelungen zur Reflexion ihrer Teamarbeit vorgestellt.

Die Mandatsgruppe Unterrichtsorganisation ließ uns über einen Zeitraum von ca. zwei Monaten an ihren Sitzungen teilnehmen. Den Abschluss bildete eine Gruppendiskussion mit den fünf regelmäßigen Mitgliedern: den drei Lehrpersonen aus dem Kollegium, dem Mitglied aus dem Vorstand des Trägervereins der Schule und mit dessen Geschäftsführer. Das Team tagt allwöchentlich einmal anderthalb Stunden lang montags von 8.30 bis 10.00 Uhr, also zu einem exklusiven Zeitpunkt, an dem sich nahezu alle anderen Lehrkräfte im Unterricht befinden. Im Folgenden werden die Befunde der Analyse des Kooperationsgeschehens unter drei zentralen Dimensionen *Genese, Kooperationsprozess, Selbstverständnis* zusammengestellt und im abschließenden Fazit zu einer Strukturhypothese zugespitzt.

Genese: Die Mandatsgruppe Unterrichtsorganisation wurde im Zusammenhang mit einer Neustrukturierung der Leitungsstruktur der Schule nach einer längeren Krise in der Schulführung Ende der 1990er-Jahre gegründet. In einer „Arbeitsvereinbarung" zwischen dem Vorstand des Schulträgervereins und dem Lehrerkollegium wurde die personelle Zusammensetzung vereinbart und als Mandat erteilt, „den Einsatz des pädagogischen Personals nach den Richtlinien der pädagogischen und finanziellen Vorgaben [zu ordnen und zu planen]". In dem Mandatspapier wurden die Tätigkeitsbereiche spezifiziert, die Beziehungen zu Vorstand, Gesamt- und Teilkonferenzen der Lehrpersonen bestimmt sowie die Beschlussfähigkeit und der einmütige Entscheidungsmodus geregelt. Die Mandatsgruppe soll die folgenden Aufgaben erfüllen: (1.) die Vorbereitung, Durchführung und Kontrolle der Schuljahresplanung (samt Epochenplan), (2.) die Berechnung des Lehrerbedarfs mitsamt der nötigen Fächerkombinationen, (3.) die Regelung des Einsatzes der Lehrkräfte gemäß ihrer Deputate und Ausbildungswege, (4.) die Vorbereitung des Stundenplans und der Vertretungspläne, (5.) Beratung der Schulführungskonferenz, der Stufen- und Fachkonferenzen sowie des Personalkreises, (6.) Information der Prüfungsbeauftragten und des Vorstands. Drei Jahre nach ihrer Einsetzung wurde der Mandatsgruppe von der Schulleitungskonferenz noch das Recht übertragen, (7.) die Klassen- und Kursbücher der Schule zu kontrollieren. Der Zuständigkeitsbereich der Mandatsgruppe ist also recht weit gefasst, reicht insbesondere mit dem letztgenannten Punkt bis in die Durchführung der pädagogischen Arbeit in den einzelnen Lerngruppen hinein und erscheint mit demjenigen eines stellvertretenden Direktors eines öffentlichen Gymnasiums vergleichbar. Neben der Mandatsgruppe Unterrichtsorganisation agieren im Auftrag der Schulführungskonferenz noch eine Gruppe für Personalfragen und eine für Schulentwicklung.

Kooperationsprozess: Die wochenlang beobachtete und audiographierte Kooperation im Team ist von personaler Stabilität, hoher Kontaktdichte und starker
Identifikation mit der Gruppe bestimmt. Zwei Personen sind seit elf Jahren und
zwei weitere seit acht Jahren Mitglieder der Gruppe, nur eine Lehrperson ist
erst (!) seit vier Jahren dabei. Übereinstimmend betonen sie in der Gruppendiskussion die produktive Wirkung der heterogenen Zusammensetzung der Gruppe
aus Lehrpersonen unterschiedlicher Klassenstufen, eines Elternvertreters aus
dem Trägervereinsvorstand und des Geschäftsführers. Sie erfahren sich als „Mikrokosmos der Schule" und können aus je unterschiedlichen Perspektiven und
auch mit „*so'nem nüchternen blick von außen*" unabhängiger das Geschehen in
der Schule beurteilen und gestalten. Die hohe Kontaktdichte stiftet die Erfahrung
von Verlässlichkeit und Vertrauen: „*ich kann auch dann wenn wir kollegen da
haben auch mal deutlich was ansprechen und es ist getragen was man vielleicht
in ner größeren konferenz so nicht sagen würde [...] aber was hier einfach geht
und das sind so qualitäten*". Nach innen ermöglicht das Team also das offene
Austragen von Meinungsverschiedenheiten, während es nach außen mit einem
gemeinsam geteilten Selbstverständnis seiner Aufgaben geschlossen auftritt. Es
sieht sich als Exekutivorgan der Schule („*wir setzen um*"), das in einer hierar-
chiefreien Schule mit klar begrenzten Verantwortlichkeiten „*für die organisation
zuständig*" ist und entscheidet. Die Mitglieder halten die von ihnen engagiert
wahrgenommenen Aufgaben für sehr komplex und anspruchsvoll, so dass „*viel
quer gedacht werden muss*". Zur Bewältigung der Arbeitsfülle „*haben [sie]
auch schon in den ferien hier gesessen*". Jede Sitzung wird übrigens von ihnen
in regelmäßiger personeller Rotation protokolliert. Selbstbewusst, ja fast schon
elitär spricht der Geschäftsführer über die Unterrichtsorganisation als eine „*par-
excellence-aufgabe*", die nicht von jeder Lehrperson erfüllt werden kann.

Im Laufe der Jahre ist der Umfang der Beanspruchung der Mandatsgruppe
über den ursprünglich vereinbarten Rahmen hinaus angewachsen; ihre Funkti-
onsautorität hat durch weitere Leitungsaufgaben noch zugenommen. So bemerkt
der Geschäftsführer: „*was für mich wirklich neu ist dass wir bewusst als klärungsinstanz angesprochen werden und ist für mich eine qualitative verbesse-
rung*". Obwohl die Mandatsgruppe auf eine klare Trennung der organisatorischen von den pädagogischen Fragen achtet, wird sie als zentrales Gremium
wahrgenommen, an das man sich mit vielerlei Wünschen und Bedenken wenden
kann. Die Lehrerkollegen und der Vorstand des Trägervereins haben im Laufe
der Zeit bemerkt, welche enorme Tragweite die Entscheidungen der Mandatsgruppe Unterrichtsorganisation haben: „*das muss man einfach sehen achtzig
prozent der aufwendungen der schule werden im grunde genommen hier entschieden*". Zwar ist das Team ursprünglich von der Schulführungskonferenz nur
als Delegation mit einem eng begrenzten Aufgabenspektrum eingesetzt worden

ist und achtet deshalb darauf, dass seine Entscheidungen von der Schulführung *„gedeckt werden"*; aber es wird mittlerweile in der Schule *„gesehen als ein gremium, das für das ganze arbeitet"*.

Selbstverständnis: Die Mitglieder der Mandatsgruppe sind sich durchaus noch dessen bewusst, dass sie anfangs nur eine vom Kollegium gewählte „Initiativzusammensetzung" waren, die sich aber im Laufe eines Jahrzehnts bewährt und stabilisiert hat. Einen Grund für diese Erfolgsgeschichte sehen sie in der Form ihrer personalen Zusammensetzung aus mehreren Lehrkräften unterschiedlicher Schulstufen und je einem Vertreter der Eltern (Schulvorstand) und des Schulvereins (Geschäftsführer). Als „Mikrokosmos" repräsentieren sie die Gesamtheit der an der Schule wirkenden pädagogischen Akteure. Eine weitere Gelingensbedingung der Arbeit liegt für sie in der starken Identifikation mit der Aufgabe der Unterrichtsorganisation und in dem daraus entstandenen „Wir-Modus" (vgl. Tuomela, 2000) der Kooperation, der das Gemeinschaftsgefühl als Organisationselite und das geschlossene Auftreten nach außen begründet. Im Rückblick beschreibt der Geschäftsführer als die bedeutendste Leistung des Teams für die Schule: *„da ham wir unheimlich viel substanz reingebracht und fundament und ordnung und gehalten und [...] probleme deutlich angesprochen und bis zu einer lösung durchgetragen"*. Die Mandatsgruppe hat demnach durch ihre kontinuierliche organisatorische Arbeit nicht unerheblich dazu beigetragen, die Schule aus der Krise der kollegialen Selbstverwaltung herauszuführen und die Schulleitungskonferenz zu stabilisieren. Sie ist *„der fels in der brandung"*. Ursprünglich nur als eine Art Ausschuss mit exekutiver Funktion eingesetzt, nimmt sie inzwischen eine zentrale Position in der Leitung der Schule ein. Mikropolitisch gesehen stellt sie vermutlich einen der Machtkerne dieser Schulkultur dar. Erstaunlich bleibt angesichts dessen der Sachverhalt, dass diese faktische Leitungsinstanz im Organigramm dieser Waldorfschule (vgl. Abbildung 1) überhaupt nicht in Erscheinung tritt.

5   Fazit: Strukturen und Probleme kooperativer Teams in der Schulleitung

Die Kooperation in der Mandatsgruppe scheint von hoher Kontaktdichte, einer fürsorglichen Vertrauensbasis, starker Identifikation mit der Gruppe und effektiven Prozeduren der Problemlösung bestimmt. Das Team erfüllt in seiner langjährigen Tätigkeit weitgehend die vier Qualitätsdimensionen, die sich in unseren Analysen zu schulischen Steuergruppen als produktiv erwiesen haben (vgl. Baum et al., 2010): Bedeutung des Anfangs, Sicherung der Kontinuität, Begren-

zung des thematischen, sozialen und mikropolitischen Feldes, Modus der Kooperation. Das Team fühlt sich immer noch seinem ursprünglich vom Kollegium
vertraglich gegebenen Mandat verpflichtet, die Unterrichtsorganisation der
Schule durch einmütige Entscheidungen zu stabilisieren. Eine weitere Bedingung
für die effektive Arbeit dieser Gruppe liegt in der langjährigen Konstanz in der
Mitgliedschaft und in ihrer Bereitschaft, sich vom Kollegium wiederwählen zu
lassen. Die Mitglieder betonen fast rituell die inhaltliche und soziale Konzentration ihrer Befugnisse auf die Regelung der organisatorischen Fragen der Schule
und grenzen sich wiederholt gegen „das Pädagogische" ab, obwohl sich hier
vermutlich kaum klare Trennungslinien ziehen lassen. In der Gruppendiskussion
kommt verschiedentlich zum Ausdruck, dass die Arbeit nicht nur als effektive
Ko-Aktion inhaltlich engagierter Individuen, sondern auch als Kooperation im
Wir-Modus erfahren werden kann. Die Mandatsgruppe wird von einigen Akteuren auch als ein sozialer Raum dargestellt, in dem sie emotional die Einwurze-
lung und Einbindung in eine Gemeinschaft mit hoher gegenseitiger Anerkennung
an der Schule erleben. Allerdings ist die Kooperation in diesem Team auch von
riskanten Momenten bestimmt, die sich im Selbstverständnis als „Organisationselite der Schule" manifestieren. Nicht nur durch die zeitliche Exklusivität der
Treffen zu Beginn des Unterrichtsalltags, auch durch das Verständnis der eigenen Arbeit als „Par-Excellence-Aufgabe" transzendiert die Mandatsgruppe die
ihr ursprünglich gezogenen Grenzen. In der Selbsteinschätzung als „Fels in der
Brandung" kommt geradezu Sendungsbewusstsein zum Ausdruck: Die Gruppe
gibt der Schule endlich wieder eine klare und funktionsfähige Struktur und erlöst
sie aus der lähmenden Führungskrise.

Die hier nur summarisch und knapp skizzierte Analyse des Falls führt zu
einer komplexen Strukturhypothese über die Kooperation des Teams und über
seine Funktion in der kollegialen Leitung dieser Waldorfschule: Mit Bezug auf
das Strukturproblem der partiell zurückgenommen basisdemokratischen Führung
und der damit einhergehenden Anfälligkeit für Formen der Rehierarchisierung,
die mit dem Selbstverständnis und den Prinzipien der Organisation (kollegiale
Selbstverwaltung) relativ schwer in Einklang zu bringen sind, lässt sich an dieser
Mandatsgruppe die Tendenz einer verselbstständigten Organisationsautorität
beobachten. Diese entsteht zunächst offiziell qua institutioneller Delegation und
dann durch die Eigendynamik der historischen Entwicklung der Gruppe, insbesondere durch deren Beständigkeit hinsichtlich der personellen Struktur und die
sukzessive Ausweitung ihres Verantwortungsbereichs. Die Machtfülle stellt vor
diesem Hintergrund ein Problem dar, dem zugleich aber auch der Gewinn für die
Organisation gegenübersteht, nämlich die Funktionalität, Effektivität und Effizienz der Mandatsgruppe. Zudem zehrt die Gruppe von und legitimiert sich gewissermaßen über ihr in der Anstaltsgeschichte tradiertes Image als Löserin der

institutionellen Krise, aus der sie hervorgegangen ist. Die Strukturproblematik lässt sich also mit den Begriffen „delegierte Organisationsautorität" und „heimlich wachsender informeller Machtkern" der Schule umschreiben. In sich widersprüchlich erscheint für den außerschulischen Beobachter der Sachverhalt, dass diese faktisch bedeutsame Steuergruppe der Schule in derem offiziellen Organigramm keine Erwähnung findet, obgleich sie für die Organisation zentrale Relevanz bzw. trotz ihrer Leitungsvollmacht keinen klar bestimmten Ort in der kollegialen Selbstverwaltung besitzt. Formell ist das Team von der Schulführungskonferenz mit einem inhaltlich und zeitlich begrenzten Mandat eingerichtet worden und muss sich für seine Entscheidungen streng genommen ab und zu vom Kollegium entlasten lassen. Faktisch stellt es die Organisationsautorität an der Schule, die durch ihre Entscheidungen und strukturellen Vorgaben den gesteigerten Lehrerindividualismus des Waldorfkollegiums in die Schranken weist. Denn mit der Regelung der Unterrichtsorganisation übt die Mandatsgruppe indirekt auch einen beträchtlichen Einfluss auf die Realisierungsmöglichkeiten des pädagogischen Programms der Schule aus. Der spannungsvolle innere Gegensatz zwischen formaler Delegierung und faktischer Macht kommt auch im Selbstverständnis des Teams zum Ausdruck. Man ist davon überzeugt, dass „wir [an unserer schule, d. V.] ja grad eben keine hierarchien ham", erfährt sich selbst aber zunehmend als „Klärungsinstanz" für die Probleme der Kolleginnen und Kollegen – mithin als ein Führungskader der Schule.

Es scheint so, als führe die hohe Effektivität ihrer Kooperation und die wachsende Autorität innerhalb der Schulkultur diese Mandatsgruppe in ein Spannungsverhältnis zum egalitären Anspruch der kollegialen Selbstverwaltung an Waldorfschulen. Die „Macht- und Hierarchie-Falle" schnappt nur dann nicht zu, wenn das Mandat regelmäßig neu verhandelt und das Team durch Rotation personell erneuert wird. Unsere Rekonstruktionen zur Kooperation in dieser Mandatsgruppe und zu ihrer Funktion in der Waldorfschule A können auch einen Beitrag für die Diskussion über Schulleitungsfragen im öffentlichen Schulwesen liefern, denn sie zeigen, inwieweit eine Streuung von Führungsverantwortung gelingen kann, aber auch wie prekär diese ist. Welche Dynamiken in Lehrerkollegien damit verbunden sind, wäre in Folgestudien genauer zu erheben. Insbesondere wäre dabei zu untersuchen, ob und inwieweit flache Hierarchien die Komplexität der Organisation noch steigern und das Leitungshandeln noch weniger transparent erscheinen lassen.

Literatur

Baum, E., Bondorf, N., Hamburger, F. (2007): „und da wir ja gerne effektiv arbeiten" – über Strukturprobleme schulischer Selbststeuerung. In: Graßhoff, G. et al. (Hrsg.): Reformpädagogik trifft Erziehungswissenschaft. Mainz, S. 297–308.

Baum, E., Bondorf, N., Ullrich, H. (2010): Kooperation in Steuergruppen – Wanderungen auf einem schmalen Grat. Zwei Fallstudien über Chancen und Grenzen der Lehrerkooperation. In: Die Deutsche Schule 102, 2, S. 139–150.

Baumert, J., Leschinsky, A. (1986): Berufliches Selbstverständnis und Einflussmöglichkeiten von Schulleitern. Ergebnisse einer Schulleiterbefragung. In: Zeitschrift für Pädagogik 32, 2, S. 247–266.

Bildungskommission NRW (1995): Zukunft der Bildung – Schule der Zukunft. Neuwied u. a.

Bonsen, M. (2006): Wirksame Schulleitung. Forschungsergebnisse. In: Buchen, H., Rolff, H.-G. (Hrsg.): Professionswissen Schulleitung. Weinheim/Basel, S. 193–228.

Di Ronco, R. (2010): Wie führt sich eine selbstverwaltete Schule? In: Erziehungskunst 74, 1, S. 12–15.

Fiege, H. (1970): Geschichte der hamburgischen Volksschule. Bad Heilbrunn/Hamburg.

Fuchs, E., Krampen, I. (Hrsg.) (1992): Selbstverwaltung macht Schule. Fallstudien zur Freiheit im Bildungswesen. Frankfurt/M.

Harslem, M. (2001): Die Konferenz als Spiegel der Schule? Was wird in Konferenzen sichtbar? In: Schiller, H. (Hrsg.): Innere Aspekte der Konferenzgestaltung. Stuttgart.

Herrmannstorfer, U. (2001): Delegation und kollegiale Führung. Am Beispiel der Selbstverwaltung der Waldorfschule. In: Sozialimpulse 12, 3, Rundbrief Dreigliederung des sozialen Organismus.

Herrmannstorfer, U., Ross, M., Strawe, Ch. (2008): Hat die Selbstverwaltung eine Zukunft? In: Sozialimpulse 19, 3, Rundbrief Dreigliederung des sozialen Organismus.

Höhmann, K. (2005): Kollegiale Schulleitung. Ihre Bedeutung im Schulalltag am Beispiel der Laborschule Bielefeld. In: Die Deutsche Schule 97, 2, S. 174–185.

Huber, St. G. (2009): Schulleitung. In: Blömeke, S. et al. (Hrsg.): Handbuch Schule. Theorie – Organisation – Entwicklung. Bad Heilbrunn, S. 502–511.

Idel, T.-S., Baum, Elisabeth, Bondorf, Nadine (im Erscheinen): Wie Lehrkräfte kollegiale Kooperation gestalten. Potenziale einer fallorientierten Prozessforschung in Lehrergruppen, in: Huber, S. G., Ahlgrimm, F. (Hrsg.): Kooperation in der Schule. Münster.

Kieserling, A. (1999): Kommunikation unter Anwesenden. Studien über Interaktionssysteme. Frankfurt/M.

Kolbe, F.-U., Reh, S. (2008): Kooperation unter Pädagogen. In: Otto, H.-U., Coelen, Th. (Hrsg.): Grundbegriffe der Ganztagsbildung. Das Handbuch. Wiesbaden.

Leschinsky, A. (1986): Lehrerindividualismus und Schulverfassung. In: Zeitschrift für Pädagogik 32, 2, S. 225–246.

Luhmann, N. (2000): Organisation und Entscheidung, Opladen/Wiesbaden.

Nevermann, K. (1995): Selbstverwaltung. In: Baethge, M., Nevermann, K. (Hrsg.): Organisation, Recht und Ökonomie des Bildungswesens. Stuttgart/Dresden, S. 598–602.

Reh, S., Schelle, C. (2004): Fallorientierte Schulentwicklungsforschung – Was Schulen dabei über sich erfahren können. In: Ackermann, H., Rahm, S. (Hrsg.): Kooperative Schulentwicklung. Wiesbaden, S. 249–267.

Rothland, M. (2005): Belastung oder Unterstützung? Die Bedeutung des Kollegiums im Berufsalltag von Lehrerinnen und Lehrern. In: Die Deutsche Schule 97, 2, S. 159–173.

Schmitt, H. (1992): Selbstverwaltung und dezentrale Gestaltungsmöglichkeiten der einzelnen Schule. Historische Bezüge und aktuelle Erwartungen. In: Die Deutsche Schule 84, 1, S. 81–93.

Steiner, Rudolf (1919; 1976): Die Kernpunkte der sozialen Frage in den Lebensnotwendigkeiten der Gegenwart und Zukunft. Dornach.

Strawe, Ch. (2010): Schulführung durch Selbstverwaltung. In: Erziehungskunst 74, 1, S. 16–18.

Tuomela, R. (2000): Cooperation: A Philosophical Study. Dordrecht u. a.

Wie kommt Kooperation in die Schule? Zum Spannungsverhältnis zwischen Interventionsidee und schulpraktischer Umsetzung

Silke Werner

1 Kooperation von Lehrpersonen als Schlüsselinstrument einer nachhaltigen Unterrichtsentwicklung

Viele Studien zeigen Notwendigkeiten zur Unterrichtsentwicklung auf, indem beispielsweise auf die Bedeutung bestimmter Lernkompetenzen für Schüler/-innen (z. B. zur Bedeutung der Fähigkeit selbstregulierten Lernens: vgl. u. a. Baumert et al., 2000; Mandl und Friedrich, 2006) sowie deren defizitäre Ausprägung (z. B. zur defizitären Ausprägung der Fähigkeit selbstregulierten Lernens: vgl. u. a. Artelt et al., 2003; Artelt, Baumert, Julius-McElvany und Peschar, 2003) hingewiesen wird. Ergänzend dazu widmen sich viele Studien der Erforschung didaktischer Mittel der Vermittlung entsprechender Kompetenzen (z. B. didaktische Mittel zur Förderung selbstregulierten Lernens: vgl. u. a. Artelt, Baumert und Julius-McElvany, 2003; Gürtler, 2003). Aus all diesen Studien geht zumeist jedoch nicht hervor, wie die notwendigen Veränderungen des Unterrichtes gezielt in Schulen implementiert werden können. Mit der Bewältigung dieser Herausforderung sind Bildungspolitik und Schulforschung gleichermaßen konfrontiert, auch jenseits der Entdeckung der „Einzelschule als pädagogischer Handlungseinheit" für Schulentwicklung (Fend, 1986). Dabei stellt sich zunächst die Frage, welche Innovationswege von der Bildungspolitik sowie der Schulforschung beschritten werden.

Bildungspolitisch initiierte Maßnahmen zur Veränderung von Schule und Unterricht folgen überwiegend einer Top-Down-Logik, indem beispielsweise gesetzliche Regelungen oder Reformmaßnahmen erlassen werden, die dann in den Schulen umzusetzen sind. Da die Schulen dann wiederum mit der Frage des „Wie?" der Umsetzung der verordneten Neuerungen weitestgehend auf sich allein gestellt sind, werden teilweise einzelne unterstützende Weiterbildungsangebote für Schulleiter/-innen oder Lehrer/-innen in der Logik eines On-Demand-Modells offeriert. Die Schwierigkeit dieser Interventionspraxis besteht letztlich insbesondere darin, dass Schulen als selbstreferenzielle Systeme agieren bzw. entscheiden und nicht unmittelbar über Verordnungen beeinflusst werden können. In der

Folge unterliegen die Interventionen einer Eigendynamik im Rahmen der konkreten Umsetzung in die Praxis (vgl. u. a. Brunsson und Olsen, 1993).

In der *Schulforschung* werden demgegenüber vor allem auf freiwilliger
Teilnahme basierende Interventionsstudien durchgeführt. Dabei werden von
Seiten der Forschung zunächst Defizite bzw. Schieflagen in der Schulpraxis
aufgezeigt, Lösungen zu deren Bewältigung postuliert, und es wird im Rahmen
gezielter Impulse (z. B. fachdidaktische Weiterbildungsangebote) der Versuch
unternommen, Schulen bei der Implementierung zielgerichteter Unterrichtsinno-
vationen zu unterstützen. Angesetzt wird dabei vor allem auf der Ebene der zentralen Handlungsakteure von Unterrichtsentwicklung, den Lehrpersonen und
deren Professionalisierung. In der Regel nehmen die Lehrpersonen, die sich an
einer solchen Studie beteiligen, verbindlich an einer oder mehreren kurzfristigen
Fortbildung/en teil. In diesem Interventionssetting wird aufgrund der Freiwilligkeit der Teilnahme zumeist davon ausgegangen, dass eine Übereinstimmung des
von Seiten der Forschung definierten Problemkontextes und dem Praxiskontext
der Lehrpersonen besteht, so dass entsprechende Maßnahmen zu den anvisierten
Veränderungsprozessen führen.

Die tatsächliche Nachhaltigkeitswirkung einzelner oder weniger Weiterbildungsmaßnahmen wird jedoch eher kritisch diskutiert, da deren Intensität
oftmals nicht ausreicht, um Handlungsroutinen und -kompetenzen von Lehrpersonen so zu erweitern und subjektive Theorien von Unterricht so zu verändern,
dass sich Wirkungen in intendierter Form bzw. in intendiertem Umfang im Unterricht widerspiegeln (Gräsel et al., 2006; Schnebel, 2005).

Um diese Defizite zu kompensieren und eine nachhaltige Professionalisierung und Unterrichtsentwicklung zu erreichen, wird in neueren Interventions-
konzepten der Schulforschung bzw. im Rahmen der Umsetzung von unterrichtsbezogenen Reformmaßnahmen zusätzlich die kooperative Zusammenarbeit
zwischen Lehrpersonen im Rahmen *Professioneller Lerngemeinschaften* angeregt bzw. verordnet. Die Arbeit einer Professionellen Lerngemeinschaft ist durch
die Merkmale „reflektierter Dialog, De-Privatisierung der Unterrichtspraxis, gemeinsamer Fokus auf Lernen statt Lehren, gemeinsame handlungsleitende Ziele
und Zusammenarbeit" charakterisiert (vgl. Bonsen und Rolff, 2006) und zielt
darauf, „die Qualität des eigenen Arbeitens durch Anregungen und Reflexion zu
verbessern und die eigenen Kompetenzen weiterzuentwickeln" (Gräsel et al., 2006,
S. 211). Problematisch erscheint in diesem Zusammenhang der Befund, dass eine
kooperative Praxis an Schulen bisher meist nur begrenzt realisiert ist (u. a. Holtappels, 1999; Steinert et al., 2006). Folglich kann angenommen werden, dass die
Anregung zur Kooperation eine zusätzliche Implementationsherausforderung
darstellt, die in Form von Diskrepanzen zwischen bildungspolitisch oder for-

schungslogisch intendierten Visionen von Kooperation und den Realitäten der Schulpraxis bei der Umsetzung zum Ausdruck kommt. Den Fragen, ob ein solches Spannungsverhältnis zwischen der Intention der Intervention und der praktischen Umsetzung in den Schulen tatsächlich vorliegt und wie Schulen mit dem postulierten Spannungsverhältnis zwischen der Logik der Intervention und der Logik der Umsetzung in den Schulen umgehen, soll innerhalb dieses Artikels exemplarisch anhand von zwei Forschungsprojekten nachgegangen werden, die jeweils für eine der eingangs vorgestellten Interventionslogiken stehen.

2 Das Projekt „Selbstreflexives Lernen im schulischen Kontext"

Ein Projektbeispiel für die Logik forschungsbasierter Interventionsprojekte, die auf freiwilliger Basis Schulen für die Projektmitarbeit gewinnen, soll durch das Projekt „Selbstreflexives Lernen im schulischen Kontext"[1] repräsentiert werden. Bei dem Projekt handelt es sich um eine Interventionsstudie, die, finanziert durch die Baden-Württemberg-Stiftung, von 2007 bis 2009 an der Pädagogischen Hochschule Freiburg durchgeführt wurde.

Die Ziele des Projektes bestanden darin zu untersuchen, inwiefern unterrichtszentrierte Kooperationsprozesse zwischen Mathematiklehrpersonen der 7. und 8. Klasse an Realschulen in Baden-Württemberg einen Einfluss auf die Gestaltung eines selbstaktivierenden und selbstreflexiven Mathematikunterrichtes nehmen und inwiefern eine solche Unterrichtsgestaltung einen Einfluss auf das selbstregulierte Lernen der Schüler/-innen hat (Ehlert et al., 2009).

Um die intendierten Effekte unterrichtszentrierter Kooperation untersuchen zu können, wurden verschiedene Interventionen durchgeführt. Kernelement der Interventionen bildeten zwei Fortbildungsveranstaltungen mit theoretischen und praktischen Impulsen (a) zur Professionalisierung durch Lehrerkooperation im Sinne einer Professionellen Lerngemeinschaft (vgl. Bonsen und Rolff, 2006) sowie (b) zur fachspezifischen Realisierung eines selbstaktivierenden Mathematikunterrichtes. Die praktische Umsetzung der Impulse erfolgte während eines Schuljahres in Kooperationsteams, welche sich pro Schule aus zwei bis vier Mathematiklehrpersonen zusammensetzten (Ehlert et al., 2009).

Das Forschungsdesign war als Quasi-Experiment im Kontrollgruppendesign angelegt. Folglich wurden an den 13 Projektschulen jeweils eine Gruppe von Lehrpersonen (Experimentalgruppe: N = 35) und deren Schüler/-innen einer 7. oder 8. Mathematikklasse eingerichtet, die an den Interventionen teilnahm, und eine

---

[1] Das Forscherteam bestand aus folgenden Personen: Prof. Dr. Katharina Maag Merki, Prof. Dr. Hans-Georg Kotthoff, Prof. Dr. Alfred Holzbrecher, Dr. Antje Ehlert, Silke Werner.

Gruppe von Lehrpersonen (Kontrollgruppe: N = 28) und deren Schüler/-innen einer 7. oder 8. Mathematikklasse, die sich an diesen nicht beteiligte. Die Zuweisung der Lehrpersonen zu der jeweiligen Gruppe erfolgte auf der Basis empirischer Daten und individueller Interessen der Lehrpersonen (Maag Merki et al., 2009). Als Erhebungsinstrumente kamen primär standardisierte Fragebögen zum Einsatz, welche die Lehrpersonen und Schüler/-innen beider Gruppen vor Beginn und nach Abschluss der Interventionen ausfüllten. Um die Nachhaltigkeit der Interventionen zu erfassen, wurden im Rahmen eines von der Baden-Württemberg-Stiftung geförderten Anschlussprojektes alle Projektlehrpersonen im Jahr 2010, d. h. zwei Jahre nach Interventionsende, nochmals per Fragebogen zu ihrer Kooperationspraxis befragt und darüber hinaus Gruppeninterviews mit sechs Teams der Experimentalgruppe zur Umsetzung der Kooperation während und nach der Projektzeit durchgeführt (Kotthoff und Werner, 2011).

Die Untersuchungsergebnisse legen offen, dass es im Interventionszeitraum gelungen ist, die Intensität unterrichtszentrierter Kooperation durch die Interventionen zu erhöhen. Allerdings kann die durchschnittliche Intensitätssteigerung von „ca. 1- bis 2-mal halbjährlich" auf „ca. 1-mal monatlich" vor dem Hintergrund der Projektintention nicht als hoch bewertet werden. Dennoch meldeten die Lehrpersonen der Experimentalgruppe mehrheitlich positive Wirkungen der Zusammenarbeit in Bezug auf ihren Unterricht und das Lernen ihrer Schüler/ -innen zurück, weniger jedoch hinsichtlich des Umganges mit belastenden Situationen im Lehrerberuf. Diesbezüglich konnte aber gezeigt werden, dass eine intensive Kooperation in einem positiven Zusammenhang mit der Wahrnehmung eines Kooperationsertrages steht. Als problematischer Faktor der Umsetzung unterrichtszentrierter Kooperation wurden von den Lehrpersonen sehr deutlich Zeitkonflikte (z. B. Terminfindung, Zeitaufwand) benannt (vgl. Maag Merki et al., 2009).

Die Untersuchung der Kooperationspraxis zwei Jahre nach dem Interventionsende, an der sich 60 % (N = 38) aller Projektlehrpersonen beteiligten, ergab, dass 58 % der antwortenden Projektpersonen auch zu diesem Zeitpunkt in kooperative Aktivitäten zum Mathematikunterricht eingebunden und hierunter tendenziell mehr Personen der ehemaligen Experimentalgruppe als Lehrpersonen der Kontrollgruppe waren. Ein Zusammenhang zwischen der Kooperation im Schuljahr 2009/2010 und der Teilnahme am Projekt „Selbstreflexives Lernen im schulischen Kontext" herzustellen, gelang allerdings lediglich für die Kooperation von fünf Projektlehrpersonen. Das selbstregulierte Lernen, welches durch die Projektteilnahme angeregt werden sollte, spielte in allen Kooperationen nur eine untergeordnete Rolle, so dass zwei Jahre nach den Interventionen allenfalls sehr eingeschränkt von einer nachhaltigen Kooperationsanregung zu diesem Thema durch das Projekt gesprochen werden kann (vgl. Kotthoff und Werner, 2011).

3 Das Projekt „Professionelle Zusammenarbeit in Schulen im Kanton Zürich"

Die Studie „Professionelle Zusammenarbeit in Schulen im Kanton Zürich"[2] soll exemplarisch für bildungspolitisch initiierte Neuerungen in der Schule vorgestellt werden. Bei dem Projekt handelt es sich um eine Auftragsstudie der Bildungsdirektion des Kantons Zürich, die von 2009 bis 2010 in Zusammenarbeit zwischen der Universität Zürich und der Pädagogischen Hochschule Zürich durchgeführt wurde.

Das Ziel der Untersuchung bestand darin, eine Bestandsaufnahme der kooperativen Praxis an den Schulen im Kanton Zürich vorzunehmen. Hintergrund der Untersuchung bildeten gesetzliche Regelungen und verschiedene schulische Reformmaßnahmen, die eine kooperative Zusammenarbeit an Zürcher Schulen nahezu unausweichlich machen. Vor allem aber wurde mit der Einführung der integrativen Förderung von Kindern mit besonderen Bedürfnissen die Zusammensetzung der Schülerschaft und damit zugleich die Rahmenbedingungen hinsichtlich notwendiger professioneller Handlungskompetenzen auf Seiten der Lehrerschaft verändert und folglich eine interdisziplinäre Zusammenarbeit von schulischen Heilpädagog/-innen und Regellehrpersonen als eine neue Form der Kooperation von Lehrpersonen erforderlich (vgl. VSA, 2007).

Zur Bearbeitung der Forschungsfrage erfolgte eine schriftliche Fragebogenbefragung von 286 Lehrpersonen, Schulleitungen und pädagogisch-therapeutischen Fachpersonen in 25 Schulen im Kanton Zürich zu verschiedenen Aspekten ihrer Kooperationspraxis. Darüber hinaus wurden Fokusgruppengespräche mit Vertreter/-innen von vier ausgewählten Schulen geführt (vgl. Maag Merki et al., 2010).

Die Untersuchung zeigt, dass an Zürcher Schulen eine umfangreiche kooperative Praxis besteht. Kooperationen zu kind- und unterrichtsbezogenen Themen (z. B. Unterrichtsentwicklung, Integrative Förderung einzelner Schüler/-innen) finden dabei häufiger statt als zu Themen, die die Schule als Organisation betreffen (z. B. zum Schulprofil). Darüber hinaus wird die Kooperation zu diesen Themen als effektiv für die Unterrichtsentwicklung und die Weiterentwicklung der eigenen fachlich-pädagogischen Kompetenzen erlebt, geht aber auch mit einer Belastungssteigerung einher. Dieser negative Effekt kann zum Teil jedoch durch die wahrgenommenen positiven Effekte der Zusammenarbeit nivelliert werden. Problematisch erscheint in diesem Kontext die Gruppe der Klassenlehrpersonen. Diese artikulieren eine geringere Wirksamkeit bei einer gleichzeitig

[2] Das Forscherteam bestand aus folgenden Personen: Prof. Dr. Katharina Maag Merki, Prof. Dr. Reto Luder, Dr. André Kunz, Silke Werner.

stärkeren Belastungsentwicklung (vgl. Maag Merki et al., 2010; Werner et al., 2010).

Schulische Kooperationen sind aus der Perspektive der Befragten voraussetzungsreich. Als herausragende Gelingensbedingung werden ausreichende institutionelle Rahmenbedingungen wie zeitliche, personelle und räumliche Ressourcen oder begünstigende Schulstrukturen (z. B. Größe des Kollegiums) genannt, die aktuell jedoch eher als defizitär eingestuft werden (vgl. Maag Merki et al., 2010; Werner et al., 2010).

4   Das Spannungsverhältnis zwischen Interventionsidee und schulpraktischer Umsetzung: zwei empirische Beispiele

Eine Verknüpfung der ausgewählten Ergebnisse beider Studien macht deutlich, dass in beiden Interventionssettings Diskrepanzen zwischen der Idee der Intervention und deren Umsetzung in die Praxis bestehen. Jeweils wurden zeitliche Ressourcen aus der Perspektive der Lehrpersonen als ein entscheidender Faktor für eine erfolgreiche Umsetzung von Kooperation artikuliert, der ihnen jedoch während der Umsetzung nicht in ausreichendem Maße zur Verfügung standen. Vor diesem Hintergrund überrascht es, dass im Falle des Projektes „Selbstreflexives Lernen im schulischen Kontext" nur eine erwartungswidrig geringe Kooperationsintensität erreicht werden konnte, und zwar deshalb, weil dieses Projekt auf der Grundlage einer freiwilligen Projektteilnahme operierte und folglich davon ausgegangen wurde, dass die teilnehmenden Lehrpersonen an der Umsetzung der Interventionsidee eher interessiert waren als Lehrpersonen, denen Innovationen verordnet werden. Hingegen konnte im Fall des Projektes „Professionelle Zusammenarbeit in Schulen im Kanton Zürich", bei dem die Lehrpersonen einem gewissen Druck zur Kooperation ausgesetzt waren, trotz fehlender Ressourcen eine umfangreiche Kooperationspraxis festgestellt werden.

Daran schließt sich die Frage nach der Logik der Umsetzung von Interventionsmaßnahmen in Schulen an. Das heißt konkret: Welche Orientierungen leiten Lehrpersonen bei der Umsetzung kooperativen Handelns vor dem Hintergrund der unterschiedlichen Interventionskontexte? Hierfür werden nachfolgend exemplarisch Sequenzen aus Gruppeninterviews mit Lehrpersonen der beiden zuvor vorgestellten Projekte analysiert. Dabei ist darauf hinzuweisen, dass bisher keine systematische Analyse des gesamten Datenmaterials der Projekte in Bezug auf die zuvor formulierte Fragestellung durchgeführt wurde und die nachfolgenden reflektierenden Analysen dazu herangezogen werden sollen, einen dahingehenden systematischen Analysebedarf zu untermauern.

4.1   Empirisches Beispiel zum Projekt „Selbstreflexives Lernen im schulischen Kontext"

Die beiden folgenden Gesprächssequenzen sind einem Gruppeninterview mit einem Kooperationsteam des Projektes „Selbstreflexives Lernen im schulischen Kontext" entnommen. Dieses wurde zwei Jahre nach dem Ende der Interventionen durchgeführt. Das Kooperationsteam besteht aus zwei männlichen Personen, die zum Beginn des Projektes auf eine maximal fünfjährige Berufspraxis zurückblickten.

Eine Besonderheit, die dieses Team im ersten Projekthalbjahr auszeichnete, war der Umstand, dass ihnen eine gemeinsame Freistunde pro Woche zur Verfügung stand, die sie für die Projektkooperation nutzten. Im zweiten Projektschulhalbjahr entfiel diese gemeinsame Freistunde, so dass bei diesem Team ein Fall vorliegt, bei dem sowohl auf Erfahrungen mit positiven als auch negativen strukturellen Kooperationsbedingungen zurückgeblickt werden kann. Gegenstand beider Beispielsequenzen ist die Begründung des „Scheiterns" der Projektkooperation. Es sprechen beide Lehrpersonen des Kooperationsteams (LH und LK) und ein Interviewer (I).

LH:(…) und das war bei dir letztes Jahr so (.) dass
LK: ja
LH:er eine Abschlussklasse hatte (.) dieses Jahr hatte ich eine Abschlussklasse und (.) damit auch immer viel irgendwie – also zumindest für mich war es sehr viel Neues (1) war bei dir auch die erste Abschlussklasse
LK: ja ja war auch die Erste
LH:genau (--) also man merkt das Projekt Mathematik ist dann doch so untergeordnet (1) ja hm dass es (--) nicht den Rahmen kriegt den es
LK: mhm
LH: den es haben (1) könnte
M: mhm
LK:das war dann im Prinzip auch in diesen Stunden die wir hatten (.) also diese eine (---) Stunde hatten wir uns halt immer getroffen (--) ähm (--) auch oftmals sind wir dann vom Thema weggekommen (--) weil eben andere Dinge grade irgendwie
LH   hm mhm
LK:präsenter oder wichtiger für uns waren

In der ersten Sequenz begründet LH die nicht mehr weitergeführte Kooperation nach dem Projekt damit, dass seine Partnerlehrperson LK im Schuljahr nach dem Projekt ebenso wie er im zweiten Schuljahr nach dem Projekt erstmalig eine

Abschlussklasse unterrichtete. Diesbezüglich wird entsprechend ein gemeinsamer Erfahrungshorizont zwischen den Lehrpersonen angesprochen, der zumindest für LH als eine Herausforderung artikuliert wird, die „sehr viel Neues" mit sich bringt und in einer berufsbezogenen Prioritätensetzung resultiert, derer sich die Ziele des Projektes unterordnen („das Projekt Mathematik ist dann doch so untergeordnet"). Diese Begründung wird von LK bestätigt und dadurch ergänzt, dass sie bereits im Projektzeitraum, als noch eine gemeinsame Freistunde regelmäßig zur Kooperation genutzt wurde, oftmals „vom Thema weggekommen" sind, wenn andere Themen „präsenter oder wichtiger waren".

LH: im ersten Jahr danach wär's bei mir wahrscheinlich (.) noch mehr Ziel
    gewesen (.) also da hätte ich glaub ich gern noch mehr Zeit wahrscheinlich
    (---) zumindest im ersten Halbjahr noch investiert (1) aber jetzt hab ich auch
    gemerkt durch die Abschlussklasse und
LK: ja
LH: auch sonstige (.) familiäre Herausforderungen (.) wär's dieses Jahr jetzt bei
    mir war's überhaupt kein Ziel (.) also
I: mhm
LH: wo ich gemerkt habe (.) für mich war jetzt das Ziel meine Abschlussklasse
    mit den vier Fächern die ich in der Neunten noch nie unterrichtet habe (.) zu
    überleben
I: mhm
LH: und wenn ich da passend ne Kooperation gehabt hätte für (---) Kunst-
    unterricht (.) für Matheunterricht in der neunten Klasse (.) dann wäre das
    mein Ziel gewesen aber
LK: mhm
LH: nicht (1) ähm jetzt irgendwo in der Realschule oder in irgendeiner anderen
    Klasse sondern (--) mein Ziel war nur neunte Klasse (1) wir müssen das
    schaffen (--) so

Auch in der zweiten Sequenz wird ein Bezug zu der herausfordernden Situation der erstmaligen Übernahme einer Abschlussklasse hergestellt. Zunächst erklärt LH, dass die Projektziele „zumindest im ersten Halbjahr" nach dem Projekt für ihn „wahrscheinlich" noch „mehr Ziel gewesen" wären und er „gern noch mehr Zeit" investiert hätte. Dadurch bringt er ein gewisses persönliches Interesse an der inhaltlichen Zielsetzung des Projektes zum Ausdruck. Bedingt durch die Übernahme der Abschlussklasse sowie durch „familiäre Herausforderungen" kam es diesbezüglich zu einer Prioritätenverschiebung, die sich darin zeigt, dass die persönlich motivierten Projektziele den schulorganisatorisch definierten Zielsetzungen untergeordnet wurden. Das erstmalige Unterrichten einer Abschlussklasse wird von LH als eine nahezu existenzbedrohende Herausforderung beschrieben, die es zunächst „zu überleben" galt und die Notwendigkeit eines professionellen Entwicklungsbedarfs impliziert („mit den vier Fächern die ich in der Neunten noch nie unterrichtet habe"). Eine Kooperation, wie sie das Projekt „Selbstreflexives Lernen im schulischen Kontext" vorsieht, wird von LH in diesem Zusammenhang als sinnvoller und erwünschter Rahmen für die Bewältigung der Herausforderung „Abschlussklasse" genannt („dann wäre das mein Ziel gewesen") und von LK bestätigt.

Projektintendierte Kooperation steht in Konkurrenz zu aktuellen, prioritären schulbezogenen Themen und organisationsbezogenen Professionalisierungsnotwendigkeiten sowie familiären Herausforderungen auch bei vorhandenen Ressourcen: Insgesamt zeigt sich, dass sich die auf freiwilliger Basis im Rahmen des Forschungsprojektes initiierte Kooperation gegenüber einem schulorganisatorisch gesetzten Rahmen von Handlungserwartungen bzw. -notwendigkeiten (aktuell dringende und allgemein wichtige Themen in der Schule, Professionalisierungsnotwendigkeiten zur Bewältigung der alltäglichen Unterrichtspraxis) sowie gegenüber den privaten Lebensbedingungen behaupten muss. Stehen die Interventionsangebote des Projektes in Konkurrenz zu den alltäglichen Handlungserwartungen bzw. -notwendigkeiten in der Schule und im privaten Umfeld, werden die Projektziele nicht oder nur kurzfristig umgesetzt, auch bei vorhandenen zeitlichen Ressourcen.

4.2 Empirisches Beispiel zum Projekt „Professionelle Zusammenarbeit in Schulen im Kanton Zürich"

Die Beispielsequenz, die für das Projekt „Professionelle Zusammenarbeit in Schulen im Kanton Zürich" ausgewählt wurde, entstammt einem Fokusgruppeninterview, bei dem die Schulleitung und drei Lehrpersonen einer Primarschule des Kantons Zürich sowie ein Interviewer anwesend waren. Ziel des Fokusgruppeninterviews war es, aus Sicht der Vertreter/-innen der Schule die Kooperationspraxis bezüglich unterschiedlicher schulischer Kooperationsformen und -themen nachvollziehen zu können. In der vorliegenden Sequenz liegt der Fokus auf der Kooperation mit der Förderlehrperson, die sich aus der bildungspolitischen Einführung der integrativen Förderung ergibt. Bei den sprechenden Personen handelt es sich um zwei Lehrerinnen der ausgewählten Schule (LA und LY) und einen Interviewer (I).

I: Meine nächste Frage wäre, welchen Stellenwert haben diese drei zentralen Kooperationen? (...) für Sie selber als Lehrperson?

LA: Für mich ist es sicher in dem Moment entlastend, wenn ich weiß dass Kinder die wirklich Bedürfnisse haben, langsamer oder anders zu lernen, können das bei ihr dann so umsetzen. Ich habe aber auch vier Lektionen zur Verfügung, was noch mehr ist als andere und merk aber auch schon bei vier Lektionen dass es eigentlich wenig sind. Und ich denk, vorbereitend ist es nicht unbedingt entlastend aber in dem Moment wo ich weiß die Kinder können dort profitieren von dem ist es sicher eine Entlastung. Ja.

I: Und von der Warte her würden Sie sagen, dass es einen hohen Stellenwert auch für Sie selber hat?

LA: Also ich denke es ist gar nicht anders machbar weil ich habe Kinder die eigentlich in der Kleinklasse gewesen sind und jetzt den Übertritt gemacht haben zu der Regelschule um eben dem Kind auch gerecht zu werden. Ist es einfach absolut wichtig.

I: Sehen Sie das auch so? Welchen Stellenwert würden Sie dem Ganzen einräumen? Auch vielleicht als Lehrperson oder insgesamt.

LY: Also ich habe auch die Erfahrung gemacht dass die Kinder das furchtbar schätzen. Ich denke auch sie brauchen, sie haben einfach gern viele Bezugspersonen. Also sie haben gern dass man nach ihnen auch schaut in den großen Klassen, oder? Genießen sie das sehr und ich denke das ist auch wichtig, dass man gut schauen kann. Und für mich ist es auch entlastend. Einfach ein gutes Gefühl, dass die Schwierigkeiten abgedeckt sind durch eine Fachperson. Das ist ein gutes Gefühl. Aber wie gesagt voraus gibt es ein bisschen Arbeit aber es lohnt sich.

Auf die Frage nach dem Stellenwert der Kooperationen wird diese von beiden Lehrpersonen als „entlastend" und aufgrund der veränderten Schülerzusammensetzung als „gar nicht anders machbar" beschrieben. Die entlastende Wirkung im Unterricht resultiert daraus, dass sie die Verantwortung für die Förderung von Schüler/-innen mit Lernschwierigkeiten an die Förderlehrperson als „Fachperson" abgeben können („gutes Gefühl, dass die Schwierigkeiten abgedeckt sind", „können das bei ihr dann so umsetzen"). Aus Sicht der beiden Regellehrpersonen scheint gegenüber der Förderlehrperson ein Kompetenzdefizit vorzuliegen, welches durch die Kooperation kompensiert wird. Des Weiteren wird die Notwendigkeit einer Kooperation mit der Förderlehrperson durch ein erhöhtes Aufmerksamkeitsbedürfnis der zusätzlich hinzugekommenen Schülerschaft begründet, welche die Regellehrperson allein nicht bedienen kann. In diesem Zusammenhang stellt LA ein Ressourcendefizit in Bezug auf die Verfügbarkeit der Förderlehrperson heraus, obwohl sie auf ihre persönliche Sondersituation verweist, indem sie mehr Unterrichtsstunden als üblich mit der Förderlehrperson zur Verfügung hat. Die notwendige Unterrichtsvorbereitung mit der Förderlehrperson wird von beiden Lehrpersonen als Arbeitsaufwand erwähnt („nicht unbedingt entlastend", „gibt es ein bisschen Arbeit"), der sich jedoch in ihrer subjektiven Einschätzung auszahlt durch die daraus resultierende Entlastung im Unterricht.

Kooperation als Mittel zur Kompensation strukturell erzeugter Kompetenzdefizite professionellen Handelns wird realisiert trotz Ressourcendefizit: Zusammenfassend wird deutlich, dass auf der Grundlage der bildungspolitisch initiierten, veränderten Schülerzusammensetzung sowohl strukturelle als auch professionelle Veränderungen der Unterrichtsanforderungen für die Regellehrpersonen geschaffen wurden. Die Kooperation mit der Förderlehrperson als „Fachperson" erscheint hier als Mittel der Kompensation eigener professioneller Handlungsdefizite, was als Entlastung erlebt und auch trotz nicht ausreichender Ressourcen realisiert wird.

5   Fazit und Konsequenzen für die Implementationspraxis von Kooperation

Ein Vergleich der Argumentationen der Umsetzung in den zwei empirischen Beispielen lässt den Schluss zu, dass den vielfach in Studien (vgl. u. a. Demuth et al., 2008; Ostermeier, 2004) hervorgehobenen schulischen Ressourcen zwar eine wichtige Rolle bei der Umsetzung von Kooperation zukommt, diese jedoch nicht die Schlüsselrolle einnehmen müssen. Vielmehr deutet sich unabhängig von der Intervention an, dass die Entscheidungslogik der Lehrpersonen für oder gegen die Umsetzung einer extern anvisierten Kooperation an professionellen Entwicklungsnotwendigkeiten oder Kompetenzdefiziten orientiert ist, die sich aus den schulalltagspraktischen Handlungserwartungen bzw. -notwendigkeiten ergeben. In diesem Zusammenhang kann vermutet werden, dass Kooperation für Lehrpersonen als ein adäquates Mittel der individuellen Problemlösung erscheinen muss, um den dabei entstehenden Aufwand zu rechtfertigen (z. B. durch Verantwortungsentlastung). Inwiefern sich die hier exemplarisch rekonstruierte schulische Umsetzungslogik kooperationsbezogener Interventionen im gesamten Datenmaterial beider Projekte bzw. in der Breite der Praxis abbildet, muss im Rahmen weiterer, systematischer Analysen geklärt werden.

Auf der Grundlage der bisherigen Analysen erscheint jedoch insbesondere die Berücksichtigung aktueller, formaler Anforderungen von Schule und deren Relevanz für das professionelle Handeln von Lehrpersonen von hoher Bedeutung für die Konzeption von Interventionsstudien sowie von bildungspolitischen Maßnahmen zu sein, die Kooperation als Mittel zur Unterrichtsentwicklung einsetzen wollen. Um einen entsprechenden Professionalisierungsbedarf identifizieren zu können, könnte ein stärkerer Einbezug der Schulen in die Entwicklung von Forschungsprojekten bzw. von Reformansätzen eine implementationsfördernde Maßnahme sein. Von daher sollte der Versuch unternommen werden, frühzeitig in einen Praxisdialog mit den Schulen zu treten und Lehrerkooperation nicht als Universalinstrument für eine nachhaltige Implementation jenseits vorhandener zeitlicher Ressourcen und schulischer Handlungserwartungen an bzw. Handlungsnotwendigkeiten von Lehrpersonen zu betrachten.

Literatur

Artelt, C., Baumert, J., Julius-McElvany, N. (2003): Selbstreguliertes Lernen: Motivation und Strategien in den Ländern der Bundesrepublik Deutschland. In: Baumert, J., Artelt, C., Klieme, E., Neubrand, M., Prenzel, M., Schiefele, U., Schneider, W., Tillmann, K.-J., Weiss, M. (Hrsg.): PISA 2000 – Ein differenzierter Blick auf die Länder der Bundesrepublik Deutschland. Opladen, S. 131–164.

Artelt, C., Baumert, J., Julius-McElvany, N., Peschar, J. (2003): Das Lernen lernen. Voraussetzungen für lebensbegleitendes Lernen. Ergebnisse von PISA 2000. Paris.

Baumert, J., Klieme, E., Neubrand, M., Prenzel, M., Schiefele, U., Schneider, W., Tillmann, K.-J., Weiß, M. (2000): Fähigkeit zum selbstregulierten Lernen als fächerübergreifende Kompetenz. Berlin.

Bonsen, M., Rolff, H.-G. (2006): Professionelle Lerngemeinschaften von Lehrerinnen und Lehrern. Zeitschrift für Pädagogik, 52 (2), S. 167–184.

Brunsson, N., Olsen, J. P. (1993): The reforming organisation. London.

Demuth, R., Gräsel, C., Parchmann, I., Ralle, B. (2008): Chemie im Kontext. Von der Innovation zur nachhaltigen Verbreitung eines Unterrichtskonzepts. Münster.

Ehlert, A., Werner, S., Maag Merki, K., Leuders, T. (2009): „Serelisk" Selbstreflexives Lernen im schulischen Kontext. Tools für die Entwicklung der eigenen Unterrichtsarbeit aufgrund von kooperativ-selbstreflexiven Prozessen zwischen Lehrer/-innen. In: Maag Merki, K. (Hrsg.): Kooperation und Netzwerkbildung. Strategien zur Qualitätsentwicklung in Schulen. Seelze, S. 78–93.

Fend, H. (1986): „Gute Schulen – Schlechte Schulen". Die einzelne Schule als pädagogische Handlungseinheit. Deutsche Schule, 78 (3), S. 275–293.

Gräsel, C., Fussangel, K., Parchmann, I. (2006): Lerngemeinschaften in der Lehrerfortbildung. Kooperationserfahrungen und -überzeugungen von Lehrkräften. Zeitschrift für Erziehungswissenschaft, 9 (4), S. 545–561.

Gräsel, C., Fussangel, K., Pröbstel, C. (2006): Lehrkräfte zur Kooperation anregen – eine Aufgabe für Sisyphos? Zeitschrift für Pädagogik, 52 (2), S. 205–219.

Gürtler, T. (2003): Trainingsprogramm zur Förderung selbstregulativer Kompetenz in Kombination mit Problemlösestrategien PROSEKKO (Vol. 706). Frankfurt/M.

Holtappels, H. G. (1999): Neue Lernkultur – veränderte Lehrerarbeit. Forschungsergebnisse über pädagogische Tätigkeit, Arbeitsbelastung und Arbeitszeit in Grundschulen. In: Carle, U., Buchen, S. (Hrsg.): Jahrbuch für Lehrerforschung. Bd. 2. Weinheim, S. 137–151.

Kotthoff, H.-G., Werner, S. (2011): Abschlussbericht. Nachhaltigkeit extern initiierter unterrichtszentrierter Kooperation von Lehrpersonen. Eine empirische Untersuchung der Teamentwicklung und Institutionalisierung unterrichtszentrierter Lehrerkooperation an Realschulen in Baden-Württemberg (unveröffentlichter Projektbericht).

Maag Merki, K., Holzbrecher, A., Kotthoff, H.-G., Ehlert, A., Werner, S. (2009): Abschlussbericht. Selbstreflexives Lernen im schulischen Kontext. Eine Interventionsstudie in Realschulen in Baden-Württemberg (unveröffentlichter Projektbericht).

Maag Merki, K., Kunz, A., Werner, S., Luder, R. (2010): Schlussbericht Professionelle Zusammenarbeit in Schulen. URL: http://www.vsa.zh.ch/dam/bildungsdirektion/vsa/schulbetrieb/organisation/geleitete_schule/studien/schlussbericht_pzis.pdf.spooler.download.1303915853471.pdf/schlussbericht_pzis.pdf (vom 08.05.2011).

Mandl, H., Friedrich, H. F. (Hrsg.) (2006): Handbuch Lernstrategien. Göttingen.

Ostermeier, C. (2004): Kooperative Qualitätsentwicklung in Schulnetzwerken. Münster.

Schnebel, S. (2005): Unterrichtsentwicklung nachhaltig gestalten. In: Schnebel, S. (Hrsg.): Schulentwicklung im Spannungsfeld von Bildungssystem und Unterricht. Baltmannsweiler, S. 125–139.

Steinert, B., Klieme, E., Maag Merki, K., Döbrich, P., Halbheer, U., Kunz, A. (2006): Lehrerkooperation in der Schule. Konzeption, Erfassung, Ergebnisse. Zeitschrift für Pädagogik, 52(2), S. 185–204.

VSA (Bildungsdirektion Kanton Zürich Volksschulamt) (2007): Angebote für Schülerinnen und Schüler mit besonderen pädagogischen Bedürfnissen. Integrative Förderung (IF). Lehrmittelverlag des Kantons Zürich.

Werner, S., Maag Merki, K., Kunz, A., Luder, R. (2010): Professionelle Zusammenarbeit in Schulen. Blick über den Zaun: Kooperation an Zürcher Volksschulen. SchulVerwaltung Nordrhein-Westfalen, 21 (12), S. 334–335.

Schulübergreifende und schulinterne Kooperation in Schulnetzwerken

Dagmar Killus und Corinna Gottmann

1 Einleitung

Netzwerke haben in den vergangenen Jahren enorm an Bedeutung gewonnen. Die an Netzwerken beteiligten Personen und Organisationen haben in der Regel gemeinsame Interessen, sie verfolgen ähnliche Entwicklungsschwerpunkte und sie wollen durch die intensive Kooperation im Netzwerk Problemlösungen austauschen sowie weiterentwickeln. Aus diesem Grund sind Netzwerke auch für den Bildungs- bzw. Schulbereich interessant.

In der einschlägigen Literatur werden Schulnetzwerke als unterstützende Elemente für die Professionalisierung von Lehrkräften und darüber hinaus für die Entwicklung der ganzen Schule aufgefasst (z. B. Czerwanski et al., 2002). Solche positiven Auswirkungen sind jedoch nicht zwangsläufig. Sie hängen insbesondere davon ab, inwieweit produktive Kooperationsbeziehungen zwischen den Beteiligten zu Stande kommen. Dabei müssen zwei Ebenen in den Blick genommen werden: die *schulübergreifende Kooperation* zwischen Schulen in einem Schulnetzwerk und die *schulinterne Kooperation* innerhalb der einzelnen Schulen.

Auf der ersten Ebene ist die Etablierung einer schulübergreifenden Netzwerkstruktur erforderlich als Voraussetzung dafür, dass innovative Ideen und Problemlösungen von einer Schule in eine andere Schule übertragen werden können. Auf der zweiten Ebene ist die aufgabenbezogene Kooperation zwischen Lehrkräften eines Kollegiums angesiedelt, die nötig ist, um Problemlösungen gemeinsam zu erproben, zu entwickeln und nachhaltig in der Praxis zu verankern. Bislang liegen nur wenige empirische Befunde zu Schulnetzwerken vor, die auf beide Ebenen der Kooperation fokussieren (Fussangel und Gräsel, 2009).

Hier setzt dieser Beitrag an. Am Beispiel des Schulnetzwerkes „Reformzeit" soll konkret veranschaulicht werden, wie sich die schulübergreifende und die schulinterne Kooperation darstellen und im Zeitverlauf entwickeln. Die Ergebnisse zur schulübergreifenden Kooperation zielen hauptsächlich darauf, die Struktur der sozialen Beziehungen in dem untersuchten Schulnetzwerk abzubilden. Dafür wurden soziometrisch verfahrende Netzwerkanalysen durchgeführt. Demgegenüber beziehen sich die Ergebnisse zur schulinternen Kooperation auf die Einschätzung der Kooperationsintensität im Kollegium aus Sicht von im Schulnetzwerk aktiven und bislang noch nicht aktiven Lehrkräften. Im Folgenden wird zunächst dargelegt, was unter Schulnetzwerken verstanden wird und welche Merkmale sie aufweisen. Danach werden, auf der Basis schulbezogener Netzwerkforschung, die vorliegenden Erkenntnisse zur Kooperation in Schulnetzwerken zusammengefasst. Daran anschließend wird das untersuchte Schulnetzwerk vorgestellt. Es folgt eine Präzisierung der Fragestellung sowie eine Beschreibung der Daten, auf die sich dieser Beitrag stützt. Sodann werden die Ergebnisse zur schulübergreifenden und zur schulinternen Kooperation in dem untersuchten Schulnetzwerk präsentiert. Die Ergebnisse werden abschließend zusammengefasst und im Hinblick auf die Frage diskutiert, wie der Aufbau von Kooperationsbeziehungen zwischen Schulen in einem Schulnetzwerk und innerhalb der teilnehmenden Schulen wirksam unterstützt werden kann.

2   Schulnetzwerke: Definition und Merkmale

Auf einer sehr allgemeinen Ebene können Netzwerke „als spezifische Menge von Verbindungen zwischen sozialen Akteuren" beschrieben werden (Mitchell, 1969, S. 2). Diese grundlegende und häufig zitierte Definition stellt, wie andere Netzwerkdefinitionen auch, die sozialen Beziehungen als zentrales Element von Netzwerken heraus. Diese Beziehungen sind – so kann unterstellt werden – auf bestimmte Ziele ausgerichtet. In Schulnetzwerken, die eine Form sozialer Netzwerke darstellen, kann die Zusammenarbeit von mehreren Schulen auf sehr unterschiedliche Ziele fokussieren: Auf den Austausch von Erfahrungen, Wissen, Methoden und Instrumenten, die Identifizierung von Best Practice, gegenseitige Beratung, gemeinsame Fortbildung und gegenseitige Peer Reviews. Vor diesem Hintergrund definieren Czerwanski, Hameyer und Rolff Schulnetzwerke als „Unterstützungssysteme auf Gegenseitigkeit. Die Beteiligten tauschen sich aus, kooperieren im Rahmen gemeinsamer Angelegenheiten, Ziele, Schwerpunkte oder Projekte. Sie lernen voneinander und miteinander." (2002, S. 102)

Hier schließt sich die Frage an, welche Merkmale ein Netzwerk aufweisen muss, das miteinander kooperierenden Akteuren Vorteile verschafft. Czerwanski hat umfangreiche Merkmalslisten verdichtet, wie sie in der Literatur zu sozialen Netzwerken zu finden sind. Sie hebt vier Merkmale hervor, die einen Idealzustand von Netzwerken beschreiben (2003, S. 14):

1. gemeinsame Absichten und Ziele
2. Gleichberechtigung der Akteure, wodurch auch schwächeren Partnern ermöglicht werden soll, ihre Interessen zu artikulieren und durchzusetzen
3. Freiwilligkeit der Teilnahme
4. ausgeglichenes Geben und Nehmen als Voraussetzung für gemeinsames Lernen

Das Merkmal *Gleichberechtigung*, man könnte auch sagen *Gleichrangigkeit*, und das Merkmal *ausgeglichenes Geben und Nehmen* lenken die Aufmerksamkeit dabei auch auf die Struktur der sozialen Beziehungen. Welche weiteren Aspekte von Kooperation eine Rolle spielen und wie sich die schulübergreifende und die schulinterne Kooperation in Schulnetzwerken tatsächlich darstellen, soll im Wieteren auf der Grundlage der Erkenntnisse schulbezogener Netzwerkforschung betrachtet werden.

3 Kooperation in Schulnetzwerken im Lichte schulbezogener Netzwerkforschung

Obwohl Schulnetzwerke inzwischen gut etabliert sind, waren sie bislang eher selten Gegenstand empirischer Forschung. Eine Übersicht zum Stand der nationalen wie internationalen Forschung haben kürzlich Berkemeyer et al. (2010) vorgelegt. Die zusammengetragenen Befunde belegen, dass Schulnetzwerke als ein Unterstützungssystem aufgefasst werden können, von dem wertvolle Impulse für die Unterrichts-, Schul- und Professionsentwicklung ausgehen (vgl. auch Dedering, 2007; Czerwanski et al., 2002). Dies hängt wiederum ab von bestimmten „Gelingensbedingungen", die im schulübergreifenden Netzwerk gegeben sein müssen. Neben klaren Zielen und Erwartungen, der Beteiligung der Schulleitungen, gemeinsamen Arbeitstagungen und Fortbildungen, gegenseitiger Hospitation oder der Koordination von Terminen und Aktivitäten durch einen Koordinator bzw. eine Koordinationsschule wird hier die Kooperation im Schulnetzwerk in Form eines ausgeglichenen Gebens und Nehmens herausgestellt (Berkemeyer et al., 2010; Haenisch, 2003; Dedering, 2007). Gleichzeitig wird aber darauf hingewiesen, dass eine solche Vernetzung der Schulen komplex und zeitaufwendig ist (Berkemeyer et al., 2010). Inwieweit vor diesem Hintergrund eine Vernetzung von Schulen und Akteuren zu Stande kommt und wie sie sich im Zeitverlauf entwickelt, wurde bislang eher nicht untersucht.

Erfolgreiche Netzwerkarbeit hängt nicht nur von der Kooperation zwischen den Schulen ab. Damit Innovationen in der Schulpraxis implementiert und dort in der Breite wirksam werden können, bedarf es der aufgabenbezogenen Kooperation von Lehrkräften innerhalb der einzelnen Schulen. Schulübergreifende Kooperation stimuliert dabei nicht zwangsläufig die schulinterne Kooperation. Dafür sprechen Befunde aus dem Schulnetzwerk „Chemie im Kontext" (Schellenbach-Zell et al., 2008, S. 100 ff.; Fussangel und Gräsel, 2009), in dem Lehrkräfte mehrerer Schulen schülerorientierte Unterrichtsmaterialien und -reihen für den Chemieunterricht entwickelt haben. Aus jeder teilnehmenden Schule waren immer mindestens zwei Lehrkräfte in die schulübergreifende Kooperation im Schulnetzwerk involviert, um eine Isolierung von Lehrkräften an der eigenen Schule zu verhindern und um den Transfer neuer Ideen und Konzepte in die Schule zu unterstützen.

Diese im Schulnetzwerk aktiven Lehrkräfte wurden gebeten, sowohl die Kooperation mit den Fachkollegen anderer Schulen als auch die mit den Fachkollegen der eigenen Schulen jeweils zu Beginn und zwei Jahre nach Aufnahme der schulübergreifenden Kooperation einzuschätzen. Im Ergebnis zeigt sich, dass die schulübergreifende Kooperation zu beiden Erhebungszeitpunkten als intensiver wahrgenommen wird als die schulinterne Kooperation. Danach werden der *Austausch von Informationen und Materialien* und die *gemeinsame Arbeitsorganisation,* die in der gemeinsamen Entwicklung von Materialien und Unterrichtsreihen besteht, mit Kollegen anderer Schulen stärker praktiziert. Dagegen findet der *Austausch über bestimmte Schülerinnen und Schüler* (z. B. bei Disziplinproblemen) aus nahe liegenden Gründen eher in der eigenen Schule statt. Im Hinblick auf die *Ko-Konstruktion und die Reflexion von Unterricht* (z. B. im Rahmen wechselseitiger Hospitation), was neben gemeinsamer Arbeitsorganisation eine vergleichsweise intensive Form der Kooperation darstellt, gibt es keine Unterschiede. Beides ist sowohl in der schulübergreifenden als auch in der schulinternen Kooperation am schwächsten ausgeprägt. Darüber hinaus fällt auf, dass sich die schulinterne Kooperation über den Zeitraum von zwei Jahren überhaupt nicht weiterentwickelt hat.

Die mangelnde Ausstrahlung schulübergreifender Kooperation im Schulnetzwerk auf die schulinterne Kooperation erklären die Autoren damit, dass die an Kooperation interessierten Lehrkräfte für die zeit- und energieaufwendige Herstellung von Kooperationsbeziehungen an ihrer Schule weniger Bedarf sehen, weil sie ja schon in produktive und befriedigende professionelle Formen der Kooperation eingebunden sind (Fussangel und Gräsel, 2009, S. 129 f.). Die Ergebnisse spiegeln, wie gesagt, die Sichtweise von im Schulnetzwerk aktiven Lehrkräften wider.

4   Das Schulnetzwerk „Reformzeit"

Das Schulnetzwerk „Reformzeit" wurde von der Robert-Bosch-Stiftung und der Deutschen Kinder- und Jugendstiftung initiiert und über einen Zeitraum von fünf Jahren gefördert (Anfang 2006 bis Anfang 2011). Das Ziel dieses Programms bestand darin, Schulen anzuregen, durch Erfahrungstransfer und gemeinsame Entwicklungsarbeit in einem Netzwerk tragfähige Konzepte für den Umgang mit Heterogenität zu entwickeln und zu erproben. In diesem Schulnetzwerk engagierten sich rund 30 Schulen aus Berlin, Brandenburg, Niedersachsen und Nordrhein-Westfalen. Darunter fanden sich Hauptschulen, Gesamtschulen, Gymnasien, Kooperationsschulen sowie Förderschulen. Konzeptgemäß arbeitete immer eine *Beraterschule*, die bereits Lösungen für den Umgang mit Heterogenität entwickelt und erprobt hatte, mit drei *Projektschulen* zusammen, die ihre pädagogische Praxis verändern wollten. Jede Schule wurde durch mehrere Akteure repräsentiert, darunter befand sich auch mindestens ein Mitglied der Schulleitung.

Auf diese Weise waren insgesamt sieben *Schulbündnisse* zustande gekommen. Die Zusammenarbeit von Beraterschule und Projektschulen in einem Schulbündnis wurde durch einen externen *Schulberater* begleitet, der Unterstützung gab beim Prozess- und Konfliktmanagement, bei der Koordinierung von Aktivitäten und Terminen sowie der Selbstevaluation. Darüber hinaus erhielten die Schulen vielfältige Unterstützung durch die Träger des Schulnetzwerkes: z. B. Organisation von regelmäßigen Treffen aller Reformzeitschulen oder Fortbildungsangebote, deren Adressaten über die im Schulnetzwerk engagierten Lehrkräfte hinaus auch weitere Lehrkräfte der teilnehmenden Schulen waren. Zudem erhielten die Schulen finanzielle Unterstützung, um z. B. die Reisetätigkeiten oder schulinterne Fortbildungen zu finanzieren.

5   Fragestellung und Methode

Vor dem Hintergrund der bisherigen Ausführungen lassen sich die folgenden Fragestellungen ableiten:

1. Wie stellt sich die *schulübergreifende Kooperation* im Schulnetzwerk dar und wie hat sie sich über einen Zeitraum von zwei Jahren entwickelt? Konkret: Wie dicht ist das Netz geknüpft? Wer sind die zentralen Akteure? Welche Beziehungen bestehen zwischen den Akteuren?

2. Wie stellt sich die *schulinternen Kooperation* in den beteiligten Schulen dar und wie hat sie sich über einen Zeitraum von zwei Jahren entwickelt? Konkret: Welche Formen der Kooperation werden hier praktiziert? Wie sind hier die im Schulnetzwerk aktiven Lehrkräfte im Vergleich zu den bislang noch nicht aktiven Lehrkräften eingebunden?

Für die Beantwortung dieser Fragen stehen Daten zur Verfügung, die im Rahmen der externen, von Forscherinnen der Universität Potsdam und der Universität Hamburg durchgeführten Evaluation erhoben worden sind. Der externen Evaluation lag ein komplexes Design zugrunde, das insbesondere standardisierte Lehrerbefragungen, Gruppendiskussionen mit Lehrkräften, Schulleitern und Schülern, soziometrisch verfahrene Netzwerkanalysen sowie (Unterrichts-)Beobachtungen integrierte.

Die Beantwortung des Fragekomplexes zur schulübergreifenden Kooperation erfolgt auf der Basis von Netzwerkanalysen. Die wurden zweimal durchgeführt: ein Jahr bzw. drei Jahre nach Konstituierung des Schulnetzwerkes. Zu jedem der beiden Erhebungszeitpunkte wurde den im Schulnetzwerk aktiven Personen eine Liste mit den Namen der Akteure ihres *eigenen Schulbündnisses* vorgelegt. Für jeden aufgeführten Akteur sollte unter anderem eingeschätzt werden, inwieweit mit ihm eine *produktive Zusammenarbeit* zustande gekommen ist (1 = *keine*, 2 = *eher wenig*, 3 = *eher viel*, 4 = *sehr viel*).

Die Beantwortung des Fragekomplexes zur schulinternen Kooperation stützt sich auf Daten einer standardisierten Lehrerbefragung, die ebenfalls zweimal durchgeführt wurde: in der Anfangsphase des Schulnetzwerkes und zwei Jahre danach. Adressaten waren alle im Schulnetzwerk aktiven Lehrkräfte sowie eine Zufallsauswahl von bislang noch nicht aktiven Lehrkräften. Für diesen Beitrag stützt sich die Datenauswertung auf zwei, aus jeweils mehreren Items bestehende Skalen zur Unterrichtskooperation: die Skala *unterrichtsbezogener Erfahrungsaustausch* und die Skala *curriculare Absprachen* (Steinert et al., 2003). Die Lehrkräfte sollten für jedes einzelne Item angeben, wie regelmäßig sie die jeweils angesprochenen Themen und Probleme gemeinsam mit anderen Lehrkräften ihrer Schule bearbeiten (1 = *gar nicht*, 2 = *1 x im Jahr*, 3 = *mehrmals im Halbjahr*, 4 = *1 x monatlich*, 5 = *1 x wöchentlich*). Im Rahmen der Entwicklung und Erprobung des Lehrerfragebogens wurden von den ursprünglich insgesamt 14 Items zwei Items präzisiert und zwei Items weggelassen.

Im Falle der schulübergreifenden Kooperation stimmen die Stichproben der ersten und der zweiten Erhebung nur teilweise überein. Das hängt damit zusammen, dass es Fluktuationen unter den im Schulnetzwerk aktiven Lehrkräften gab. Im Falle der schulinternen Kooperation handelt es sich um einen „echten Längs-

schnitt". Die Auswertung stützt sich folglich auf Lehrkräfte, die zu beiden Erhebungszeitpunkten befragt wurden.

6   Ergebnisdarstellung: Schulübergreifende und schulinterne Kooperation im Schulnetzwerk

Nacheinander werden nun die Ergebnisse zur schulübergreifenden und zur schulinternen Kooperation im Schulnetzwerk dargelegt.

6.1 Schulübergreifende Kooperation

In einem ersten Schritt soll an einem ausgewählten Schulbündnis konkret veranschaulicht werden, wie sich die Dichte des Beziehungsgeflechts, die Position der
Akteure und die zwischen ihnen verlaufenden Beziehungen ein Jahr nach Aufnahme der schulübergreifenden Kooperation darstellen. In dieser Hinsicht weist
das ausgewählte Schulbündnis Besonderheiten auf, die weitestgehend auch auf
die anderen Schulbündnisse zutreffen. In einem zweiten Schritt wird die Entwicklung der Strukturen über einen Zeitraum von zwei Jahren nachgezeichnet.
Die hierzu präsentierten Ergebnisse beziehen sich auf alle Schulbündnisse.

Ausgewähltes Schulbündnis

Das Schulbündnis bestand ein Jahr nach Aufnahme der schulübergreifenden
Kooperation aus 18 Akteuren. Abbildung 1 zeigt die Netzwerkstruktur. Darin
repräsentiert jeder *Knoten* einen Akteur. Je größer der Knoten ist, desto mehr
Akteure haben angegeben, mit dieser Person produktiv zusammenzuarbeiten.
Man spricht auch von eingehenden Wahlen (*Indegree*). Die einzelnen Knoten
sind durch *Pfeile* miteinander verbunden. Als Pfeile dargestellt sind die beiden
Ausprägungen, die das Zustandekommen einer produktiven Zusammenarbeit
indizieren (3 = *eher viel* oder 4 = *sehr viel*). Die stärkeren Pfeile, die zwei Pfeil-
spitzen haben, stehen für wechselseitige Beziehungen. Die schwächeren Pfeile
mit nur einer Pfeilspitze stehen für einseitige Beziehungen.
    Die Abbildung 1 gibt zu erkennen, dass das Ausmaß der Vernetzung der
Akteure bereits ein Jahr nach Aufnahme der schulübergreifenden Kooperation
recht groß war. Die *Dichte* für dieses Schulbündnis beträgt 0,49. Sie ist das
Ergebnis der Division aus der Gesamtzahl aller bestehenden Beziehungen und
der Gesamtzahl aller grundsätzlich möglichen Beziehungen, wobei 1 für eine

maximale und 0 für überhaupt keine Vernetzung zwischen den Akteuren steht.
Dabei gilt, dass bei Werten von ca. 0,4 bereits von einer hohen Dichte gesprochen
werden kann (vgl. Jansen, 2000, S. 46 f.).

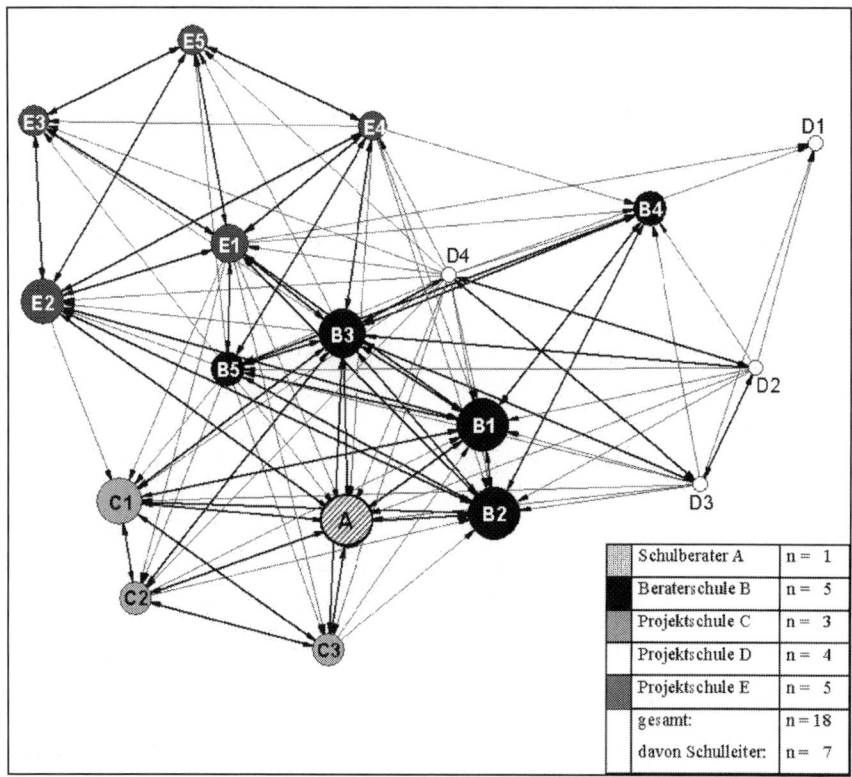

Schulberater A	n = 1
Beraterschule B	n = 5
Projektschule C	n = 3
Projektschule D	n = 4
Projektschule E	n = 5
gesamt:	n = 18
davon Schulleiter:	n = 7

Abbildung 1:   Netzwerkstruktur in einem ausgewählten Schulbündnis
(Bündnis A)

In dem Schulbündnis nehmen die einzelnen Akteure unterschiedlich zentrale
Positionen ein. Als produktiver Kooperationspartner wird vor allem der Schulberater (A) wahrgenommen, der die Netzwerkarbeit koordinierend und organi-
sierend unterstützt. Ebenfalls zentrale Positionen nehmen die meisten Schulleiter
ein (B1, B2, C1, E1 und E2), was dafür spricht, dass sie sich als „Change Agent"
begreifen, sich dementsprechend zu der Reforminitiative bekennen und diese
nach Möglichkeit unterstützen. Unter den zentralen Akteuren befinden sich

schließlich Schulleiter und Lehrkräfte der Beraterschule, die konzeptgemäß bereits Problemlösungen für den Umgang mit Heterogenität entwickelt haben und folglich kompetente Kooperationspartner darstellen. Neben zentralen Akteuren, die untereinander durch wechselseitige Beziehungen stark vernetzt sind, gibt es periphere Akteure, die mit anderen Akteuren weniger gut vernetzt sind. Das trifft auf alle Akteure der Schule D zu, eine Schule, die zu einem späteren Zeitpunkt aus dem Schulbündnis ausgestiegen ist.

Entwicklung der Netzwerkstruktur in allen Schulbündnissen

Die Vernetzung der Akteure ist, gemessen an den Werten für die Dichte (Tabelle 1), im Zeitverlauf etwas zurückgegangen. Für diese Entwicklungen gibt es mehrere Erklärungen. So war der Rücklauf der Fragebögen zum zweiten Erhebungszeitpunkt weniger gut als zum ersten Erhebungszeitpunkt. Fehlende Angaben tragen aller Wahrscheinlichkeit nach dazu bei, dass die tatsächliche Dichte unterschätzt wird. Entscheidender ist aber, dass die Anzahl der Akteure in den meisten Schulbündnissen deutlich gestiegen ist. Dabei muss berücksichtigt werden, dass naturgemäß die Dichte mit der Größe eines Netzwerkes abnimmt. Mit anderen Worten: Es ist nicht realistisch und auch nicht notwendig, dass in einem großen Netzwerk jeder mit jedem kooperiert. Es kommt schließlich hinzu, dass sich die meisten Schulbündnisse zum zweiten Erhebungszeitpunkt, d. h. drei Jahre nach Konstituierung des Schulnetzwerkes, in einer Umbruchphase befanden: einige Schulen sind ganz ausgestiegen, andere Schulen sind neu hinzugekommen. Darüber hinaus kam es zur Fluktuation einzelner Lehrkräfte, Schulleiter sowie Schulberater. Charakteristisch für Schulnetzwerke sind somit – das kann festgehalten werden – eher temporäre Kooperationsbeziehungen.

Hier schließt sich die Frage an, ob und inwieweit sich die Positionen der verschiedenen Akteure bzw. Akteursgruppen im Laufe der Zeit verändert haben. Nach wie vor zentral sind in den meisten Schulbündnissen die Schulberater (ohne Tabelle oder Abbildung). Das Dilemma zwischen unterstützender zentraler Koordination einerseits und Selbststeuerungsfähigkeit der Schulbündnisse andererseits wurde also, mit Rücksicht auf das Bedürfnis der Schulen nach Entlastung, zugunsten des zuerst genannten Pols entschieden.

Tabelle 1:   Dichte innerhalb der Schulbündnisse zu zwei Erhebungszeitpunkten

Schulbündnis [a]	Anzahl der Akteure		Dichte	
	2007	2009	2007	2009
A	18	33	0,49	0,27
B	24	32	0,36	– [b]
C	24	24	0,56	0,40
D	13	23	0,71	0,33
E	17	16	0,53	0,48
F	15	22	0,68	0,25

[a] Das Schulnetzwerk besteht aus insgesamt sieben Schulbündnissen. Für ein Schulbündnis liegen jedoch keine Daten zur Netzwerkstruktur vor.

[b] Für dieses Schulbündnis konnte aufgrund fehlender Angaben die Dichte nicht berechnet werden.

Die Positionen von Schulleitern und Lehrkräften sind in Abbildung 2 dargestellt. Verglichen werden hier, über alle Schulbündnisse hinweg, die eingehenden Wahlen für die beiden Akteursgruppen. Die entsprechende Anzahl hängt dabei von der Anzahl der Personen im Schulbündnis ab. Um die Akteure der verschiedenen, unterschiedlich großen Schulbündnisse vergleichen zu können, wurde die Anzahl der eingehenden Wahlen durch die Anzahl der möglichen Wahlen dividiert und somit standardisiert. Die daraus resultierenden Werte, die zwischen 0 und 1 liegen, wurden in eine Rangreihe gebracht und in drei gleich große Gruppen aufgeteilt: eine Gruppe mit einer niedrigen, eine Gruppe mit einer mittleren und eine Gruppe mit einer hohen Anzahl an eingehenden Wahlen. Der Abbildung 2 lässt sich nun entnehmen, wie hoch der Prozentanteil von Schulleitern bzw. Lehrkräften in jeder der drei Gruppen ist. Danach werden Schulleiter signifikant häufiger als produktive Partner wahrgenommen als die Lehrkräfte. Das lässt sich vor allem daran erkennen, dass Schulleiter in der Gruppe, welche die am häufigsten genannten Kooperationspartner vereinigt, zu beiden Erhebungszeitpunkten deutlich stärker vertreten sind als die Lehrkräfte. Hier kommt die Schlüsselposition, die Schulleiter in Reformprozessen einnehmen, ja, sogar einnehmen müssen, deutlich zum Ausdruck.

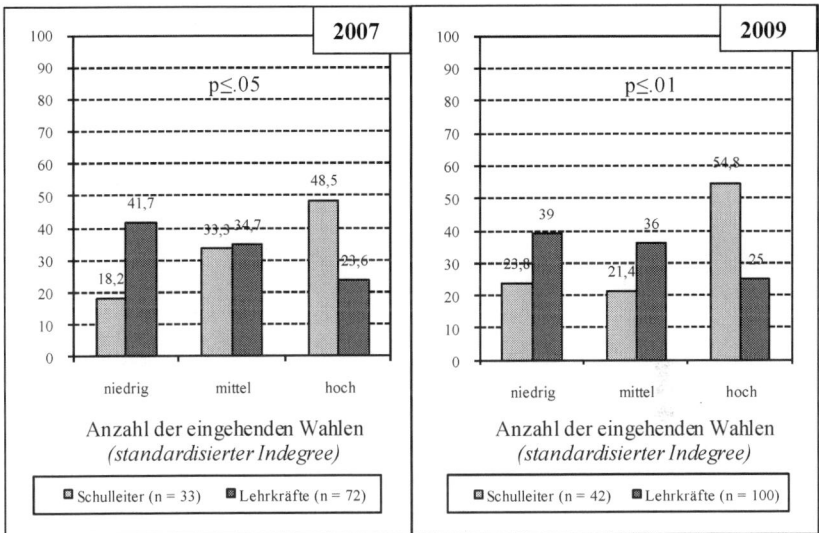

Abbildung 2: Wahrnehmung von Schulleitern und Lehrkräften als produktive Kooperationspartner zu zwei Erhebungszeitpunkten (Prozentangaben)

Welche Positionen die Akteure an Berater- und Projektschulen zu verschiedenen Zeitpunkten einnehmen, zeigt Abbildung 3. Angewendet wurde hier wiederum das eben skizzierte Verfahren. Während in der Anfangsphase der schulübergreifenden Zusammenarbeit die Akteure der Beraterschulen noch signifikant häufiger als produktive Partner wahrgenommen wurden als die Akteure der Projektschulen, haben sich die Positionen der beiden Akteursgruppen im Laufe der Zeit angeglichen.

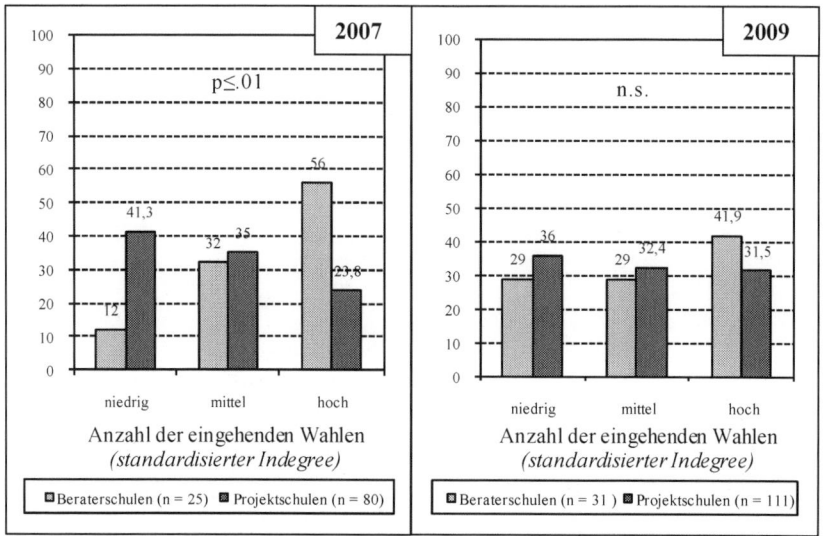

Abbildung 3:   Wahrnehmung der Akteure von Berater- und Projektschulen als
produktive Kooperationspartner zu zwei Erhebungszeitpunkten
(Prozentangaben)

Sind die Beraterschulen zu Beginn der Zusammenarbeit häufig in konkrete Vor-
leistung getreten, zeigt sich nun der gemeinsame Profit von Berater- und Projektschulen aus der Netzwerkarbeit. Das hängt, wie andere Befunde aus der externen
Evaluation belegen, mit dem vollzogenen Übergang von einem Austausch- zu
einem Entwicklungsnetzwerk zusammen, in dem neue Konzepte gemeinsam
entwickelt und erprobt und somit Synergieeffekte stärker angeregt werden.

Im Hinblick auf die Übertragung und gemeinsame Entwicklung von Problemlösungen erscheinen die Netzwerkstrukturen in den Schulbündnissen insgesamt förderlich: Die Akteure und Schulen sind gut vernetzt, sie werden von
Schulberatern bei der Netzwerkarbeit unterstützt, die Schulleitungen der teilnehmenden Schulen engagieren sich im Reformprozess und Geben und Nehmen
zwischen den Schulen sind überwiegend ausgeglichen. Hier schließt sich die
Frage an, wie sich parallel zur schulübergreifenden Kooperation die schulinterne
Kooperation entwickelt hat.

6.2 Schulinterne Kooperation

Im Rahmen einer standardisierten Lehrerbefragung haben die Lehrkräfte Angaben zum unterrichtsbezogenen Erfahrungsaustausch und zu curricularen Absprachen gemacht. Für jedes einzelne, zu einer der beiden Skalen gehörende Item sollten die Lehrkräfte angeben, wie häufig sie die angesprochenen Themen und Probleme gemeinsam mit Kollegen ihrer Schule bearbeiten. Aus Tabelle 2 lassen sich die Prozentanteile der Lehrkräfte entnehmen, die eine bestimmte Kooperationsform regelmäßig praktizieren, d. h. einmal pro Monat oder einmal pro Woche.

Tabelle 2:   Intensität von unterrichtsbezogenem Erfahrungsaustausch und curricularen Absprachen zu zwei Erhebungszeitpunkten nach Einschätzung von im Schulnetzwerk aktiven und nicht aktiven Lehrkräften (Prozentangaben) [a]

Kooperationsformen	2006			2008		
	aktiv (n = 58)	nicht aktiv (n = 65)	p	aktiv (n = 58)	nicht aktiv (n = 65)	p
Unterrichtsbezogener Erfahrungsaustausch						
Schülerverhalten im Unterricht	86,0	73,8	n. s.	87,7	79,4	n. s.
Austausch von Unterrichtserfahrung	67,3	69,8	n. s.	78,6	67,7	n. s.
persönliche Unzufriedenheiten bzw. Probleme mit der Arbeit	65,5	56,7	n. s.	76,8	69,4	n. s.
Lernbedürfnisse einzelner Schülerinnen und Schüler	52,6	47,5	n. s.	63,0	54,0	n. s.
Weitergabe neuer pädagogischer Ideen	41,8	45,2	n. s.	67,9	40,6	$\leq.01$
Koordination von Hausaufgabenmenge, Terminen für Klassenarbeiten etc.	41,5	37,5	n. s.	48,1	38,7	n. s.
Beschaffung von Unterrichtsmaterialien und Ressourcen	40,7	35,9	n. s.	55,4	23,4	$\leq.001$
Austausch über Bewährung von bestimmten Unterrichtseinheiten für die Unterrichtspraxis	35,8	36,1	n. s.	50,9	27,4	$\leq.05$

Kooperationsformen	2006			2008		
	aktiv (n = 58)	nicht aktiv (n = 65)	p	aktiv (n = 58)	nicht aktiv (n = 65)	p
Curriculare Absprachen						
Auswahl der Unterrichts-themen	48,2	30,8	n. s.	53,6	24,2	$\leq$.01
Vorbereitung des Unter-richts bzw. der Einheiten und Kurse	47,2	37,1	n. s.	56,4	23,8	$\leq$.001
Auswahl der Unterrichts-materialien	41,1	30,2	n. s.	52,7	28,1	$\leq$.05
Entscheidung über die Reihenfolge der Unter-richtsthemen	33,9	15,9	$\leq$.05	45,5	15,4	$\leq$.001

[a] Die Prozentangaben beziehen sich auf die beiden Ausprägungen 4 = *1 x monatlich* oder 5 = *1 x wöchentlich*.

Es zeigt sich, dass zum ersten Erhebungszeitpunkt im Schulnetzwerk aktive und dort nicht aktive Lehrkräfte in etwa gleich stark in die schulinterne Kooperation an ihrer Schule eingebunden sind.

Zum zweiten Erhebungszeitpunkt sind jedoch von den im Schulnetzwerk aktiven Lehrkräften mehr Lehrkräfte in regelmäßige Kooperationen eingebunden als von den bislang noch nicht aktiven Lehrkräften. Signifikante Unterschiede zwischen den beiden Vergleichsgruppen zeigen sich zunächst hinsichtlich bestimmter Aspekte eines unterrichtsbezogenen Austausches, d. h. Weitergabe neuer pädagogischer Ideen oder Austausch über die Bewährung bestimmter Unterrichtseinheiten. Letzteres ist für den Reformprozess besonders bedeutsam insofern, als hier ansatzweise ein gemeinsames Lernen von Lehrkräften im Sinne von Ko-Konstruktion zum Ausdruck kommt. Darüber hinaus geben signifikant mehr aktive Lehrkräfte an, dass sie mit ihren Kollegen curriculare Absprachen treffen: z. B. Auswahl von Unterrichtsthemen, Beschaffung von Unterrichtsmaterialien oder gemeinsame Entscheidung über die Reihenfolge von Unterrichtsthemen. Es handelt sich hierbei um Formen einer gemeinsamen Arbeitsorganisation, die eine vergleichsweise intensive Form der Kooperation darstellt. Gleichzeitig fällt auf, dass der Prozentanteil der nicht aktiven Lehrkräfte, die in dieser Form mit ihren Kollegen kooperieren, vom ersten zum zweiten Erhebungszeitpunkt sogar gesunken ist. Somit lässt sich festhalten, dass sich parallel zur schulübergreifenden Kooperation im Schulnetzwerk die Kooperation innerhalb der Schulen zwar intensiviert hat, dies bezieht sich bislang jedoch nur auf den engeren Kreis der im Schulnetzwerk aktiven Lehrkräfte.

7 Zusammenfassung und Diskussion

Das Ziel dieses Beitrages bestand darin, die schulübergreifende Kooperation in einem Schulnetzwerk sowie die schulinterne Kooperation innerhalb der einzelnen Schulen zu beschreiben und zu analysieren. Zunächst kann im Hinblick auf die schulübergreifende Kooperation festgehalten werden, dass es den Akteuren bereits nach kurzer Zeit gelungen ist, ein Netz an produktiven Kooperationsbeziehungen aufzubauen und über längere Zeit hinweg zu erhalten.

Hierzu beigetragen hat allem Anschein nach die Einbindung eines Schulberaters, der die Kooperation zwischen den Schulen durch die Übernahme koordinierender und organisierender Aufgaben unterstützt hat. Ebenso bedeutsam scheint die Einbindung der Schulleitungen aus den teilnehmenden Schulen zu sein. Als zentrale Steuerungsgröße in Schulentwicklungsprozessen vertreten sie die Schule nach außen, sie stellen Kontakte her, stimmen Schwerpunkte für die gemeinsame Entwicklungsarbeit ab und sorgen für die Bereitstellung von Lerngelegenheiten.

Die Einbindung von Koordinatoren sowie die Einbindung von Schulleitungen gelten, ausgehend von den Erkenntnissen schulbezogener Netzwerkforschung, als „Gelingensbedingungen" für erfolgreiche Netzwerkarbeit. Ihre Schlüsselpositionen schlagen sich dabei aber in vergleichsweise zentralen Positionen nieder, was bedeutet, dass die weitverbreitete Annahme einer Gleichrangigkeit der Akteure in Netzwerken auf der Grundlage der vorliegenden Daten nicht bestätigt werden kann. Während die Schulberater und die Schulleitungen ihre zentralen Positionen auch über längere Zeit behalten, nähern sich Beraterschulen, die bei Aufnahme der schulübergreifenden Kooperation im Umgang mit Heterogenität als kompetenter eingeschätzt wurden, und Projektschulen im Laufe der Zeit soweit an, dass von einem gemeinsame Lernen mit Profit für alle Schulen gesprochen werden kann.

Parallel zur schulübergreifenden Kooperation im Schulnetzwerk hat sich auch die schulinterne Kooperation in den einzelnen Schulen positiv entwickelt. Das beschränkt sich allerdings noch auf die im Schulnetzwerk aktiven Lehrkräfte, die gut zwei Jahre nach Aufnahme der schulübergreifenden Kooperation stärker in die schulinterne Kooperation eingebunden sind als im Schulnetzwerk noch nicht aktive Lehrkräfte. Bedeutsame Unterschiede zwischen den beiden Vergleichsgruppen zeigen sich hinsichtlich verschiedener Aspekte gemeinsamer Arbeitsorganisation, die eine vergleichsweise intensive Form der Kooperation darstellt (z. B. gemeinsame Beschaffung von Unterrichtsmaterialien oder Vorbereitung von Unterrichtseinheiten).

Die positive Entwicklung der schulinternen Kooperation aus Sicht der im Schulnetzwerk aktiven Lehrkräfte steht im Widerspruch zu den Befunden aus

dem Schulnetzwerk „Chemie im Kontext". Aus Sicht der in diesem Schulnetzwerk aktiven Lehrkräfte hat sich die Kooperation mit den Fachkollegen an der
eigenen Schule nicht verändert.

Wie lassen sich die unterschiedlichen Befunde erklären? Vermutlich spielt
hier eine Rolle, dass in dem Schulnetzwerk „Reformzeit" von Anfang an eine
größere Anzahl von Kollegen in das Schulnetzwerk eingebunden war, während
es in dem Schulnetzwerk „Chemie im Kontext" anscheinend nur zwei Fachkollegen waren. Im Falle von „Reformzeit" handelte es sich um Kollegen mit unterschiedlichen Fächern, so dass sich vielfältige, über die eigenen Fachgrenzen
hinausgehende Möglichkeiten für Kooperationen innerhalb der eigenen Schule
ergaben. Darüber hinaus waren die Schulleitungen eingebunden. Sie haben,
zusammen mit anderen Lehrkräften, Ziele für die Schulen entwickelt, deren
Relevanz für die Schule unermüdlich begründet, Lern- und Fortbildungsangebote
bereitgestellt und dadurch wahrscheinlich aufgabenbezogene Formen der Kommunikation und Kooperation im Kollegium gefördert. Dennoch ist eine offene
Frage, wie die bislang nicht im Schulnetzwerk aktiven Lehrkräfte in die schulinterne Kooperation stärker eingebunden werden können.

Die Thematisierung von notwendigen Reformprozessen sowie gelegentliche
„Highlights" in Form von Fortbildungen reichen hierfür offenbar nicht aus.
Hierzu bedarf es vielmehr flankierender Maßnahmen, die helfen, Kooperation
institutionell zu verankern: wechselseitige Hospitation, feste Reflexions- und
Kooperationszeiten, Team-Teaching oder Ausbau der horizontalen und vertika-
len Teamstrukturen an der Schule. All diese Maßnahmen versprechen im Prinzip
eine Intensivierung der schulinternen Kooperation, die, über unterrichtsbezogenen Austausch und gemeinsame Arbeitsorganisation hinaus, auch die Ko-
Konstruktion und die Reflexion von Unterricht potenziell fördert. Allerdings
hatten die meisten Schulen zum Zeitpunkt der Untersuchung erst damit begon-
nen, schulinterne Kooperation durch geeignete Maßnahmen auch institutionell
stärker zu verankern. Wie sich die Kooperation zwischen den Lehrkräften an den
einzelnen Schulen unter dem Einfluss kooperationsunterstützender Maßnahmen
tatsächlich entwickelt, bleibt eine spannende Frage.

Literatur

Berkemeyer, N., Manitius, V., Müthing, K., Bos, W. (2010): Ergebnisse nationaler und internationaler Forschung zu schulischen Innovationsnetzwerken. Eine Literaturübersicht. In: Zeitschrift für Erziehungswissenschaft, 12 (2009), 4, S. 667–689.

Czerwanski, A. (2003): Netzwerke als Praxisgemeinschaften. In: Czerwanski, A. (Hrsg.): Schulentwicklung durch Netzwerkarbeit. Erfahrungen aus den Lernnetzwerken im „Netzwerk innovativer Schulen in Deutschland". Gütersloh, S. 9–18.

Czerwanski, A., Hameyer, U., Rolff, H.-G. (2002): Schulentwicklung im Netzwerk. Ergebnisse einer empirischen Nutzenanalyse von zwei Schulnetzwerken. In: Rolff, H.-G., Holtappels, H. G., Klemm, K., Pfeiffer, H., Schulz-Zander, R. (Hrsg.): Jahrbuch der Schulentwicklung. Daten, Beispiele und Perspektiven. Bd. 12. Weinheim/München, S. 99–130.

Dedering, K. (2007): Qualitätsentwicklung durch Netzwerke. Wiesbaden.

Fussangel, K., Gräsel, C. (2009): Die Kooperation in schulübergreifenden Lerngemeinschaften. Die Arbeit der Sets im Projekt „Chemie im Kontext". In: Maag Merki, K. (Hrsg.): Kooperation und Netzwerkbildung. Strategien zur Qualitätsentwicklung in Schulen. Seelze, S. 120–131.

Haenisch, H. (2003): Wenn Schulen von anderen Schulen lernen. Gelingensbedingungen und Wirkungen schulischer Netzwerke. In: Die Deutsche Schule, 95 (2003), 3, S. 317–328.

Jansen, D. (2000): Netzwerke und soziales Kapital. Methoden zur Analyse struktureller Einbindung. In: Weyer, J. (Hrsg.): Soziale Netzwerke, Konzepte und Methoden der sozialwissenschaftlichen Netzwerkforschung. München, S. 35–62.

Mitchell, J. C. (1969): The Concept and Use of Social Networks. In: Mitchell, J. C. (Ed.): Social Networks in Urban Situations. Analysis of Personal Relationships in Central African Towns. Manchester, pp. 1–50.

Schellenbach-Zell, J., Rürup, M., Fussangel, K., Gräsel, C. (2008): Bedingungen erfolgreichen Transfers am Beispiel von Chemie im Kontext. In: Demuth, R., Gräsel, C., Parchmann, I., Ralle, B. (Hrsg.): Chemie im Kontext. Von der Innovation zur nachhaltigen Verbreitung eines Unterrichtskonzepts. Münster, S. 83–123.

Steinert, B., Gerecht, M., Klieme, E., Döbrich, P. (2003): Skalen zur Schulqualität: Dokumentation der Erhebungsinstrumente. ArbeitsPlatzUntersuchung (APU), Pädagogische EntwicklungsBilanzen (PEB). Materialien zur Bildungsforschung. Bd. 10. Frankfurt/M.

Kooperation in fusionierten Kollegien

Gudrun Meister

1 Problemstellung

Schulfusionen sind aufgrund des sozialstrukturellen und demografischen Wandels gegenwärtig ein weitverbreitetes Phänomen innerhalb der deutschen Bildungslandschaft. Angesichts zweier genereller Trends, dem säkularen Geburtenrückgang sowie der Tendenz zu höheren Bildungsabschlüssen (vgl. Zymek, 2007), sind sie Ausdrucksgestalt eines zumeist pragmatischen Umganges der (lokalen) Bildungspolitik im Rahmen der Organisation einer betriebswirtschaftlich effektiven und den regionalen Bedürfnissen angepassten Bildungsinfrastruktur.

Während in den neuen Ländern – gesteigert durch den wendebedingten Geburtenrückgang (Geburtenschock) sowie die Abwanderungsbewegungen in die alten Länder – die Schulfusionspolitik bereits Ende der 1990er-Jahre einsetzte und Mitte der 2000er-Jahre ihren vorläufigen Höhepunkt erreichte (vgl. Meister, 2009), bestimmt diese im Zuge des generellen Geburtenrückganges nunmehr zunehmend auch die Schulpolitiken der alten Länder. Neu ist dabei, dass die demografiebedingten Planungsanforderungen innerhalb des dreigliedrigen Schulsystems überlagert werden durch die generelle Bestandsgefährdung einer Schulform – der Hauptschule. Deren sinkende Akzeptanz fordert nicht nur zu einer quantitativen Reorganisation der Schulen wie innerhalb der bereits seit den 1990er-Jahren in den neuen Ländern etablierten zweigliedrigen Schulstruktur auf, sondern gleichsam zu einer sukzessiven Strukturtransformation (vgl. Rösner, 2009). Vor diesem Hintergrund hat in den letzten Jahren mehr oder weniger pragmatisch eine wachsende Anzahl von Bundesländern die Zusammenfassung von Haupt- und Realschulen beschlossen, die unter verschiedenen Bezeichnungen innerhalb der Schulgesetze der einzelnen Bundesländer firmieren. Neben *parallelen* Fusionen, innerhalb derer Schulen der gleichen Schulart zusammengelegt werden, finden sich in diesem Zusammenhang zunehmend *komplementäre* Fusionen, d. h. der Zusammenschluss von Schulen unterschiedlicher Schulart – zumeist von Haupt- und Realschule (vgl. Scherer, 2009).

In beiden Fusionstypen sind – wenn auch unterschiedlich konnotiert – die Herausforderungen für die Schulen immens, geht es doch im Kern um eine notwendige Neubestimmung der Organisationsstruktur und Transformation der Lern- und Organisationskultur entlang verändernder Umweltbedingungen, innerschulischer Rahmenkonstellationen sowie gegebenenfalls bildungspolitischer Gestaltungsoptionen (z. B. Ganztagsschule, gezielte Förderung möglichst bis zum Abitur, produktives Lernen) und Setzungen (Implementation von Curricula, Maßnahmen der Qualitätsentwicklung und -sicherung etc.). Das zumeist Identität auflösende Moment von Fusionen erfordert zudem sowohl im Rahmen der programmatischen Ausrichtung der Organisationen wie auch der Gewinnung eines anerkennenden, der eigenen Professionalisierung entgegenkommenden Bezuges gegenüber dem neuen bzw. sich verändernden Arbeitsplatz intensivierte Kommunikationsprozesse.

Angesichts der Komplexität und Anspruchlichkeit dieser Anforderungen müsste der innerschulischen Kooperation in den fusionierten Schulen eine besondere Bedeutung zukommen, weisen zahlreiche Studien der Unterrichts-, Schuleffektivitäts- und Schulentwicklungsforschung diese doch als ein Instrument aus, welches Entlastung und Unterstützung bei der Bewältigung der organisatorischen Anforderungen bietet und zur Weiterqualifizierung bzw. Steigerung der Professionalität von Lehrer(inne)n beiträgt (vgl. Fussangel et al., 2010; Terhart und Klieme, 2006). Allerdings zeigen einschlägige Studien auch, dass Kooperation in der schulischen Praxis faktisch nur begrenzt realisiert ist (vgl. Gräsel et al., 2006; Meister und Schnetzer 2009; Steinert et al., 2006), wobei deren Begrenzung systemtheoretisch mit dem Verweis auf die besondere Struktur der schulischen Organisation wie auch professionstheoretisch aus dem Prinzip der Kollegialität begründet wird. Aber die genannten Studien verweisen auch darauf, dass Kooperation nicht kontextunabhängig funktioniert, sondern an begünstigende Rahmenbedingungen innerhalb des Systems der Einzelschule (Mikropolitik, Organisationskultur) wie auch der Rahmen setzenden Strukturen – hier etwa der regionalen und lokalen Kontexte – gebunden ist und Kooperationsmodelle vor diesem Hintergrund selbst innerhalb eines Schulsystems nicht linear transferiert werden können. In der Konsequenz – so die Ausgangsthese dieses Beitrages – kann Zusammenarbeit in fusionierten Kollegien nur angemessen verstanden und weiterentwickelt werden, insofern diese in ihrem Wirkungszusammenhang zu organisationskulturellen und extern Rahmen setzenden Strukturen betrachtet wird.

Vor diesem Hintergrund stellt der Beitrag einen Versuch dar, sich zunächst auf der Grundlage der aktuellen Diskussion den genannten Implikationen anzunähern, bevor im Weiteren auf der Grundlage eigener qualitativ-empirischer Forschung Befunde zu Formen kollegialer Kooperation und deren Bedeutung im Rahmen von Schulfusionen dargestellt werden.

2 Kooperation und Fusion: theoretischer Hintergrund und empirische Befunde

Beim Überblick über Forschungsbefunde zu Schulentwicklungsprozessen unter Fusionsbedingungen fällt eines auf: Es gibt fast keine. Umfassende empirische Untersuchungen sucht man vergebens sowohl hinsichtlich der Fusionsproblematik im Allgemeinen wie auch dem Zusammenhang von Fusion und Schulentwicklungsprozessen und darin dem wesentlichen Prozessmerkmal der Kooperation im Speziellen. Neben Tendenzbeschreibungen aus den 1990er-Jahren zu den Auswirkungen demografischer Entwicklungen auf die Schulstruktur und Gymnasialkultur in den neuen Bundesländern (vgl. Weishaupt und Zedler, 1994) sowie deskriptiven Analysen zur Entwicklung von Schulstandorten im Kontext demografischer Schrumpfungsprozesse (vgl. Budde, 2007; Weishaupt, 2002) finden sich lediglich einzelne Erfahrungsberichte zu Schulfusionsprozessen (vgl. Buchen et al., 2009) sowie eine Dissertation zu problematischen Intergruppen-Beziehungen nach Schulfusionen (vgl. Tischendorf, 2007). Aus dem wenigen Vorhandenen sollen daher zur Schärfung des Untersuchungsgegenstandes zunächst analytisch der Begriff sowie Merkmale von Schulfusionen herausgearbeitet und diese dann entlang des theoretischen Diskurses und empirischen Befunden zu Lehrerkooperation gespiegelt werden.

2.1 Schulfusionen: Begriffsbestimmung und Merkmale

Der Begriff *Schulfusion* beschreibt im Kern „den Zusammenschluss oder die Verschmelzung von Schulen unter Aufgabe ihrer bisherigen organisatorischen Selbstständigkeit" (Lohmann, 2009, S. 13). Über diese grundlegende Definition hinaus unterscheiden sich jedoch Fusionen in der praktischen Umsetzung in Abhängigkeit von den örtlichen Kontextfaktoren zum Teil erheblich hinsichtlich ihrer Modelle, Strategien und Rahmenbedingungen. Diesen kommt bei der Analyse der Ausgangsbedingungen für Kooperation im Rahmen der Zusammenlegung von Schulen eine große Bedeutung zu, insofern diese nicht nur die Inhalts- und Organisationsebene, sondern insbesondere auch die Beziehungsebene beeinflussen.

So bewegen sich die *Schulfusionsmodelle* in Abhängigkeit von der Entscheidung der jeweiligen Schulbehörde und Kommune in der Praxis zwischen den Polen von Assimilation und Integration (vgl. Tischendorf, 2007, S. 10). Eine assimilierende Schulfusion hat zur Folge, dass eine Schule geschlossen und von einer benachbarten Schule aufgenommen wird. In diesem Fall verlieren die schulischen Akteure der geschlossenen Schule das Schulgebäude, den Schulnamen sowie die alte Schulleitung und damit verbunden wesentliche Identitätsmarkierer. Das integrierende Fusionsmodell strebt dem Gleichheitsprinzip folgend eine „Integration zweier Schulen zu gleichen Anteilen" (Giessner et al., 2006 zitiert nach Tischendorf, 2007, S. 10) an. Der Idee nach werden Fach- und Entscheidungsgremien der neuen, fusionierten Schule zu gleichen Anteilen aus den hineinfusionierten Schulen besetzt, Schulprofile und schulkulturspezifische Normen und Werte finden sich gleichberechtigt wieder. In der Praxis werden nach Tischendorf (2007) jedoch auch hier oftmals Schulfusionsmodelle umgesetzt, die letztendlich eher einem „Proportionalitätsprinzip" (Giessner et al., 2006 zitiert nach Tischendorf, 2007, S. 10) folgen. Letzteres beschreibt dabei ungleiche Machtverhältnisse, in der die Kultur und Identität eines Fusionspartners die fusionierte Organisation deutlich dominieren (vgl. Tischendorf, 2007). In der Studie von Tischendorf (vgl. Tischendorf 2007) bestätigten sich in diesem Zusammenhang Befunde aus der Organisations- und Wirtschaftsforschung, wonach die zumeist als ungewollt und fremdbestimmten Fusionen Identitätsbedrohungen und auch unfreiwillige Kategorisierungen in die fusionierte Gruppe darstellen, was mit einer „Wir versus die anderen"-Dynamik (Blake und Mouton, 1985, zitiert nach Tischendorf, 2007, S. 184) bzw. anderen Intergruppenkonflikten einhergeht. Ein zentrales Fusionsziel, die Entwicklung einer gemeinsamen sozialen Identität, wird demnach oftmals erst Jahre nach der Fusion erreicht (vgl. ebd.).

Dabei liegt es nahe, in diesem Kontext nicht nur die durch die Schulträger für den Fusionsprozess eingeräumte *Zeit* und *moderierende Unterstützung* als weitere Rahmungen zu betrachten, sondern auch die Nähe bzw. Distanz der Kulturen der Ausgangsschulen. Ein erheblicher Einfluss auf Letzteres ergibt sich nicht nur durch den *Fusionstyp* (fusionierende Schulformen), sondern auch durch nachweislich (schulforminterne) Differenzierungs- und Segregationsprozesse entlang *sozialräumlicher Bedingungen* (Ortseffekte), in denen in besonderer Weise Anziehungs- und Abstoßungseffekte zum Tragen kommen (vgl. Sikorski, 2007).

Entsprechend dieser Befunde äußern sich Unterschiede in einem Mehr oder Weniger an Autonomie, Akzeptanz, Anerkennung, Konkurrenz oder Konsens entlang der unterschiedlichen Fusionsmodelle, -typen, -strategien und -kontexte. Auf jeden Fall aber rücken damit Formen der Entscheidungsfindung sowie symbolische Dominanzkämpfe in den Fokus, die in den Ansätzen der Schulkultur (vgl. Helsper, 2010) sowie der Mikropolitik (vgl. Altrichter, 2010) ihren theoretischen und empirischen Ort finden.

2.2 Kooperation in fusionierten Kollegien: schulkulturelle und mikropolitische Perspektiven

In der Perspektive der Schulkultur rückt *Kooperation als Medium von Aushandlungs- und Entscheidungsfindungsprozessen* in den Blick. Entgegen einer technologischen Rationalitätssteigerung von Schulentwicklung durch Kooperation wird in diesem Ansatz die Einbettung von Kooperation in bestehende schulische Dominanz- und Sinnstrukturen und damit deren Transformations-, aber auch Bewahrungskraft betont. Kooperation dient in diesem Verständnis der kommunikativen Aushandlung pragmatischer Entwürfe und Selbstbeschreibungen in Relationierung zur bestehenden schulischen Sinnordnung sowie den Umweltbedingungen (inklusive externer Zielvorgaben), die wiederum gemeinsam verantwortete Entscheidungsgründe für die Ausgestaltung etwa der Regelpraxis, der Leistungsbewertung, der Methoden, der Schülerpartizipation und der Kooperationsstrukturen liefert. Entsprechend dieser Prämissen ist Kooperation Element der *inneren* Steuerung, welches Übersetzungs-, Aushandlungs- und Anpassungsleitungen zwischen den beteiligten Lehrer/-innen erfordert. Die entsprechenden Aushandlungs- und Vermittlungsprozesse erfolgen dabei auf der Grundlage vorhandener Partizipations- und moralischer Anerkennungsverhältnisse als zentrales Strukturmoment der jeweiligen Organisationskultur selbst, „die in die Durchsetzung spezifischer pädagogischer Optionen, in Kompromissbildungen und konsensuelle Lösungen münden, aber auch zur Herausbildung deutlicher Dominanzmuster führen können" (Helsper, 2008, S. 127). Hierauf verweisen auch mikropolitische Ansätze (vgl. etwa Altrichter und Posch 1996; Altrichter und Salzgerber, 1998), die die entstehenden Differenzverhältnisse mit den Begrifflichkeiten Politik und Macht besetzen. Mehr noch als im schulkulturellen Ansatz wird dort das strategische Moment einer konflikthaften und interessengeleiteten Interaktionspraxis herausgearbeitet, innerhalb derer „das Bild der Organisation sowie der Ressourcen und Regeln, die für das Handeln der verschiedenen Akteure gelten sollen, verhandelt werden" (Altrichter und Salzgerber, 1998, S. 118). Diese Perspektive legt es nahe, Kooperation auch als Ergebnis des Aushandelns und der Handlungskoordination im Mehrebenensystem Schule zu begreifen, welches an Fragen der Ressourcenverteilung und Machtverhältnisse geknüpft ist.

Welche Implikationen ergeben sich aus diesen allgemeinen Perspektiven zu Kooperation hinsichtlich der Kooperation in fusionierten Kollegien?

1. In Anlehnung an Altrichter und Salzgerber ist Schulfusionen ein erhöhtes mikropolitisches Konfliktpotenzial *in Form eines „grand social drama"* (Altrichter und Salzgerber, 1998, S. 113) inne, da sich mit ihnen die Definition der Organisation, ihre Regeln und Ressourcen ändern, die die Hand-

lungsmöglichkeiten der Organisationsmitglieder verändern und verschieben. Dieser Sachverhalt gewinnt an Komplexität, bezieht man die verschiedenen Fusionsarten und die (sozialräumliche) Diversität der schulischen Sinnmuster mit ein.

So kann etwa eine assimilierende Fusion bei den Akteuren der aufgenommenen Schule im Falle kontrastiver Sinnentwürfe zu deutlichen Mechanismen der Abwehr und Blockaden führen. Aber auch im Falle integrierender Fusionsstrategien liegt ein solches Verweigerungspotenzial nahe, wenn etwa in Verbindung mit externen Fusionszielen Sinnentwürfe einer bislang unterlegenen Akteursgruppe gestärkt werden oder aber sich angesichts der „Neumischung" Verschiebungen und Ausdifferenzierungen der Akteursgruppen sowie der Sinnentwürfe ergeben. Mit den entsprechenden Ausformungen sind damit entlang der Fusionsmodelle sowie der schulintern verbürgten schulischen Sinnordnungen immer auch Grenzen für die Beteiligung an kooperativen Praxen thematisiert.

2. Angesichts oben bezeichneter sozialer Dramen, die zu Ausschlüssen von bzw. Blockaden gegenüber kooperativen Bezügen führen können, kommt der Entwicklung der Partizipationsverhältnisse eine gesteigerte Bedeutung zu, „insofern diese die Formen der Entscheidungsfindung sowie die symbolischen Dominanzkämpfe der schulischen Akteure in den Fokus der Veränderung rücken" (Helsper, 2010, S. 110). Deshalb bedarf es durch die Organisation der Bereitstellung von Verfahrensregeln, die eine Beteiligung der schulischen Akteure innerhalb der Entscheidungsprozesse sicherstellen. Grenzen ergeben sich auch hier, wenn etwa aufgrund bestehender Anerkennungs- und Partizipationsverhältnisse als Ausdruck der jeweiligen Organisationskultur selbst Routinen in der Bereitstellung partizipativer Verfahren desiderat sind oder wenn in zumindest einer der fusionierenden Schulen die schulkulturelle Ordnung auf latenten Sinnstrukturen aufruht, die der kommunikativen Auseinandersetzung mit Entscheidungsprämissen Widerstände entgegensetzen. Kommunikative Kooperation hängt in diesem Sinne von organisationalen Ressourcen sowie der Bereitschaft der Beteiligten ab, Kontroversen auszuhalten und auszuhandeln.

3. Und schließlich legen die Bottom-up-Fusionsstrategie wie auch deren Rekontextualisierung als innerschulisch zu verantwortender Vermittlungs- und Übersetzungsprozess, der zu Zielkongruenzen und gemeinsam zu verantworteten Entscheidungsprämissen führen soll, auf horizontaler wie vertikaler Ebene eine zweifache Balancierungsleistung von Steuerungs- und Partizipationsansprüchen und individueller/professioneller Autonomie im Spannungsfeld von Loyalität und Autonomiebewahrung nahe.

3 Kooperationspraxen in fusionierten Schulen – Ergebnisse einer empirischen Studie

Die folgenden Ergebnisse sind im Rahmen eines qualitativen Teilprojektes der wissenschaftlichen Begleitung zur Umsetzung des IZBB im Land Sachsen-Anhalt entstanden.[1] Im Fokus stand insbesondere die Entwicklung der Organisation an neuen Ganztags-Sekundarschulen, wie sie sich in ihrer Organisationskultur verändern und wovon unterschiedliche Wege und Formen des Wandels abhängen.

In einer mehrperspektivischen Verbindung qualitativer Erhebungs- und Auswertungsverfahren wurden im Rahmen von Schulporträts zu Schulentwicklungsverläufen unter anderem strukturelle und prozessuale Merkmale der Kooperation und Kommunikation in Ganztagsschulen, insbesondere zwischen den Lehrer(inne)n rekonstruiert und zu anderen inner- und außerschulischen Faktoren und Rahmenbedingungen in Beziehung gesetzt. Eine bedeutsame und den ganztagsschulbezogenen Entwicklungsprozess der Untersuchungsschulen überlagernde Rahmung war hierbei die massive „Fusionswelle" im Land Sachsen-Anhalt. Fünf von sechs Schulen des Samples wurden hiervon erfasst, einige fusionierten sogar mehrmals in aufeinanderfolgenden Jahren. In eine Schule fusionierten sogar zeitgleich drei Schulen.

3.1 Fallbeispiel Assimilation

Das folgende Fallbeispiel behandelt die Vorgänge rund um eine assimilierende Fusion, innerhalb derer eine ländlich geprägte Sekundarschule sowie eine innerstädtische (gut situierte) Sekundarschule in eine Brennpunktschule (in einer Plattenbausiedlung) gleicher Schulart, die Sekundarschule II, fusionierten. Die Entscheidung für den Standorterhalt gerade der Sekundarschule II fiel durch die kommunalen Träger allein aufgrund des Tatbestandes, dass das Land Sachsen-Anhalt den Förderschwerpunkt zum baulichen Ausbau von Ganztagschulen auf Sekundarschulen in sozialen Brennpunkten legte.

So wurde die organisatorische Umwandlung in eine Ganztagsschule an die Sekundarschule II herangetragen, um zum einen mit Mitteln des IZBB eine allein durch die Kommune nicht finanzierbare grundständige Sanierung der Schulgebäudes zu ermöglichen, zum anderen um die im Zusammenhang mit den

---

[1] Das Projekt wurde unter der Leitung von Dr. Gudrun Meister am Zentrum für Schul- und Bildungsforschung (ZSB) an der Martin-Luther-Universität durchgeführt und von August 2005 bis Juni 2009 vom Kultusministerium des Landes Sachsen-Anhalt finanziert. Außer der Autorin dieses Beitrages waren Andrea Fellbaum und Iris Hartmann als abgeordnete Lehrerinnen und Jessica Hellge als studentische Hilfskraft an dem Projekt beteiligt.

Schulzusammenlegungen entstehenden zusätzlichen Betreuungszeiten der Fahrschüler abzudecken. In der Folge wurde durch den Schulleiter angesichts der sich hier eröffnenden Ressourcen innerhalb kürzester Zeit eine Konzeption erstellt. Diese strukturelle Ausgangssituation scheint zu einem spezifischen Umgang mit der Konzeption sowohl innerhalb der Beschlussfassung als auch in der Praxis der Ganztagsgestaltung im Folgejahr zu führen. In der Gesamtkonferenz wurde, ohne die Inhalte der Konzeption zu diskutieren, allein die Organisationsform bestätigt, die Inhalte waren noch im September 2005 den wenigsten Lehrer/-innen bekannt. Wahl und Ausgestaltung der Angebote erfolgte individualisiert, notwendige organisatorische Absprachen erfolgten informell (fragmentiertes Kollegium). Mit diesen Prozessen einhergehende Verunsicherungen und Belastungen wurden zunächst noch im Rahmen des familiären Milieus der kleinen Schule abgefangen.

Missachtungserfahrungen, Abwehr, Anomie: Kooperationsblockaden der Fusion als „social drama"

Im Zuge der Fusion im Schuljahr 2005/06 brach dann schließlich die bestehende Ordnung zusammen. Zum einen machte die neue Schulgröße eine rein informelle Absprache bezüglich der Angebotsgestaltung unmöglich; das familiäre Gefüge drohte durch die „Eindringlinge" zu zerbrechen. Zum anderen deuteten sich innerhalb der aufgenommenen Lehrer/-innen- und Schüler/-innenschaft deutliche Abwehrhaltungen und Widerstände an. Es kam zu Zerstörungen innerhalb des Schulgebäudes, Wandschmierereien, Briefen etc. In den Interviews wird dabei deutlich, dass diese Handlungen erst einmal durch Fremdbestimmtheitserfahrungen im Zuge des Verlustes des alten Schulgebäudes, des Schulnamens und der Schulleitung als wichtige Pfeiler der eigenen Schulkultur und -identität motiviert waren, aber auch durch Kategorisierungsängste im Zuge des „schlechten Rufes" der aufnehmenden Schule. Eine Steigerung erfuhren diese Widerstände zudem durch den Ausschluss aus wichtigen Informations- und Entscheidungsprozessen hinsichtlich des Ganztagsbetriebes. Schülerbefragungen zu Angeboten sowie die (informelle) Aufgabenteilung der Lehrer/-innen hinsichtlich der Angebote für das Schuljahr 2005/06 wurden bereits am Ende des letzten Schuljahres ohne Schüler/-innen und Lehrer/-innen der aufzunehmenden Schulen durchgeführt. Die Unsicherheit des Stammkollegiums und des Schulleiters sowohl hinsichtlich der konzeptionellen Fundierung der Angebote wie auch der handelnden Angebotsgestaltung und Organisation führte zudem zu Vermeidungsstrategien, sich mit dem neuen Kollegium diskursiv bezüglich der Konzeption und Angebotsgestaltung auszutauschen. Angesicht der bestehenden Organisationskultur stellte allein der Anspruch der Selbstdarstellung nahezu überbordende Ansprüche. Die bereits im Rahmen der Fusion gefährdete Autonomie der aufgenommenen Lehrer/-innen erfuhr damit eine weitere Negation in Form eines handelnd erzeugten Dominanzverhältnisses; sie wurden in die Funktionslogik der Schule bei vakanter höhersymbolischer Anbindung vereinnahmt. Die sich vollziehende Polarisierung des Kollegiums erfuhr eine nochmalige Steigerung aufgrund machtbezogener Interessenkonflikte des Schulleiters sowie der stellvertretenden Schulleiterin, die aus einer der aufgenommenen Schulen kam. Hier dominierten strategische Kalküle entgegen pädagogischer Überlegungen. Beide kämpften noch immer um die Stelle des Schulleiters, die aufgrund der gewachsenen Schülerzahl und einer damit einhergehenden höheren Besoldungsgruppe neu ausgeschrieben wurde. In diesem angespannten Klima wurde kaum noch miteinander kommuniziert. Immer deutlicher zutage tretende Probleme in der Schülerschaft sowie zwischen Schüler(inne)n und Lehrer(inne)n, nicht bearbeitet und gleichsam durch die Fusion verschärft, wurden jeweils der anderen Seite angelastet.

Im Rahmen von Gruppendiskussionen, die wir mit Lehrer/-innen der Sekundarschule im Frühjahr 2007 durchgeführt haben, präsentiert sich die Schule als identitätsloser und entfremdeter Raum, innerhalb dessen Profession zu schwinden scheint. Aufgrund von Konflikten mit der Schulleitung und mit den Schüler(inne)n, eine als belastend empfundene Kommunikationskultur, fehlende Austausch- und Entlastungsmöglichkeiten im Kollegium und Grüppchenbildung ist die Schule im Moment nur eine Arbeitsstelle: *„Eigentlich bin ich mit Leib und Seele Lehrer (.) aber mit Leib und Seele Lehrer sein (.) kann ich hier nicht".*

3.2 Übergreifende Ergebnisse

Die Probleme, die in Abschnitt 2 für Kooperation in Fusionsprozessen angenommen wurden, finden sich in obigem Fallbeispiel zugespitzt wieder. In ihrer Verdichtung machen sie jedoch im Umkehrschluss auf wesentliche Aspekte aufmerksam, die für Kooperationsprozesse unter Fusionsbedingungen entscheidend sind und sich auch in weiteren Fallrekonstruktionen wiederfinden.

Unsere Ergebnisse verweisen darauf, dass Fusionen spezifische Koordinations- und Aushandlungsprozesse erfordern, die Kräfte für kollegiale Kooperation im Rahmen „normaler" schulischer Entwicklungsarbeit absorbieren bzw. nicht bearbeitet zu entsprechenden Blockaden, Misstrauen, Zielunklarheiten und in der Folge einem Rückzug in stark individualisierte Lehrertätigkeit führen. So sind die schulischen Akteure auf sich verwiesen, die externen Fusionsziele mit Sinn zu versehen (soweit dies möglich ist), wechselseitig Erwartungen auszutauschen, mehr oder minder gut funktionierende Bewältigungsmuster und Handlungspraktiken aufzugeben oder zu modifizieren sowie sich mit den neuen innerschulischen Kräfteverhältnissen zu arrangieren. Fusion wird damit zu einem eigenen riskanten Deutungs- und Suchprozess, der wesentliche Grundpfeiler nicht nur der bestehenden schulischen Ordnungen, sondern auch der individuellen Handlungsautonomie der Lehrer/-innen irritiert. Für die Etablierung kooperativer Praktiken und Strukturen innerhalb der fusionierten Schulen erwiesen sich entlang unserer Fallrekonstruktionen folgende Bedingungen als entscheidend:

- eine „Entzerrung" der Handlungserfordernisse durch eine zeitliche Segmentierung in eine zeitintensive, fusionsvorbereitende Phase, eine Phase des praktischen Organisationsaufbaues und des Überganges in „normale" Schulentwicklungsaktivitäten nach der offiziell vollzogenen Fusion,
- unterstützende Abläufe: Foren gegenseitigen „Kennenlernens"; Formen partizipativer Entscheidungsfindung,
- Konzentration innerhalb der Aushandlungs- und Vermittlungsprozesse zunächst auf
  1. funktional immer wiederkehrende Handlungserfordernisse und Routinen im Schulalltag versus Innovationen sowie
  2. Verbindlichkeit versus sozialer Identität,
- geklärte Besetzung der Schulleitung noch vor Beginn der Vorbereitungsphase.

Kooperation im Prozess der Fusionsvorbereitung selbst (etwa in einem Fusions-/Steuerungsteam, Teamberatungen) käme dann eine besondere Dignität zu, nämlich ihre eigene Legitimität im Spannungsfeld von Organisation und Profession innerhalb der fusionierten Schule herzustellen: durch die Kommunikation von Entscheidungsoptionen, an die die Lehrer/-innen mit ihren praktischen Erfahrungen anknüpfen können, der Installierung von Schutzmechanismen (durch Versachlichung, Herstellung von Verbindlichkeit) und der Sicherung partizipativer Verfahrensregeln.

Gleichzeitig macht der in zahlreichen Untersuchungen wie auch theoretischen Beiträgen oftmals bemühte Zusammenhang von Kollegialität und Technologiedefizit des Lehr-/Lernprozesses nachdenklich. Hier zeigt sich, dass die Frage nach Kooperation oder Kollegialität auch vor dem Hintergrund extern Rahmen setzenden Strukturen sowie der Organisationskultur der Einzelschule entschieden wird. Kollegialität ist dann nicht nur Ausdrucksgestalt professioneller Unsicherheit infolge riskanter Lehr-/Lernprozesse, sondern, wie das Fallbeispiel zeigt, auch Bewältigungsmuster in einer anomischen Organisation und Rahmensetzung.

Literatur

Altrichter, H., Posch, P. (Hrsg.) (1996): Mikropolitik der Schulentwicklung. Förderliche und hemmende Bedingungen für Innovationen in der Schule. Innsbruck.

Altrichter, H., Salzgerber, S. (1998): Das geheime Leben von Organisationen. Mikropolitik und Schulentwicklung. In: Schulheft (1998) 90, S. 93–123.

Altrichter, H. (2010): Mikropolitik der Schulentwicklung. In: Bohl, T., Helsper, W., Holtappels, H. G., Schelle, C. (Hrsg.): Handbuch Schulentwicklung. Bad Heilbrunn, S. 96–99.

Blake, R. R., Mouton, J. S. (1985): How to achive integration on the human side of the merger. In: Organisational Dynamics, 13, S. 41–56.

Buchen, H., Horster, L., Rolff, H.-G. (Hrsg.) (2009): Schulverbünde und Schulfusion – Notlösung oder Impuls. Stuttgart.

Budde, H. (2007): Die Entwicklung regionaler Schulstrukturen in peripheren ländlichen Räumen unter dem Paradigma demographischer Schrumpfung. In: Zeitschrift für Pädagogik 53, S. 314–325.

Fussangel, K., Rürup, M., Gräsel, C. (2010): Lehrerfortbildung als Unterstützungssystem. In: Altrichter, H., Maag Merki, K. (Hrsg.): Handbuch Neue Steuerung im Schulsystem. Wiesbaden, S. 327–354.

Giessner, S. R., Viki, G. T., Otten, S., Terry, D. J., Täuber, S. (2006): The challange of merging: Merger patterns, pre-merger and merger support. In: Personality and Social Psychology Bulletin, H. 32, S. 339–352.

Gräsel, C., Fussangel, K., Pröbstel, C. (2006): Lehrkräfte zur Kooperation anregen – eine Aufgabe für Sysiphos? In: ZfPäd (52. Jg.) H. 2/2006, S. 205–237.

Helsper, W. (2008): Schulkulturen als symbolische Sinnordnungen und ihre Bedeutung für die pädagogische Professionalität. In: Helsper, W., Busse, S., Hummrich, M., Kramer, R.-T. (Hrsg.): Pädagogische Professionalität in Organisationen. Neue Verhältnisbestimmungen am Beispiel der Schule. Wiesbaden, S. 115–145.

Helsper, W. (2010): Der kulturtheoretische Ansatz: Entwicklung der Schulkultur. In: Bohl, T., Helsper, W., Holtappels, H.-G., Schelle, C. (Hrsg.): Handbuch Schulentwicklung. Bad Heilbrunn, S. 106–112.

Lohmann, A. (2009): Formen schulischer Zusammenarbeit – ein Überblick. In: Buchen, H., Horster, L., Rolff, H.-G. (Hrsg.): Schulverbünde und Schulfusion – Notlösung oder Impuls. Stuttgart, S. 9–16.

Meister, G. (2009): Auswirkungen aktueller demographischer Entwicklungen auf die Ganztagsschulentwicklung von Sekundarschulen im Land Sachsen-Anhalt. In: ZfPäd 54. Beiheft, S. 106–121.

Meister, G., Schnetzer, T. (2009): Innerschulische Kooperation – Chance und Restriktion in der Entwicklung ganztägiger Konzeptionen. In: Prüß, F., Kortas, S., Schöpa, M. (Hrsg.): Die Ganztagsschule: von der Theorie zur Praxis. Anforderungen und Perspektiven für Erziehungswissenschaft und Schulentwicklung. Weinheim, S. 157–170.

Rösner, E. (2009): Schulfusionen in Schleswig-Holstein. Versuch einer ersten Beschreibung eines tiefgreifenden Veränderungsprozesses. In: Buchen, H., Horster, L., Rolff, H.-G. (Hrsg.): Schulverbünde und Schulfusion – Notlösung oder Impuls. Stuttgart, S. 17–28.

Scherer, A. (2009): Die Zusammenlegung von Schulen erfolgreich gestalten. In: Buchen, H., Horster, L., Rolff, H.-G. (Hrsg.): Schulverbünde und Schulfusion – Notlösung oder Impuls. Stuttgart, S. 53–70.

Sikorski, S. (2007): Differenzierungsprozesse in städtischen Schullandschaften: Das Beispiel der Hauptschulen. In: ZfPäd (Jg. 53) H. 3/2007, S. 284–298.

Steinert, B., Klieme, E., Maag Merki, K., Döbrich, P., Halbheer, U., Kunz, A. (2006): Lehrerkooperation in der Schule: Konzeption, Erfassung, Ergebnisse. In: ZfPäd (52. Jg.) H. 2/2006, S. 185–204.

Terhart, E., Klieme, E. (2006): Kooperation im Lehrerberuf – Forschungsbefunde, Problemanalysen, Reformkonzepte. Weinheim.

Tischendorf, K. I. (2007): Problematische Intergruppen-Beziehungen nach Schulfusionen. Die Rolle relativer Eigengruppen-Prototypikalität in Abhängigkeit von der Bewertung der fusionierten Gruppe. (Monographie, online unter: http://deposit.d-nb.de/cgi-bin/dokserv?idn=985896493&dok_var=d1&dok_ext=pdf&filename=985896493.pdf).

Weishaupt, H. (2002): Demographie und Schulentwicklung in den neuen Ländern. In: Döbert, H., Fuchs, H.-W., Weishaupt, H. (Hrsg.): Transformation in der ostdeutschen Bildungslandschaft. Eine Forschungsbilanz. Opladen, S. 51–62.

Weishaupt, H., Zedler, P. (1994): Aspekte der aktuellen Schulentwicklung in den neuen Ländern. In: Rolff, H.-G., Bauer, K.-O., Klemm, K. (Hrsg.): Jahrbuch der Schulentwicklung Bd. 8. Daten, Beispiele und Perspektiven. Weinheim/München, S. 395–429.

Zymek, P. (2007): Die Aktualität der regionalen Schulentwicklung als Gegenstand der empirischen Bildungsforschung. In: ZfPäd (Jg. 53) H. 3/2007, S. 279–283.

III Ergänzende Perspektiven

Die Rolle der kollektiven Selbstwirksamkeit von Lehrkräften für erfolgreiche Schul- und Unterrichtsentwicklungsprozesse – Ergebnisse einer empirischen Studie

Olga Zlatkin-Troitschanskaia und Manuel Förster

1 Einleitung

Insbesondere im Rahmen des neuen outputorientierten Steuerungsmodells kommt der Zusammenarbeit im Lehrkollegium ein zentraler Stellenwert zu. Sowohl die Forschung als auch die Bildungspraxis zeigen einstimmig, dass die Zusammenarbeit im Lehrkollegium eine notwendige Voraussetzung für die erfolgreiche Realisierung von Schulentwicklungs- sowie schulübergreifenden Unterrichtsentwicklungsprozessen darstellt (s. z. B. die Beiträge in Zeitschrift für Pädagogik, 2006; auch Buske und Zlatkin-Troitschanskaia, 2009).

Dass an den Schulen i. d. R. ein Zustand einer wohlwollenden kollegialen Atmosphäre herrscht, zeigen mehrere Forschungsstudien. Allerdings wird dabei öfter kritisiert, dass es sich um eine sogenannte Scheinkooperation, jedoch weniger um eine faktische Zusammenarbeit im Rahmen der Unterrichts- bzw. Schulentwicklung handelt (s. z. B. Terhart und Klieme, 2006). Anderen Studien zufolge kann genau eine solche eher formale Zusammenarbeit festgestellt werden; der jedoch keine gemeinsamen, kollektiv geteilten pädagogischen Einstellungen zugrunde liegen (vgl. hierzu kritisch Bonsen und Rolff, 2006). Allerdings können sich gerade durch eine solche kollegiale Zusammenarbeit mit den Kollegen – so die allgemein akzeptierte Annahme – kollektive Einstellungsmuster in der Schule entwickeln und etablieren (zum Lernen im Schulkollegium als kollektivem Prozess s. auch Rahm, 2010). So konnten z. B. Bergmann und Rollett (2008) empirisch zeigen, dass die Effekte seitens der Kooperation mit Lehrkollegen auf die Innovationsbereitschaft wesentlich über solche kollektive Einstellungen vermittelt werden – demnach stellt der Faktor „wahrgenommener Zusammenhalt im Kollegium" ein zentraler Mediator sowie auch Prädiktor mit dem stärksten Effekt dar.

Eine weiterführende theoretische und empirische Auseinandersetzung mit kollegialen Einstellungen und Verhalten in der Schule kann aus den verschiedenen Forschungsperspektiven erfolgen. Im Rahmen des DFG geförderten Projekts „Wirksamkeit einer bildungspolitischen Reformstrategie im öffentlichen (Be-

rufs-)Schulwesen – Mehrebenenanalyse am Beispiel der erweiterten Autonomie
der Einzelschule (Kennzeichnen ZL 53/1-1)" wurde die *organisationspsychologische Perspektive* fokussiert und hierbei u. auch untersucht, inwieweit solche
kollegialen oder weniger kollegialen Einstellungen im Lehrkollegium die Imp-
lementierungsprozesse von bildungspolitischen Reformen und deren Wirksamkeit fördern oder eben behindern können (Zlatkin-Troitschanskaia, 2006). Hierzu
wurde im Rahmen einer quantitativen Studie[1] in Anlehnung an die (organisati-
ons-)psychologische Forschung auf das bewährte Konstrukt „kollektive Selbstwirksamkeit" als ein geeigneter Indikator zur Erfassung solcher kollegialer Einstellungen in der Schule zurückgegriffen, wie dies z. B. bereits Parker (1994)
zeigte (s. auch Bandura, 1995; Schwarzer und Schmitz, 1999). Die kollektive
Selbstwirksamkeit umfasst damit einen entscheidenden Prädiktor für die Kollegialität und Kooperation der Lehrkräfte. Für eine effektive und erfolgreiche Zusammenarbeit ist die Überzeugung unabdingbar, dass man mit den Kollegen die
angestrebten Ziele erreichen und auch Schwierigkeiten überwinden kann. Ist
diese Überzeugung nicht vorhanden, kann es oftmals nur zu oben bereits
erwähnten Scheinkooperationen kommen. Um dies zu prüfen, wurde bewusst mit
der (Reform-)Bereitschaft zur Umsetzung des Schulprogramms ein Reform-
gegenstand als abhängige Variable gewählt, der die Kommunikation und
Zusammenarbeit der Kollegen besonders fokussiert. Die Beispielitems der Skala
Reformbereitschaft wie „ich werde Kolleginnen und Kollegen dabei unterstützen, unser Schulprogramm umzusetzen", „ich werde gern meine eigenen Aktivitäten mit denen anderer koordinieren, um die positive Wirkung unseres Schulprogramms zu maximieren" und „ich werde mich im Kollegium und mit anderen
Lehrkräften über die geplante Umsetzung unseres Schulprogramms austauschen"
verdeutlichen den starken kollektiven Kontext der Zielvariable Reformbereitschaft.

In diesem Beitrag wird zunächst auf den theoretischen Hintergrund der
kollektiven Selbstwirksamkeit und ihre Bedeutung im Rahmen der Schulentwicklung eingegangen. Die Betrachtung von kollegialen Einstellungen in den
Schulen erfolgt aus einer *organisationspsychologischen Perspektive*[2]. Darauf
aufbauend wurden die theoretischen Annahmen und die untersuchungsleitenden
Hypothesen formuliert. Im nachfolgenden Kapitel werden dann ausgewählte
Befunde aus der empirischen Studie präsentiert und diskutiert, die an 15 Berliner
berufsbildenden Schulen durchgeführt wurde. Der Beitrag schließt mit einem
Fazit und Ausblick.

---

[1] Im Rahmen der qualitativen Erhebung wurde die Erfassung und Konstruktion von kollektiven
mentalen Modellen vorgenommen (s. hierzu Preuße und Zlatkin-Troitschanskaia, 2008).
[2] Die organisationssoziologischen und professionstheoretischen Perspektiven können hier nicht
weiter berücksichtigt werden; hierzu s. die Beiträge von Kuper und Kapelle sowie Idel und Ullrich in
diesem Band.

2   Zum theoretischen Hintergrund

Das Konstrukt „kollektive Selbstwirksamkeit" ist nach Bandura (1995; 1997) auf der Ebene der kollektiven Überzeugungen angesiedelt (Warner und Schwarzer, 2009, Schwarzer und Jerusalem, 2002, Schmitz und Schwarzer, 2002). Demnach umfasst dieses Konstrukt die Einstellung zur bzw. die Einschätzung von Gruppenselbstwirksamkeit durch das einzelne Mitglied in dieser Gruppe (Schwarzer und Jerusalem, 2002, Warner und Schwarzer, 2009). Das Konstrukt erfährt in der sozial-kognitiven Theorie von Bandura eine zentrale Stellung, denn gerade solche subjektiven Überzeugungen steuern maßgeblich menschliche Prozesse (wie kognitive, motivationale, emotionale und aktionale Prozesse) (Warner und Schwarzer, 2009, S. 629). Bandura (1997, S. 476; Übersetzung nach Schmitz und Schwarzer, 2002, S. 195), bezeichnet als kollektive Selbstwirksamkeit, „die von einer Gruppe geteilte Überzeugung in ihre gemeinsamen Fähigkeiten, die notwendigen Handlungen zu organisieren und auszuführen, um bestimmte Ziele zu erreichen". Warner und Schwarzer (2009) präzisieren diese Definition insofern, als es sich bei diesen Handlungen „nicht um Aufgaben, die durch einfache Routine lösbar sind", handelt, sondern um „neue oder schwierige Anforderungssituationen" [...] „mit einem Schwierigkeitsgrad, der Anstrengung und Ausdauer für die Bewältigung erforderlich macht" (ebd., S. 629).

Unsere *erste* theoretische Annahme besagt, dass die Umsetzung von neuen Steuerungsmaßnahmen und -instrumenten in der Schule – wie erweiterte Autonomie und damit notwendigerweise einhergehende Schul- und Unterrichtsprozesse – eine derartige Handlung im Sinne der obigen Definition darstellt (zur Möglichkeit der Übertragung der Theorie der kollektiven Selbstwirksamkeit auf die Schulreform im Ganzen s. z. B. Edelstein, 2002). Unsere *zweite* theoretische Annahme geht davon aus, dass die kollektive Selbstwirksamkeit als eigenständiges Konstrukt in der Schule/im Lehrkollegium modelliert und zuverlässig erfasst werden kann (s. z. B. Warner und Schwarzer, 2009, und dort zitierte Studien). Unsere *dritte* Annahme basiert auf der *Zusammenhangshypothese*, wonach die kollektive Selbstwirksamkeit des Lehrkollegiums dessen Reformbereitschaft positiv in einer wechselseitigen Beziehung stehen Eine Erhöhung der Ausprägung der kollektiven Selbstwirksamkeit sollte also im Mittel mit einer Erhöhung der Reformbereitschaft einhergehen. So heben auch Schwarzer und Schmitz im Rahmen ihrer Studie (1999) die Bedeutung der kollektiven Selbstwirksamkeit für pädagogische Innovationsprozesse im Schulsystem hervor. Ebenfalls konnte Parker bereits im Jahr 1994 zeigen, dass ein Lehrkollegium mit einer höheren Selbstwirksamkeit anspruchsvollere Reformziele anstrebt (zu den guten Prädiktoreigenschafen der kollektiven Selbstwirksamkeit, z. B. hinsichtlich der Teamleistung, s. auch die Metaanalyse von Stajkovic et al., 2009, sowie von Gully et al., 2002). Auch in den jüngeren Veröffentlichungen (s z. B. Warner und Schwarzer, 2009) wird betont, dass ein Lehrkollegium mit einer hohen kollektiven Selbstwirksamkeit tendenziell höhere Reformziele verfolgen und seine Bemühungen, ggf. auch trotz Umsetzungsprobleme und Schwierigkeiten, aufrechterhalten wird. Ein typisches Beispielitem in diesem Kontext ist: „Ich bin davon überzeugt, dass wir als Lehrer gemeinsam für pädagogische Qualität sorgen können, auch wenn die Ressourcen der Schule geringer werden sollten" (Schwarzer und Schmitz, 1999).

3   Empirische Befunde

Im Rahmen der quantitativen Studie wurde die Methode einer schriftlichen Befragung mittels eines Fragebogens gewählt. So konnten mehrere Forscher/-innen (s. die Metaanalyse von Stajkovic et al., 2009) zeigen, dass die Selbstwirksamkeit in einer Gruppe hinreichend valide und zuverlässig erfasst werden kann, indem die Einzelwerte der befragten Teammitglieder (hier Lehrkräfte und Schulleitungen) aufaddiert werden.

In unserer Studie wurden die Lehrkräfte und Mitglieder der Schulleitung an insgesamt 15 berufsbildenden Oberstufenzentren[3] im Bundesland Berlin in 2006 befragt. Der eingesetzte Fragebogen besteht aus 9 Skalen mit insgesamt 54 inhaltlichen Items und verwendet eine 6er-Lickertskala mit dem Wertebereich 1–6, mit der die verschiedenen Items durch die Probanden bewertet werden konnten. Dabei drückt eine 1 eine stark ablehnende, eine 6 eine stark zustimmende Haltung aus.

Neben den inhaltlichen Fragen umfasst der Fragebogen auch deskriptive Items, in welchen die Probanden z. B. nach ihrem höchsten Deputat, der Dauer im Schuldienst und nach ihrer Zugehörigkeit zur Schulleitung befragt wurden. Insbesondere bei den deskriptiven Items stellt die Anzahl der fehlenden Werte ein Problem dar. Von den letztlich 885 in die Untersuchung eingegangenen Probanden konnten 78 der Schulleitung und 584 dem Lehrerkollegium eindeutig zugeordnet werden. Somit konnten ca. 25 % der Probanden (223 Fälle) wegen fehlender Angaben keiner der Gruppen zugeordnet werden.[4] Besser sieht es bezüglich der fehlenden Werte bei den inhaltsbezogenen Items aus. Hier liegt der Anteil der nicht gegebenen Antworten bei allen Items unter 10 %, im Mittel bei ca. 4,5 %. Bei allen Fällen wurden die fehlenden Werte der inhaltlichen Items

---

[3] Oberstufenzentrum ist eine große berufsbildende Schule, in der unter einem gemeinsamen Dach mehrere verschiedene Bildungsgänge eines Berufsfeldes zusammengefasst sind.
[4] Im weiteren Verlauf werden diese Probanden aus Vereinfachungsgründen den Lehrkräften zugerechnet.

mithilfe der Methode der Data Augmentation geschätzt.[5] Von einer Ersetzung der Missing Values bei den deskriptiven Items wurde abgesehen, da hier die Möglichkeit von Fehlspezifikationen wegen des hohen Anteils fehlender Antworten und dem Vorliegen lediglich binärer Daten deutlich größer ist.

In einem weiteren Schritt wurde eine multivariate Ausreißeranalyse durchgeführt. Hier wurde mithilfe einer Log-Likelihood-Funktion ein Wert pro Fall berechnet, der aussagt, inwieweit die gegebenen Antworten des Probanden stark von denen der anderen Befragten abweichen. Auf Basis der Analyse mussten 8 Fälle eliminiert werden.

Die zweite Annahme, dass kollektive Selbstwirksamkeit im Projektkontext valide und zuverlässig erfasst werden kann, wurde im Rahmen der Faktor- und der Reliabilitätsanalyse überprüft. Im Rahmen des Projekts konnte aus Zeitgründen nur eine Kurzskala zur kollektiven Selbstwirksamkeit mit vier Items eingesetzt werden. Im Zuge einer explorativen Faktoranalyse aller Items und Skalen zeigte sich, dass alle vier Items auf den einen Faktor mit hohen Faktorladungen (über 0,6) laden.[6] Die innere Konsistenz der gebildeten Skala kann mit einem Alpha von 0,83 als gut bezeichnet werden.

Interessanterweise konnten jedoch im Rahmen eines weiteren Analyseschrittes einige Differenzen in den Einstellungen zwischen den Lehrkräften und den Schulleitungen an den befragten Schulen festgestellt werden. So beurteilen die Schulleitungen die kollektive Selbstwirksamkeit ihrer Lehrkollegien signifikant höher als Lehrkräfte selbst (s. Tabelle 1).

Tabelle 3: Vergleich der Gruppe der Schulleiter mit den Lehrkräften

Kategorie	Lehrkräfte		Schulleitung		T-Test		Effektstärken	Mann-Whitney-U
	MW	SD	MW	SD	T-Wert	P-Wert	Cohen's d	Signifikanz
kollektive Selbstwirksamkeit	4.50	0.82	4.70	0.84	2.09	0.04	0.25	0.02

---

[5] Die Ersetzung wurde mit der Ersetzungssoftware NORM durchgeführt. Zum Ersetzungsalgorithmus und der Vorgehensweise der Data Augmentation siehe Tanner und Wong (1987).
[6] Zur Validierung der Skalen wurde weiterhin eine konfirmatorische Faktorenanalyse mit der Software MPlus berechnet. Diese ergab einen nur mäßigen Fit (RMSEA = 0,107, TLI = 0,906, Chi²-Wert = 7774 bei 72 Freiheitsgraden), was bei einem Input von 54 Items bei 9 Konstrukten und einer Stichprobengröße von mehr als 850 Probanden ohne Modifikationen zu erwarten ist.

Die Effektstärke ist mit Cohen's d = 0,25 relativ schwach, jedoch auf dem 0,05 %-Niveau signifikant. Zugleich muss jedoch konstatiert werden, dass auch bei den Lehrkräften die Einschätzung der kollektiven Selbstwirksamkeit im Schnitt überdurchschnittlich hoch ausfällt. Denn mit einem Mittelwert von 4,5 liegen die Urteile einen ganzen Skalenpunkt oberhalb des theoretischen Mittelwerts (= 3,5).

Im weiteren Analyseschritt wurde die Zusammenhangshypothese mittels der Regressionsanalyse überprüft. Hier wurde u. a. betrachtet, ob die kollektive Selbstwirksamkeit als signifikanter Einflussfaktor auf die Reformbereitschaft von den befragten Lehrkollegien und Schulleitungen beurteilt wird.

Betrachtet man die Regressionsergebnisse mit der abhängigen Variable *Reformbereitschaft*, so zeigt sich interessanterweise, dass die Skala kollektive Selbstwirksamkeit bei einer schrittweisen Regression bei der Analyse der Urteile der *Lehrkollegien* kein signifikanter Einflussfaktor im Regressionsmodel darstellt. Hingegen zeigt die Analyse auf Basis der Antworten der Schulleitungsmitglieder, dass bei dieser Befragtengruppe der Glaube an die Leistungsfähigkeit und den Zusammenhalt des eigenen Kollegiums (kollektive Selbstwirksamkeit, $Beta_{Schulleitung}$ = 0.278; p = 0.003) sich unterstützend auf die Reformbereitschaft auswirkt und gemeinsam mit zwei weiteren Faktoren knapp 50 % der Varianz erklären kann (vgl. Tab. 2).

Tabelle 4:   Regression mit dem Konstrukt Reformbereitschaft der Ebene Schulleitung[7]

Modell	R	R^2	Korr. R^2	Standard-fehler	B	Standard-fehler	Beta	T	Signifi-kanz
(Konstante)					4.441	0.117		37.999	0.000
Innovativität					0.784	0.104	0.664	7.565	0.000
kollektive Selbst-wirksamkeit	0.706	0.499	0.478	0.55065	0.267	0.086	0.278	3.096	0.003
hierarchische Schulstrukturen					0.269	0.126	0.198	2.142	0.036

Nach den Urteilen der Schulleitungsmitglieder sind für die Reformbereitschaft im Lehrkollegium dessen kollektive Selbstwirksamkeit, die Innovativität der einzelnen Lehrkräfte und klare hierarchische Schulstrukturen entscheidend. Mit Blick auf den theoretischen Hintergrund kann man die drei Prädiktoren drei

---

[7] Die unabhängigen Variablen wurden zur leichteren Interpretation der Koeffizienten am Gesamtmittelwert der Lehrkräfte bzw. Mitglieder der Schulleitung zentriert (Grand-Mean-Centering, vgl. Langer, 2004, 49).

verschiedenen Ebenen zuordnen: Die Innovativität bezieht sich auf *die individuelle Ebene* der Lehrkräfte i. S. einer individuellen Personeneigenschaft. Wie im Kapitel 2 gezeigt, bezieht sich die kollektive Selbstwirksamkeit als eine kollektiv geteilte Gruppenüberzeugung auf eine *kollektive Ebene*. Der Faktor Schulstruktur bezieht sich auf die personenübergreifende *strukturelle Ebene*. Betrachtet man diese Befunde zusammenfassend, so kann festgestellt werden, dass die Schulleitungsmitglieder diese drei Ebenen als hoch bedeutsam für die Reformbereitschaft an den Schulen einschätzen und dabei auf der überindividuellen Ebene gerade die kollektive Selbstwirksamkeit als signifikanten Einflussfaktor benennen.

4 Fazit

Zusammenfassend kann konstatiert werden: Im Hinblick auf die Existenzhypothese ist festzuhalten, dass die kollektive Selbstwirksamkeit als ein eigenständiges Konstrukt in der Schule/im Lehrkollegium modelliert und hinreichend zuverlässig erfasst werden kann. Dies gilt auch bei einer differenzierten Betrachtung der befragten Schulgruppen (Lehrkräfte, Schulleitung).

Bei der Überprüfung der Zusammenhangshypothese ergibt sich jedoch ein differenzierteres Bild. Während bei den Schulleitungen die kollektive Selbstwirksamkeit eine bedeutsame Varianzaufklärung der Reformbereitschaft leistet, stellt sie nach den Urteilen der Lehrkollegien keinen signifikanten Prädiktor der Reformbereitschaft dar. Insgesamt wird diesen Analysen zufolge seitens der Schulleitungsmitglieder der kollektiven Selbstwirksamkeit wesentlich mehr Bedeutung in den schulischen Reformprozessen als seitens der Lehrkräfte zugesprochen. Dieser Befund kann auch durch die Ergebnisse der qualitativen Befragung im Rahmen des Projekts gestützt werden (s. Preuße und Zlatkin-Troitschanskaia, 2008).

Die theoretisch angenommene förderliche Wirkung der kollektiven Wirksamkeit konnte jedoch für die Befragtengruppe der Lehrkräfte nicht ermittelt werden. Es zeigt sich, dass ein hoher Glaube an die Leistungsfähigkeit des Kollegiums bei den Lehrkräften nicht zwangsläufig zu einer – für erfolgreiche Reformumsetzung unabdingbaren – verstärkten Kommunikation und Zusammenarbeit in neuen innovativen Inhaltsbereichen führt. Dieser Befund liegt konträr zu den eingangs erwähnten Studien zu den allgemeinbildenden Schulen. Hier könnten längsschnittlich und vergleichend mit Kontrollgruppendesign angelegte Folgestudien die Forschungsfragen beantworten, ob und wie die Einschätzungen und Einstellungen der Lehrkräfte in den verschiedenen Schultypen sich im Verlauf der Reformprozesse verändern und auf welche (ggf. auch schultypenspezifische) Faktoren es wiederum zurückgeführt werden kann. Denn die differenzierten Befunde zeigen eindeutig, dass die kollektive Selbstwirksamkeit nicht den einzigen Einflussfaktor für erfolgreiche Reform- und Innovationsumsetzung darstellt. So legen Buske und Zlatkin-Troitschanskaia (2009) empirische Hinweise dafür vor, dass neben der individuellen Innovationsbereitschaft auch die kollektive Innovationsbereitschaft von Lehrkollegien einen zentralen Moderator für die Wirksamkeit bildungspolitischer Steuerungsinstrumente und pädagogischer Innovation darstellt. Des Weiteren heben Zlatkin-Troitschanskaia und Förster (2009) die Bedeutung der Lehrprofessionalität auf die erfolgreiche Schulentwicklung hervor und betonen, dass es als ein notwendiger – wenn auch kein hinreichender – Bedingungsfaktor verstanden werden kann. Ohne hinreichende berufliche Handlungskompetenz könnte eine kollektive Selbstwirksamkeit zu einer Überschätzung der eigenen Möglichkeiten im Lehrkollegium führen und damit im Gesamtergebnis für die Reformumsetzung wenig nutzen. Jedoch hängen nach den empirischen Befunden in Zlatkin-Troitschanskaia und Förster (2009) auch eine hohe Innovationsbereitschaft und eine ausgeprägte Schulentwicklungskompetenz nur schwach mit der faktischen Umsetzung der Veränderungs- und Entwicklungsmaßnahmen zusammen. Die Gesamtschau der Befundlage spricht dafür, dass bei den zukünftigen Forschungsbemühungen alle drei Ebenen (Individuum, Kollegium, Struktur) und vor allem deren komplexes Zusammenspiel noch stärker in den Blick genommen und auch mehrebenenanalytisch untersucht werden müssen.

Literatur

Bandura, A. (1995): Exercise of personal and collective efficacy in changing societies. In: Bandura, A. (Ed.), Self-efficacy in changing societies (S. 1–45). New York.

Bandura, A. (1997): Self-efficacy: The exercise of control. New York.

Bergmann, K., Rollett, W. (2008): Kooperation und kollegialer Konsens bzw. Zusammenhalt als Bedingungen der Innovationsbereitschaft von Lehrerkollegien an Ganztagsschulen. In: Lankes, E.-M. (Hrsg.), Pädagogische Professionalität als Gegenstand empirischer Forschung. Münster, S. 291–303.

Bonsen, M., Rolff, H. G. (2006): Professionelle Lerngemeinschaften von Lehrerinnen und Lehrern. Zeitschrift für Pädagogik, 52, 2, S. 167–184.

Buske, R., Zlatkin-Troitschanskaia, O. (2009): Kollektive Innovationsbereitschaft von Lehrkollegien als Moderator für die Wirksamkeit bildungspolitischer Steuerung. In: Böttcher et al. (Hrsg.): Evidenzbasierte Bildung. Wirkungsevaluation in Bildungspolitik und pädagogischer Praxis. Münster.

Edelstein, W. (2002): Selbstwirksamkeit, Innovation und Schulreform. Zur Diagnose der Situation. Zeitschrift für Pädagogik 44, S. 13–27.

Gully, S. M., Incalcaterra, K. A., Joshi, A., Beaubien, J. M. (2002): A meta-analysis of team-efficacy, potency, and performance: Interdependence and level of analysis as moderator of observed relationships. Journal of Applied Psychology, 87, S. 819–832.

Langer, W. (2004): Mehrebenenanalyse: Eine Einführung für Forschung und Praxis (1. Aufl.). Wiesbaden.

Parker, L. E. (1994): Working together: Perceived self- and collective-efficacy at the workplace. Journal of Applied Social Psychology, 24(1), S. 43–59.

Preuße, D., Zlatkin-Troitschanskaia, O. (2008): Kollektiv geteilte mentale Modelle der Steuerungsakteure von Reformstrategien im öffentlichen Schulwesen. In: Lankes, E.-M. (Hrsg.): Pädagogische Professionalität als Gegenstand empirischer Forschung. Münster.

Rahm, S. (2010): Kooperative Schulentwicklung. In: Bohl, T. (Hrsg.): Handbuch Schulentwicklung: Theorie – Forschungsbefunde – Entwicklungsprozesse – Methodenrepertoire. Bad Heilbrunn, S. 83–86.

Schmitz, G. S., Schwarzer, R. (2002): Individuelle und kollektive Selbstwirksamkeitserwartung von Lehrern. Zeitschrift für Pädagogik, 44, S. 192–214.

Schwarzer, R., Jerusalem, M. (2002): Das Konzept der Selbstwirksamkeit. In: Jerusalem, M., Hopf, D. (Hrsg.): Selbstwirksamkeit und Motivationsprozesse in Bildungsinstitutionen. Zeitschrift für Pädagogik, 44, S. 28–53.

Schwarzer, R., Schmitz, G. S. (1999): Kollektive Selbstwirksamkeitserwartung von Lehrern: Eine Längsschnittstudie in zehn Bundesländern. Zeitschrift für Sozialpsychologie, 30, S. 262–274.

Stajkovic, A. D., Lee, D., Nyberg, A. J. (2009): Collective efficacy, group potency, and group performance: Meta-analyses of their relationships, and test of a mediation model. Journal of Applied Psychology, 94, S. 814–828.

Tanner, M. A., Wong, W. H. (1987): The Calculation of Posterior Distributions by Data Augmentation. Journal of the American Statistical Association, 82, S. 528–540.

Terhart, E., Klieme, E. (2006): Kooperation im Lehrerberuf: Forschungsproblem und Gestaltungsaufgabe. Zur Einführung in den Thementeil. Zeitschrift für Pädagogik, 52 (2), S. 163–166.

Warner, L. M., Schwarzer, R. (2009): Selbstwirksamkeit bei Lehrern. In: Zlatkin-Troitschanskaia, O., Beck, K., Sembill, D., Nickolaus, R., Mulder, R. (Hrsg.): Lehrprofessionalität – Bedingungen, Genese, Wirkungen und ihre Messung. Weinheim/ Basel.

Zeitschrift für Pädagogik (2006): Schwerpunktthema: Kooperation im Lehrberuf, 52 (2).

Zlatkin-Troitschanskaia, O. (2006): Steuerbarkeit von Bildungssystemen mittels politischer Reformstrategien – Interdisziplinäre theoretische Analyse und empirische Studie zur Erweiterung der Autonomie im öffentlichen Schulwesen. Frankfurt/M.

Zlatkin-Troitschanskaia, O., Förster, M. (2009): Wirkung der Lehrerprofessionalität auf Schulorganisation und -entwicklung. In: Zlatkin-Troitschanskaia, O., Beck, K., Sembill, D., Nickolaus, R., Mulder, R. (Hrsg.): Lehrprofessionalität – Bedingungen, Genese, Wirkungen und ihre Messung. Weinheim/Basel.

Lehrerbildung und Lehrerkooperation Programmatik, Ausbildungsrealität und Befunde zu den Voraussetzungen von Lehramtsstudierenden für die kollegiale Zusammenarbeit im Beruf

Martin Rothland

1 Ausgangslage: Lehrerkooperation als Gegenstand und Kooperationsfähigkeit als Ziel der Lehrerbildung?

Kollegialität und Kooperation der Lehrkräfte einer Schule werden als Merkmale guter Schulen bzw. Bedingungen der Schul- und Unterrichtsqualität auf der Basis entsprechender Forschungsbefunde betont (vgl. zusammenfassend u. a. Pröbstel, 2008; Kullmann, 2010; Halbheer und Kunz, 2011 sowie die Beiträge in diesem Band). Die Kooperation der Lehrerinnen und Lehrer in der *Schul- und Unterrichtspraxis* erscheint in den Ergebnissen der Forschung angesichts der vielfach beschriebenen Vorzüge und positiven Wirkungen der Lehrerkooperation jedoch vielfach defizitär. Kooperationsmaßnahmen, die den niedrigsten Anforderungsgrad an die kollegiale Zusammenarbeit aufweisen, dominieren (vgl. Gräsel et al., 2006; Steinert et al., 2006) und tendenziell praktizieren Lehrerinnen und Lehrer weniger intensive unterrichtsbezogene Zusammenarbeit, je höher der Bildungsgang ihrer Schule ist (vgl. Helmke et al., 2002; Radisch und Steinert, 2005; Klieme et al., 2006). Insgesamt wird – so der Eindruck – umso zurückhaltender kooperiert, je mehr der Unterricht des einzelnen Lehrers und seine individuelle Arbeitssphäre tangiert werden.

Grundsätzlich scheint das Problem einer unzureichenden kooperativen Praxis im Lehrerberuf allerdings nicht allein auf die charakteristischen Bedingungen der Berufstätigkeit zurückzuführen zu sein (ein Lehrer unterrichtet alleine eine Gruppe von Schülern), sondern auch auf ungünstige Einstellungen der Lehrkräfte. In der Lehrerbefragung des Instituts für Schulentwicklungsforschung aus dem Jahre 2006 ($n = 1034$) stimmen bspw. 62 % der Befragten der Aussage völlig oder zumindest überwiegend zu *„In den Unterricht redet mir niemand hinein"* (vgl. Kanders und Rösner, 2006, S. 36). Solche, über die Selbstauskünfte der aktiven Lehrerinnen und Lehrer erfassten Überzeugungen unterstützen schließlich das tradierte Bild von den Lehrerinnen und Lehrern als Einzelkämpfern bzw. vom sprichwörtlichen Lehrerindividualismus. Ob und in welcher Form nicht allein Fort- und Weiterbildungsmaßnahmen (vgl. Gräsel et al., 2004; Gräsel et al., 2006), sondern auch die erste und zweite Phase der Lehrerbildung Einfluss auf die Einstellung der angehenden Lehrkräfte zur kollegialen Kooperation haben bzw. allgemeiner bedeutsam für den Grad und die Ausprägung Lehrerkooperation in der schulischen Praxis sind, wurde bislang, wenn überhaupt, nur in Ansätzen thematisiert (vgl. Autenrieth, 1997). Mit Blick auf die Lehrerbildung dominiert zunächst die *Programmatik* – etwa in den Standards für die Lehrerbildung – bezogen auf das Thema Lehrerkooperation als inhaltlicher Gegenstandsbereich der Lehrerbildung und auch bezogen auf notwendige, personengebundene Voraussetzungen der angehenden Lehrkräfte (*Kooperationsfähigkeit*). Gemeint sind zu vermittelnde sozial-kommunikative Fähigkeiten und Fertigkeiten, die insbesondere bezogen auf den Unterricht als *organisierter Interaktion* (Lüders, 2003), aber auch über das Unterrichtshandeln hinaus für die kollegiale Interaktion und Kooperation bedeutsam sind. Die programmatischen Vorgaben bzw. Erwartungen an die Lehrerbildung und Befunde zur ihrer Realisierung sollen im Folgenden kurz skizziert werden.

1. In den Standards für die Lehrerbildung von Oser (2001, S. 238 f.) ist eine Standardgruppe mit acht Standards der „Zusammenarbeit innerhalb der Schule" gewidmet. Lehramtsstudierende sollen den Oserschen Standards folgend u. a. lernen, „auf welchen Gebieten und wie mit Kolleginnen und Kollegen" kommuniziert und kooperiert werden kann und muss, sich „gemeinsam mit Kolleginnen und Kollegen auf Standards des Lehrerhandelns zu einigen" und „den Unterricht von Kolleginnen und Kollegen zu beobachten und differenziert Feedback zu geben" (ebd., S. 239).

2. In der Expertise von Terhart (2002, S. 30) wird die „*Kommunikationsfähig-keit* über Inhalte, Strukturen und Probleme des unterrichtsfachlichen, päda-gogisch-didaktischen und schulbezogenen Bereichs" als Ziel der ersten Phase der Lehrerbildung ebenso wie der Aspekt der Kooperation – „mit Kollegen, Eltern, außerschulischen Institutionen" – als Standard für das er-ziehungswissenschaftliche Studium betont (ebd., S. 35). Die „Entwicklung und Erprobung der eigenen beruflichen Handlungs- und Reflexionsfähigkeit [...] bei der *Kooperation mit Kollegen* zum Zweck der Unterrichts- und Schulentwicklung" soll in der zweiten Phase der Lehrerbildung erfolgen (ebd., S. 30).

3. In den „Standards für die Lehrerbildung: Bildungswissenschaften" der KMK (2004/2005) werden schließlich unter den curricularen Schwerpunk-ten in der Lehrerbildung „Kommunikation, Interaktion und Konfliktbewäl-

tigung als grundlegende Elemente der Lehr- und Erziehungstätigkeit" hervorgehoben (ebd., S. 282). In den Kompetenzbereichen „Beurteilen" und „Innovieren" finden sich darüber hinaus konkrete, auf die kollegiale Kooperation ausgerichtete Standards insbesondere für die „praktischen Ausbildungsabschnitte". So heißt es etwa für den Kompetenzbereich *Beurteilen*: „Die Absolventinnen und Absolventen [...] kooperieren mit Kolleginnen und Kollegen bei der Erarbeitung von Beratung/Empfehlungen" und „... verständigen sich auf Beurteilungsgrundsätze mit Kolleginnen und Kollegen" (ebd., S. 288). Im Bereich *Innovieren* wird erwartet, dass die „Absolventinnen und Absolventen [...] kollegiale Beratung als Hilfe zur Unterrichtsentwicklung und Arbeitsentlastung" praktizieren, Rückmeldungen geben, „die Rückmeldungen anderer dazu [nutzen], ihre pädagogische Arbeit zu optimieren" und „Unterstützungsmöglichkeiten für Lehrkräfte" kennen und nutzen (ebd., S. 289). Als Ergebnis der ersten Phase der Lehrerbildung wird erwartet, dass die „Absolventinnen und Absolventen [...] die Bedingungen für erfolgreiche Kooperation" kennen (ebd., S. 290).

Zur Umsetzung der unterschiedlichen lehrerkooperationsbezogenen Standards für die Lehrerbildung liegen lediglich für die Oserschen Standards Befunde vor. So berichtet Oser auf der Basis seiner schweizerischen Stichprobe eine Rangfolge der 12 Standardgruppen geordnet nach der durchschnittlichen Verarbeitungstiefe. In dieser Rangfolge weist die Standardgruppe „Zusammenarbeit in der Schule" den im Mittel drittschlechtesten Wert unter allen Standardgruppen auf (Oser, 2001, S. 306).

In der Untersuchung von Frey (2008) wurden die Oserschen Standards ebenfalls zur Erfassung der fachlichen Fähigkeitskonzepte von Studierenden in der ersten und zweiten Phase der Lehrerbildung genutzt. Allerdings wurde lediglich mittels einer Skala von 1 („trifft völlig zu") bis 6 („trifft gar nicht zu") erfasst, ob die Studierenden bzw. Referendare die in den Standards genannten Fähigkeiten anwenden. Im Ergebnis zeigt sich, dass die Fertigkeiten der Standardgruppe „Zusammenarbeit in der Schule", gemittelt und ebenfalls in eine Rangfolge gebracht, am drittschlechtesten eingeschätzt werden (ebd., S. 174).

Schließlich zeigt sich – um ein drittes Beispiel zu geben – in der Studierendenstichprobe bei Seipp (2003), dass bezogen auf die Kenntnis der Standardgruppe „Zusammenarbeit in der Schule" („ich habe davon gehört": 1 = „gar nichts", 4 = „sehr viel") mit einem Mittelwert von 1.72 ($SD = .66$; $n = 481$) der Kenntnisstand bezogen auf diese Standardgruppe abermals am drittschlechtesten unter allen 12 Standards ist (Seipp, 2003, S. 15). Mit Blick auf die eingeschätzte Wichtigkeit der Standardgruppe verschlechtert sich noch einmal der Rangplatz auf den zweitschlechtesten (ebd., S. 16). Schließlich erfasst Seipp (2003, S. 85) die Quellen der Kenntnis der Standardgruppen: 42 % der befragten Lehramtsstudierenden gaben an, ihr Wissen zur Standardgruppe „Zusammenarbeit in der Schule" in Veranstaltungen der Erziehungswissenschaft, 23,3 % in schulpraktischen Studien, 15 % in fachdidaktischen und 9,1 % in fachwissenschaftlichen Lehrveranstaltungen erworben zu haben (ebd., S. 85).

Nun hat bereits Oser zur Einführung der Standardgruppe „Zusammenarbeit in der Schule" darauf hingewiesen, dass man sich leicht vorstellen könne, dass die „genannten Standards im allgemeinen kaum erfüllt werden" (Oser, 2001, S. 238). Und tatsächlich erscheint es fraglich, zumindest aber diskussionswürdig, ob, wie und in welchem Maße angesichts etwa der geringen erziehungswissenschaftlichen Studienanteile vor allem in der ersten Phase der Lehrerbildung die hier in Rede stehenden Standards zu vermitteln sind, berücksichtigt man die Vielzahl der zu bearbeitenden Kompetenzbereiche und Inhalte (KMK 2004/2005) sowie die Tatsache, dass dem erziehungswissenschaftlichen Studium im Rahmen der Lehrerbildung i. d. R. ein Wahlcurriculum zugrunde liegt.

Des Weiteren kann ebenfalls mit Blick auf die Ausbildung der Lehrerinnen und Lehrer grundsätzlich gefragt werden, ob Kommunikationsfähigkeit und kompetentes kooperatives Verhalten im Rahmen der Lehrerbildung gestaltet bzw. entscheidend beeinflusst werden können, oder ob es sich nicht bei den hier relevanten sozialen Kompetenzen generell um persönliche Voraussetzungen im Sinne grundlegender Eignungsmerkmale handelt, die letztlich bereits vorhanden sein sollten, wenn die Entscheidung für die Aufnahme eines Lehramtsstudiums getroffen wird (vgl. Schaarschmidt und Kieschke, 2007; Kanning und Gärtner, 2008). Das Niveau der sozialen Kompetenz zu Beginn des Studiums spielt gewiss eine wichtige Rolle, markiert es doch das Entwicklungspotenzial bzw. die Entwicklungsnotwendigkeit im Rahmen der Lehrerbildung. Gleichwohl kann davon ausgegangen werden, dass die Ausprägung sozialer Kompetenz bei angehenden Lehrerinnen und Lehrern nicht vor Beginn des Studiums unveränderbar festgelegt ist, sondern sich im Rahmen des Studiums entwickelt und durch das Studium direkt oder indirekt beeinflusst werden kann (vgl. Lubitz, 2007; Rothland, 2010).

Wird nach den Möglichkeiten und der Notwendigkeit der Behandlung des Themas Lehrerkooperation und der Vermittlung entsprechender Einsichten und Überzeugungen sowie notwendiger Kompetenzen in der Lehrerbildung gefragt, so scheint es angebracht, zunächst über die Osersche Standardgruppe „Zusammenarbeit in der Schule" hinaus aufseiten der angehenden Lehrkräfte relevante Einstellungen und Kompetenzausprägungen zu erheben, um den Veränderungs- und Entwicklungsbedarf zu erfassen. Zumindest die Befunde von Seipp (2003) zur eingeschätzten Wichtigkeit bzw. Unwichtigkeit der Standardgruppe „Zusam-

menarbeit in der Schule" durch Lehramtsstudierende deuten auf einen erkenn-
baren Informations- und Veränderungsbedarf hin.

Um die Notwendigkeit der Behandlung des Themas Lehrerkooperation in
der Lehrerbildung in einem differenzierteren Zugriff jenseits der skizzierten
allgemeinen Programmatik zu klären, werden im Folgenden ausgewählte Ergebnisse einer Studie mit dem Titel „Sozial-kommunikative Kompetenzen und
Selbstwirksamkeitsüberzeugungen angehender Lehrerinnen und Lehrer. Personale Bedingungen der Kooperation und individuelle Voraussetzungen für die Aktivierung sozialer Unterstützung im Beruf"[1] berichtet, die im Sommersemester
2008 mit n = 977 Studierenden in lehramtsrelevanten Studiengängen an fünf
deutschen Universitäten sowie mit n = 210 Studierenden der Humanmedizin und
n = 135 Studierenden der Rechtswissenschaften durchgeführt wurde (vgl. Rothland, 2009, 2010, 2011). Dabei werden zunächst Befunde zur Einschätzung der
Bedeutung der kollegialen Kooperation im Lehrerberuf sowie Einstellungen und
Überzeugungen zur Kooperation in der antizipierten beruflichen Praxis vorgestellt (Kapitel 2). Anschließend werden – im Vergleich mit den Studierenden der
Rechtswissenschaften und der Humanmedizin – die soziale Kompetenz und das
sozial-kommunikative Verhalten in den Blick genommen, um zu überprüfen,
welche Voraussetzungen die Lehramtsstudierenden im Bereich Sozialkompetenz
für die insgesamt berufstypisch hohen Anforderungen an die soziale Kompetenz
sowie für eine intensive Zusammenarbeit mit den Kolleginnen und Kollegen auf
Fach- und Schulebene (Unterrichts- und Schulentwicklung) aufweisen. Zudem
wird danach gefragt, ob und in welchem Maße im Rahmen der universitären
Lehrerbildung entsprechend den in den Standards für die Lehrerbildung formulierten Erwartungen sozial-kommunikative Fertigkeiten und Fähigkeiten gefördert werden (Kapitel 3). Die skizzierten Befunde werden abschließend bilanziert
und mit Blick auf die Konsequenzen für die Lehrerbildung diskutiert (Kapitel 4).
Die folgenden Ausführungen in den Kapiteln 2 und 3 beschränken sich auf die
Darstellung zentraler Befunde. Differenziertere Erläuterungen zu den Stichproben, Erhebungsinstrumenten sowie zu den Ergebnissen der deskriptiven statisti-
schen Auswertungen finden sich bei Rothland (2009, 2010, 2011).

2 Einstellungen von Lehramtsstudierenden zur Lehrerkooperation sowie zur kollegialen Kooperation in der antizipierten eigenen Berufspraxis

Die Angaben der n = 977 Lehramtsstudierenden, die mittels einer Skala mit zehn
Items erfasst wurden, zeigen, dass die angehenden Lehrerinnen und Lehrer der

---

[1] Das Forschungsprojekt wurde mit Mitteln der Gesellschaft zur Förderung der Westfälischen Wilhelms-Universität Münster e.V. finanziert.

Kooperation und kollegialen Unterstützung im Lehrerberuf allgemein eine hohe Bedeutung beimessen (Skalenmittelwert = 5.06, *SD* = .65)[2] (Rothland, 2009). Die Aussage *„Für die Tätigkeit als Lehrer/Lehrerin ist es wichtig, mit Kollegen und Kolleginnen zusammenzuarbeiten"* (*M* = 5.32, *SD* = .76) weist die höchste und die negative, in der Berechnung des Gesamtmittelwertes entsprechend gepolte Aussage *„Die Kooperation in Lehrerkollegien ist nicht notwendig, da die einzelne Lehrkraft für ihren Unterricht allein verantwortlich ist"* weist die geringste Zustimmung auf (*M* = 1.83, *SD* = 1.08), wobei sich zwischen den positiv formulierten Aussagen der verwendeten Skala ebenfalls Nuancierungen zeigen: Die Lehramtsstudierenden schätzen die Aussagen *„Zusammenarbeit im Lehrerkollegium bringt dem einzelnen sicherlich mehr, als sie ihn an Mehraufwand (Zeitaufwand, Kompromisse schließen ...) kostet"* und *„Für ein Lehrerkollegium ist es wichtig, dass das Unterrichtshandeln der einzelnen Kollegiumsmitglieder transparent ist"* zurückhaltender ein. Dies kann auch anhand der prozentualen Anteile, insbesondere der eindeutigen Zustimmung, veranschaulicht werden. So sind es, bezogen auf die erstgenannte Aussage, 65,6 % der Befragten, die dieser eindeutig zustimmen; mit Blick auf die zweite sind es 60,5 %, während der allgemeiner formulierten Aussage *„Für die Tätigkeit als Lehrer/Lehrerin ist es wichtig, mit Kollegen und Kolleginnen zusammenzuarbeiten"* 86,2 % eindeutig zustimmen. Aufwand und Ertrag der Lehrerkooperation scheinen von einem vergleichsweise großen Teil der Befragten nicht zugunsten eines eindeutig überwiegenden Nutzens beurteilt zu werden.

Neben der Einschätzung der Bedeutung kollegialer Kooperation für den Lehrerberuf wurden die Lehramtsstudierenden gebeten, die Bedeutung kollegialer Kooperation und kollegialer Unterstützung in der eigenen antizipierten Berufstätigkeit, ebenfalls auf der Basis einer Skala mit 10 Items, zu bewerten. Sie wird von den Lehramtsstudierenden ebenfalls insgesamt eher hoch eingeschätzt (*M* = 4.65, *SD* = .65). Unterschiede zeigen sich auch hier auf der Ebene der einzelnen Items. So erfährt unter den positiven Formulierungen die Aussage *„Auch wenn ich viel für den Unterricht in meinen Klassen arbeiten muss, werde ich dennoch versuchen, meinen Kolleginnen und Kollegen bei Bedarf zu helfen"* die höchste (*M* = 4.84, *SD* = .85) und die Aussage *„Wenn es möglich ist, möchte ich in meiner zukünftigen Berufstätigkeit auch im Team unterrichten"* die geringste Zustimmung (*M* = 4.29, *SD* = 1.20). Die Aussagen *„Über meinen Unterricht werde ich im Lehrerberuf offen im Kollegium sprechen"* (*M* = 4.44, *SD* = .94) und *„Wenn ich Lehrer/Lehrerin bin, werde ich Rückmeldungen zu meinem Unterricht von Kolleginnen/Kollegen einholen"* (*M* = 4.52, *SD* = .97) erfahren im Vergleich ebenfalls eine geringere Zustimmung.

---

[2] Antwortskala von 1 („trifft gar nicht zu") bis 6 („trifft völlig zu").

Vergleicht man die Skalenmittelwerte der generellen Einschätzung der Bedeutung kollegialer Kooperation im Lehrerberuf und der konkreteren Beurteilung der Lehrerkooperation in der antizipierten Berufspraxis, so ergibt sich ein hoch signifikanter und praktisch bedeutsamer Unterschied: Die Studierenden schätzen die Bedeutung kollegialer Zusammenarbeit im Lehrerberuf allgemein signifikant höher ein als für die eigene antizipierte Berufspraxis ($t_{969} = 27.896$, $p < .001$, $d = .62$).

Im Vergleich der Geschlechter zeigen sich hoch signifikante Unterschiede zugunsten der zukünftigen Lehrerinnen, die die Bedeutung kollegialer Kooperation und kollegialer Unterstützung sowohl für den Lehrerberuf generell wie auch für die eigene antizipierte Berufspraxis höher einschätzen als ihre Kommilitonen. Differenziert nach den angestrebten Lehrämtern unterscheiden sich die Studierenden hinsichtlich der Einschätzung der Bedeutung kollegialer Kooperation im Lehrerberuf ($p < .05$) und in der antizipierten zukünftigen Berufspraxis ($p < .01$) ebenfalls signifikant: Die Studierenden des Lehramts für das Gymnasium/die Gesamtschule (Sek. II) sowie die Haupt- und Realschule/Gesamtschule (Sek. I) auf der einen unterscheiden sich von den Studierenden des Lehramts für die Grundschule mit den höchsten Werten auf der anderen Seite.

3 Soziale Kompetenz und sozial-kommunikatives Verhalten: personale Voraussetzungen von Lehramtsstudierenden für die Kooperation im Beruf

Die $n = 977$ Lehramtsstudierenden wurden neben der Bewertung der Bedeutung kollegialer Kooperation und Unterstützung im Lehrerberuf sowie in der eigenen antizipierten Berufspraxis gebeten, auf der Basis der Skalen zweier erprobter Erhebungsinstrumente ihre soziale Kompetenz sowie ihr sozial-kommunikatives Verhalten in konkreten Situationen einzuschätzen. Erfasst wurden die Fähigkeitskonzepte *Kooperationsfähigkeit, soziale Verantwortung, Kommunikationsfähigkeit, Konfliktfähigkeit* und *situationsgerechtes Auftreten*. Die Einschätzung des individuellen sozial-kommunikativen Verhaltens in konkreten Situationen wurde mithilfe von sechs Itemskalen erhoben (Rothland, 2010). Um die Kompetenzausprägungen der Lehramtsstudierenden vergleichend bewerten zu können, wurden die genannten Skalen auch $n = 210$ Studierenden der Humanmedizin und $n = 135$ Studierenden der Rechtswissenschaften vorgelegt. Für beide Vergleichsgruppen gilt, dass sowohl im Arztberuf wie im Rahmen der Tätigkeit als Jurist soziale Kompetenzen für die Berufspraxis von hoher Bedeutung sind (vgl. Rothland, 2011).

In den Ergebnissen der Selbsteinschätzung der sozialen Fähigkeitskonzepte sowie der auf der Basis dieser Fähigkeitskonzepte erfassten sozialen Kompetenz zeigt sich, dass die Studierenden mit Lehramtsoption ihre sozialen Fertigkeiten und Fähigkeiten höher einschätzen als die beiden zum Vergleich herangezogenen Stichproben. Die Lehramtsstudierenden bewerten das situationsgerechte Auftreten am höchsten ($M = 2.11$, $SD = .72$)[3] und die Konfliktfähigkeit ($M = 2.50$, $SD = .71$) am niedrigsten. Die Mittelwertunterschiede der hier berücksichtigten Fähigkeitskonzepte sind im Vergleich der Studierendengruppen jedoch nur mit Blick auf die Kooperationsfähigkeit statistisch hoch signifikant, hinsichtlich der sozialen Verantwortung schwach signifikant und praktisch nicht bedeutsam. Die Unterschiede zwischen den Studierendenstichproben, bezogen auf den Gesamtwert der Sozialkompetenz, sind ebenfalls statistisch signifikant: Die Studierenden des Lehramts auf der einen Seite unterscheiden sich von den Studierenden der Rechtswissenschaften und der Humanmedizin auf der anderen Seite. Allerdings ist auch diese Differenz praktisch nicht bedeutsam ($\eta^2 < .01$). Differenziert nach Geschlecht, zeigt sich über den Mittelwertvergleich für die Stichprobe der angehenden Lehrkräfte, dass die Studentinnen ($M = 2.20$, $SD = .47$) ihre Sozialkompetenz signifikant höher einschätzen als ihre Kommilitonen ($M = 2.36$, $SD = .60$) ($t_{393.6} = 3.92$, $p < .001$, $d = .29$).

Ihr situationsbezogenes sozial-kommunikatives Verhalten schätzen die Lehramtsstudierenden ebenfalls hoch ein. In Situationen wie „Rücksichtnahme in sozialer Verantwortung", „Durchsetzung in einer Führungsrolle", „Aktivität in vertrauter kommunikativer Umgebung" und „Selbstbehauptung bei Kommunikationserfordernis" wählen sie adäquate Verhaltensweisen im Sinne der zu erfassenden Fähigkeiten und „zeigen" damit ein sozial kompetentes Verhalten. Dies bestätigt sich ebenfalls mit Blick auf die „Empfindlichkeit bei sozialer Frustration" und die „Konfrontationstendenz in einer sozialen Konfliktsituation", die sie jedoch geringer einschätzen.

Im Vergleich der Studierendengruppen schätzen die Lehramtsstudierenden ihre „Aktivität in vertrauter kommunikativer Umgebung" und die „Rücksichtnahme in sozialer Verantwortung" höher ein als die Studierenden der Rechtswissenschaften und der Humanmedizin, wobei lediglich die letztgenannte Mittelwertdifferenz statistisch signifikant ist. Zugleich schätzen die Lehramtsstudierenden ihre „Empfindlichkeit bei sozialer Frustration" signifikant höher ein als die beiden Vergleichsstichproben, wobei es insbesondere die *Studentinnen* mit dem Berufswunsch Lehrerin sind, die „lehramtsintern" im Vergleich der Geschlechter empfindlicher bei sozialer Frustration sind ($t_{971} = 8.18$, $p < .001$, $d = .58$). Zudem

---

[3] Der Mittelwert bezieht sich auf eine sechsstufige Intervallskala von 1 („trifft völlig zu") bis 6 („trifft gar nicht zu"). Die einzelnen den Fähigkeitskonzepten zugrunde liegenden Items benennen Fertigkeiten. Die Selbsteinschätzung wird über Zustimmung zu der Aussage „Ich wende diese Fähigkeiten und Fertigkeiten an" erfasst.

schätzen sie ihre Rücksichtnahme in sozialer Verantwortung signifikant höher ein (t_{964} = 3.94, p < .001, d = .27).

Mittels der Skalen zur Erfassung des sozial-kommunikativen Verhaltens in konkreten Situationen wird auch die Zufriedenheit mit diesem wahrscheinlichen Verhalten erhoben. Hier zeigt sich lediglich hinsichtlich der Zufriedenheit mit der eigenen „Konfrontationstendenz in einer sozialen Konfliktsituation" ein signifikanter Unterschied zwischen den drei Stichproben in der Weise, dass die Lehramtsstudierenden unzufriedener mit ihrem Verhalten sind als die Studierenden der Vergleichsstichproben.

Zuletzt sind die Befunde zur Entwicklung der Fähigkeitskonzepte der Sozialkompetenzklasse zu berichten. Erfasst wurden hier die Studienerfahrungen der drei Stichproben bezogen auf die Ausbildung der Fähigkeiten und Fertigkeiten in vier ausgewählten zentralen Fähigkeitsbereichen der sozialen Kompetenz (*Kooperationsfähigkeit, soziale Verantwortung, Kommunikationsfähigkeit* und *Konfliktfähigkeit*). Mit Blick auf die in den einzelnen Items abgebildeten Fertigkeiten wurde danach gefragt, ob diese im Studium erlernt wurden (Beispiel: „Im Studium habe ich gelernt, ... Regeln für die Arbeit in Gruppen zu entwickeln, ... mich Kritik zu stellen, ... andere ausreden zu lassen" etc.).

Im Vergleich mit den Studierenden der Rechtswissenschaften und der Humanmedizin sind es vor allem die Lehramtsstudierenden, die im Rahmen ihres Studiums einen signifikant höheren Kompetenzzuwachs in den vier Fähigkeitskonzepten wahrnehmen. Mit Ausnahme der Kooperationsfähigkeit (hier unterscheiden sich alle drei Studierendengruppen signifikant voneinander) unterscheiden sich die Studierenden des Lehramts auf der einen Seite signifikant von den Studierenden der Rechtswissenschaften und der Humanmedizin auf der anderen Seite mit dem jeweils im Vergleich am höchsten eingeschätzten Kompetenzzuwachs im Rahmen des Studiums. Zu konstatieren ist jedoch, dass der Grad des wahrgenommenen Kompetenzzuwachses bei den Lehramtsstudierenden mit Mittelwerten zwischen 4.48 und 4.21 auf der Basis einer sechsstufigen Intervallskala (6 = höchste Einschätzung des Kompetenzzuwachses) nicht allzu hoch ist.

4 Bilanz: Befundlage und Konsequenzen für die Lehrerbildung

Fasst man die Befunde der Erfassung notwendiger personenbezogener Voraussetzungen für die kollegiale Kooperation („Kooperationsfähigkeit" etc.) zusammen, so ist festzuhalten, dass die Lehramtsstudierenden sowohl hinsichtlich der Einschätzung ihrer Kompetenz als auch bezogen auf das sozial-kommunikative Verhalten in fiktiven Alltagssituationen hohe Ausprägungen sozialer Kompetenz sowie einen hohen Grad kompetenten sozial-kommunikativen Verhaltens aufweisen. Dies bestätigt sich auch im Vergleich mit Studierenden der Rechtswissenschaften und der Humanmedizin. Ein Entwicklungspotenzial bzw. ein Kompetenzentwicklungsbedarf in einzelnen Bereichen der sozialen Kompetenz ist bei den Studierenden des Lehramts in der ersten Phase der Lehrerbildung gleichwohl auszumachen. Dies betrifft den Bereich der Konfliktfähigkeit und, unter Berücksichtigung der geschlechtsspezifischen Differenzen mit Blick auf die Sozialkompetenz generell, die männlichen Lehramtsstudierenden. Des Weiteren zeigen die Ergebnisse der Einschätzung des sozial-kommunikativen Verhaltens in Situationen, dass die Empfindlichkeit bei sozialer Frustration bei den Studierenden des Lehramts im Vergleich mit den Studierenden der Rechtswissenschaften und der Humanmedizin, und dort vor allem bei den Studentinnen, ausgeprägter ist. Hier deutet sich ein weiterer Entwicklungsbedarf an, der von den Studierenden selbst über entsprechend niedrigere Zufriedenheitswerte markiert wird. Die vergleichsweise niedrigere Zufriedenheit mit der Selbstbehauptung bei Kommunikationserfordernis sowie der Konfrontationstendenz in einer sozialen Konfliktsituation verweisen ebenfalls auf die Weiterentwicklung der entsprechenden Fähigkeitsbereiche.

Ob und in welchem Maße diese speziellen Kompetenzentwicklungserfordernisse in der ersten oder zweiten Phase der Lehrerbildung aufgegriffen werden (können), kann auf der Basis der berichteten Befunde nicht bewertet werden. Es zeigt sich aber allgemein, dass die Lehramtsstudierenden die Förderung und Entwicklung von Fähigkeiten der Sozialkompetenzklasse in höherem Maße als die Studierenden der Rechtswissenschaften und der Humanmedizin im Rahmen des Studiums erleben. Ungeklärt ist, ob der wahrgenommene Kompetenzzuwachs auf die gezielte Vermittlung von Fähigkeiten und Fertigkeiten im Rahmen der ersten Phase der Lehrerbildung zurückzuführen ist. Die Weiterentwicklung sozialer Kompetenz könnte schließlich auch eher ein Nebenprodukt der Arbeit in Seminaren, der Kooperation in studentischen Arbeitsgruppen etc. sein. Letzteres wäre angesichts des berichteten speziellen Kompetenzentwicklungsbedarfs sowie der insgesamt hohen Bedeutung sozialer Kompetenz für den Lehrerberuf kaum ausreichend, zumal der vergleichsweise zurückhaltend eingeschätzte Kompetenzzuwachs, bedingt durch das Studium selbst, einen Entwicklungsbedarf in der ersten Phase der Lehrerbildung bezogen auf die Förderung sozialer Kompetenz markiert. Spezielle Trainingsangebote in der ersten, aber auch in der zweiten Phase der Lehrerbildung könnten hier nutzbringend zur Anwendung kommen (vgl. Lubitz, 2007).

Alles in allem sind, bezogen auf die sozialen Fähigkeiten und Fertigkeiten der Lehramtsstudierenden, die personenbezogenen Voraussetzungen für die kollegiale Kooperation und Unterstützung im Durchschnitt jedoch günstig ausgeprägt. Mit Blick auf die Einstellungen und Einschätzungen der angehenden Lehrkräfte zur kollegialen Kooperation im Lehrerberuf generell sowie bezogen auf die eigene antizipierte Berufspraxis ergeben sich aus den berichteten Befunden hingegen in deutlicherem Maße Konsequenzen für die Lehrerbildung. So zeigen sich bspw. bereits bei den Lehramtsstudierenden, unterschieden nach Geschlecht und Schulform, in der ersten Phase der Lehrerausbildung charakteristische Differenzen mit Blick auf die Einschätzung der Bedeutung von Kooperation und kollegialer Unterstützung, die in vergleichbarer Weise auch in Untersuchungen der Berufspraxis von aktiven Lehrkräften identifiziert werden. Die geschlechtsspezifische Differenz zugunsten der Lehrerinnen (vgl. Schümer, 1992) ist bereits bei den Studierenden des Lehramts hinsichtlich der Einschätzung der Bedeutung von Kooperation und kollegialer Unterstützung im Beruf wie in den Vorstellungen von der eigenen zukünftigen Berufsausübung ausgeprägt. Sie deutet darauf hin, dass eine tendenziell individualistischere Berufsauffassung insbesondere bei den Lehrern sowie bei den Studenten, die den Lehrerberuf anstreben, ausgeprägt ist. Bemühungen um die Vermittlung der Bedeutung einer kooperativen Schul- und Unterrichtspraxis sowie um einen Einstellungswandel hin zu einer größeren Wertschätzung der kooperativen Gestaltung der zukünftigen Berufsausübung müssten sich demzufolge auch in der ersten Phase der Lehrerbildung verstärkt an die männlichen Lehramtstudierenden richten.

Die Ergebnisse zu den *schulformspezifischen Unterschieden* bestätigen ebenfalls bereits bei den Studierenden Unterschiede in der antizipierten Kooperationspraxis, wie sie bei den aktiven Lehrerinnen und Lehrern verschiedentlich zuungunsten der Gymnasiallehrkräfte belegt wurden: Vor allem die Studierenden des Lehramts für die Sekundarstufe II schätzen sowohl die Bedeutung kollegialer Kooperation und Unterstützung im Lehrerberuf als auch in der individuell antizipierten zukünftigen Berufspraxis signifikant geringer ein als dies die Studierenden des Lehramts, insbesondere für die Primarstufe, tun.

Eine besondere Herausforderung für die Lehrerbildung stellt der deutliche Unterschied zwischen der Einschätzung der Bedeutung kollegialer Kooperation im Lehrerberuf allgemein auf der einen und für die eigene antizipierte Berufspraxis der angehenden Lehrkräfte auf der anderen Seite dar. Die Bedeutung der Lehrerkooperation wird überwiegend betont, während die Einschätzungen mit Blick auf die antizipierte eigene Berufsausübung dagegen zurückhaltender ausfallen. Zwar ist die Zustimmung zur Bedeutung der Kooperation und Unterstützung in der eigenen antizipierten Berufspraxis auf der Skalenebene noch vergleichsweise hoch, die Zahl der eher zurückhaltenden Einschätzungen der einzelnen Items ist im Vergleich zur ersten Skala (Lehrerberuf allgemein) jedoch insgesamt unter Bezugnahme auf die Vorstellungen von dem eigenen zukünftigen beruflichen Handeln bedeutend größer. 62,1 % der Befragten stimmen bspw. der Aussage *„In meinem späteren Beruf werde ich intensiv mit meinen Kolleginnen und Kol-*

legen zusammenarbeiten" uneingeschränkt zu, 29,4 % schränken ihre Zustimmung jedoch ein („trifft eher zu"). Ähnlich verhält es sich bei der Aussage *„Wenn ich Lehrerin/Lehrer bin, werde ich Rückmeldungen zu meinem Unterricht von Kolleginnen/Kollegen einholen"* (Zustimmung: 52,1 %, eingeschränkte Zustimmung: 33,9 %).

Bezogen auf anspruchsvolle Formen der Kooperation treten die Einschränkungen deutlicher hervor: Lediglich 47 % der Lehramtsstudierenden stimmen der Aussage *„Wenn es möglich ist, möchte ich in meiner zukünftigen Berufstätigkeit auch im Team unterrichten"* zu, 27,4 % schränken ihre Zustimmung ein und 23,9 % stimmen dieser Aussage eher nicht bzw. nicht zu. Zurückhaltender sind die Lehramtsstudierenden ebenfalls, wenn es um die Kommunikation über ihre künftige Unterrichtspraxis geht. 47,9 % stimmen der Aussage *„Über meinen Unterricht werde ich im Lehrerberuf offen im Kollegium sprechen"* eindeutig zu, 37,2 % schränken dagegen ihre Zustimmung ein („trifft eher zu"). Zuletzt zeigt sich am Beispiel der Bewertung der Aussage *„In meinen Unterricht werde ich mir als Lehrerin/Lehrer nicht hineinreden lassen"* eindrücklich, dass eine Tendenz zu einem eher individualistischen Berufsbild bei einem relevanten Teil der Lehramtsstudierenden anzutreffen ist: Immerhin 15,8 % der befragten Studierenden stimmen dieser Aussage eher bzw. eindeutig zu, während 36,4 % diese Aussage nur eingeschränkt ablehnen („trifft eher nicht zu"). Lediglich etwas weniger als die Hälfte der Befragten (45,9 %) verneinen diese Aussage eindeutig.

Insbesondere bei den letztgenannten Beispielen deutet sich bereits bei den Lehramtsstudierenden an, was auch für die berufstätigen Lehrerinnen und Lehrer gilt: Je näher insbesondere anspruchsvolle Formen der Kooperation und die kollegiale Kommunikation der konkreten (eigenen) Unterrichtspraxis kommen, desto geringer wird die Bereitschaft zur Umsetzung in der Praxis bzw. desto zurückhaltender wird die Zustimmung bei den Lehramtsstudierenden. Damit spiegeln die für die zukünftige Schul- und Unterrichtspraxis relevanten Einstellungen und Bewertungen der Bedeutung kollegialer Kooperation aufseiten der Studierenden des Lehramts in den hier berücksichtigten Facetten bereits die bestehende Praxis der aktiven Lehrkräfte wider. Wenn die unterrichtsbezogene kooperative Praxis in den Lehrerkollegien verbessert bzw. intensiviert werden soll, so scheint es geboten, frühe Vorbehalte, Unsicherheiten und Unterschätzungen (vgl. Seipp, 2003) sowie die Vorstellung von einer autonomen Berufsausübung, die der Lehrerberuf ermöglicht, und die Ablehnung von äußeren Eingriffen in die individuelle Unterrichtstätigkeit bereits bei den angehenden Lehrkräften in der Lehrerbildung aufzugreifen und entsprechend den Möglichkeiten beider Ausbildungsphasen zu bearbeiten.

Literatur

Autenrieth, N. (1997): Entwicklung von Kooperations- und Teamfähigkeit als Aufgabe der universitären Lehrerbildung. In: Glumpler, E., Rosenbusch, H. S. (Hrsg.), Perspektiven der universitären Lehrerbildung. Bad Heilbrunn, S. 166–175.

Frey, A. (2008): Kompetenzstrukturen von Studierenden in der ersten und zweiten Phase der Lehrerbildung. Eine nationale und internationale Standortbestimmung. Landau.

Gräsel, C., Parchmann, I., Puhl, T., Baer, A., Fey, A., Demuth, R. (2004): Lehrerfortbildungen und ihre Wirkungen auf die Zusammenarbeit von Lehrkräften und die Unterrichtsqualität. In: Doll, J., Prenzel, M. (Hrsg.): Bildungsqualität von Schule: Lehrerprofessionalisierung, Unterrichtsentwicklung und Schülerförderung als Strategien der Qualitätsverbesserung. Münster, S. 133–151.

Gräsel, C., Fussangel, K., Pröbstel, C. H. (2006): Lehrkräfte zur Kooperation anregen – eine Aufgabe für Sisyphos? Zeitschrift für Pädagogik, 52, S. 205–219.

Halbheer, U., Kunz, A. (2011): Kooperation von Lehrpersonen an Gymnasien. Wiesbaden.

Helmke, A., Hosenfeld, I., Schrader, F.-J., Wagner, W. (2002): Unterricht aus Sicht der Beteiligten. In: Helmke, A., Jäger, R. S. (Hrsg.): Das Projekt MARKUS. Mathematik-Gesamterhebung Rheinland-Pfalz: Kompetenzen, Unterrichtsmerkmale, Schulkontext. Landau, S. 325–412.

Kanders, M., Rösner, E. (2006): Das Bild der Schule im Spiegel der Lehrermeinung – Ergebnisse der 3. IFS-Lehrerbefragung 2006. In: Bos, W., Holtappels, H. G., Pfeiffer, H., Rolff, H.-G., Schulz-Zander, R. (Hrsg.): Jahrbuch der Schulentwicklung. Daten, Beispiele und Perspektiven. Bd. 14. Weinheim/München, S. 11–48.

Kanning, U. P., Gärtner, S. (2008): Soziale Kompetenzen von Lehrern als Determinanten der Schülerzufriedenheit in der gymnasialen Oberstufe. Empirische Pädagogik, 22, S. 498–515.

Klieme, E., Eichler, W., Helmke, A., Lehman, R. H., Nold, G., Rolff, H.-G., Schröder, K.; Thomé, G.; Willenberg, H. (2006): Unterricht und Kompetenzerwerb in Deutsch und Englisch. Zentrale Befunde der Studie Deutsch-Englisch-Schülerleistungen International (DESI). Frankfurt/M.

KMK (= Kultusministerkonferenz) (2004/2005): Standards für die Lehrerbildung: Bildungswissenschaften. Zeitschrift für Pädagogik, 51, S. 280–290.

Kullmann, H. (2010): Lehrerkooperation. Ausprägung und Wirkungen am Beispiel des naturwissenschaftlichen Unterrichts an Gymnasien. Münster u. a.

Lubitz, I. (2007): Soziale Kompetenzen im Lehrerberuf. Konzeption und Evaluation eines Kurztrainings in der Lehrerausbildung. Hamburg.

Lüders, M. (2003): Unterricht als Sprachspiel. Eine systematische und empirische Studie zum Unterrichtsbegriff und zur Unterrichtssprache. Bad Heilbrunn.

Oser, F. (2001): Standards: Kompetenzen von Lehrpersonen. In Oser, F., Oelkers, J. (Hrsg.): Die Wirksamkeit der Lehrerbildungssysteme. Von der Allrounderbildung zur Ausbildung professioneller Standards. Chur/Zürich, S. 215–342.

Pröbstel, C. H. (2008): Lehrerkooperation und die Umsetzung von Innovationen. Berlin.

Radisch, F., Steinert, B. (2005): Schulische Rahmenbedingungen im internationalen Vergleich. In Bos, W., Lankes, E.-M., Prenzel, M., Schwippert, K., Valtin, R., Walther, G. (Hrsg.): IGLU. Vertiefende Analysen zu Leseverständnis, Rahmenbedingungen und Zusatzstudien. Münster, S. 159–186.

Rothland, M. (2009): Kooperation und kollegiale Unterstützung im Lehrerberuf. Empirische Befunde zum Berufsbild und zu berufsrelevanten Einstellungen angehender Lehrkräfte. Lehrerbildung auf dem Prüfstand, 2 (2), S. 282–303.

Rothland, M. (2010): Soziale Kompetenz: angehende Lehrkräfte, Ärzte und Juristen im Vergleich. Empirische Befunde zur Kompetenzausprägung und Kompetenzentwicklung im Rahmen des Studiums. Zeitschrift für Pädagogik, 56, S. 582–603.

Rothland, M. (2011): Aktivierung und Erleben sozialer Unterstützung. Eine vergleichende Untersuchung bei Studierenden des Lehramts, der Humanmedizin und der Rechtswissenschaft. Psychologie in Erziehung und Unterricht, 58, 241–253.

Schaarschmidt, U., Kieschke, U. (2007): Gerüstet für den Schulalltag. Psychologische Unterstützungsangebote für Lehrerinnen und Lehrer. Weinheim/Basel.

Schümer, G. (1992): Unterschiede in der Berufsausübung von Lehrern und Lehrerinnen. Zeitschrift für Pädagogik, 38, S. 655–679.

Seipp, B. (2003): Standards in der Lehrerbildung. Eine Befragung zur Vermittlung der OSERschen Standards in der Ersten Phase der Lehramtsausbildung. Bochum.

Steinert, B., Klieme, E., Maag Merki, K., Döbrich, P., Halbheer, U., Kunz, A. (2006): Lehrerkooperation in der Schule: Konzeption, Erfassung, Ergebnisse. Zeitschrift für Pädagogik, 52, S. 185–204.

Terhart, E. (2002): Standards für die Lehrerbildung. Eine Expertise für die Kultusministerkonferenz. ZfL-Text Nr. 3. Münster.

Angaben zu den Autorinnen und Autoren

Baum, Elisabeth: Jg. 1981, Dipl.-Päd., wissenschaftliche Mitarbeiterin im Praxislabor des Instituts für Allgemeine Pädagogik und Berufspädagogik der TU Darmstadt
Arbeitsgebiete: Lehrerkooperation, Schulentwicklung

Boer, de Heike: Jg. 1963, Dr. phil., Professorin für Grundschulpädagogik im Fachbereich Bildungswissenschaften, Institut für Grundschulpädagogik an der Universität Koblenz
Arbeitsgebiete: Interpretative Unterrichtsforschung (Partizipation im Unterricht), Schulentwicklungsforschung, Lehrerbildung

Bondorf, Nadine: Jg. 1980, Dipl.-Päd., wissenschaftliche Mitarbeiterin in der Geschäftsstelle des Gutenberg Lehrkollegs (GLK) und im Zentrum für Qualitätssicherung und -entwicklung (ZQ) der Johannes Gutenberg-Universität Mainz
Arbeitsgebiete: Förderung und Entwicklung der Lehre und akademischen Lehrkompetenz

Förster, Manuel: Jg. 1979, Dipl.-Betrw. (BA), Dipl.-Handl., wissenschaftlicher Mitarbeiter am Lehrstuhl für Wirtschaftspädagogik an der Johannes Gutenberg-Universität Mainz
Arbeitgebiete: Implementationsforschung, quantitative Methoden der empirischen Bildungsforschung, Lehrerprofession und -kompetenz

Fussangel, Kathrin: Jg. 1976, Dr. phil., Juniorprofessorin für Schulforschung und Schulentwicklung im Institut für Allg. Didaktik und Schulforschung, Universität zu Köln
Arbeitsgebiete: Kooperation an Schulen, Ganztagsschule, Lehrerbelastung

Gottmann, Corinna: Jg. 1976, Dipl.-Psych., wissenschaftliche Mitarbeiterin am Department für Erziehungswissenschaft an der Universität Potsdam
Arbeitsgebiete: Schul- und Unterrichtsforschung, Professionalisierung von Lehrkräften

Gräsel, Cornelia: Jg. 1966, Dr. phil. habil., Professorin für Lehr-, Lern- und Unterrichtsforschung im Institut für Bildungsforschung an der School of Education, Bergische Universität Wuppertal
Arbeitsgebiete: Kooperation, Diagnostische Kompetenz von Lehrkräften, Implementations- und Transferforschung

Idel, Till-Sebastian: Jg. 1968, Dr. phil., Professor für Schultheorie und empirische Schulforschung an der Universität Bremen, Fachbereich 12: Erziehungs- und Bildungswissenschaften
Arbeitsgebiete: Schultheorie, rekonstruktive Schul- und Unterrichtsforschung, pädagogische Professionalität

Kapelle, Nicole: Jg. 1987, BA Erziehungswissenschaften, cand. MA Erziehungswissenschaften, wissenschaftliche Mitarbeiterin am Arbeitsbereich Weiterbildung und Bildungsmanagement der Freien Universität Berlin
Arbeitsgebiete: Weiterbildungsbeteiligung, Personalmanagement

Killus, Dagmar: Jg. 1965, Dr. phil., Professorin im Fachbereich Erziehungswissenschaft an der Universität Hamburg
Arbeitsgebiete: Schul- und Unterrichtsforschung, Analyse von Lehr- und Lernprozessen, Professionalisierung von Lehrkräften

Kullmann, Harry: Jg. 1973, Dr. phil., Akademischer Rat in der AG 4 Schulforschung und -entwicklung an der Universität Bielefeld
Arbeitsgebiete: Forschung zur Entwicklung der Schul- und Unterrichtsqualität sowie der Lehrerprofessionalität

Kuper, Harm: Jg. 1966, Dr. phil. habil., Professor am Arbeitsbereich Weiterbildung und Bildungsmanagement der Freien Universität Berlin
Arbeitsgebiete: Weiterbildungsbeteiligung, Institutionen und Organisation im Bildungssystem

Meister, Gudrun: Jg. 1979, Dr. phil., wissenschaftliche Mitarbeiterin im Institut für Schulpädagogik und Grundschuldidaktik der Martin-Luther-Universität Halle-Wittenberg
Arbeitsgebiete: Schulforschung, Biographieforschung, Lehrer- und Unterrichtsforschung

Pröbstel, Christian Harry: Jg. 1975, Dr. phil., Psychologierat der Niedersächsischen Landesschulbehörde in Osnabrück
Arbeitsgebiete: Fortbildung und Beratung von Schulen in den Bereichen Teamentwicklung, Organisationsentwicklung, psychosoziales Gesundheitsmanagement, Stressmanagement und Coaching von Führungskräften

Rothland, Martin: Jg. 1974, Dr. phil., Akademischer Rat a. Z. am Institut für Erziehungswissenschaft der Westfälischen Wilhelms-Universität Münster
Arbeitsgebiete: Forschung zur Lehrerbildung und zum Lehrerberuf, Unterrichtsforschung

Soltau, Andreas: Jg. 1981, Dipl.-Psych., Promotionsstudent an der Universität Bremen
Arbeitsgebiete: Lehrerkooperation, Evaluation, QM-Management

Ullrich, Heiner: Jg. 1942, Dr. phil. habil., Professor in der AG Schulpädagogik/Schulforschung am Institut für Erziehungswissenschaft der Universität Mainz
Arbeitsgebiete: Schulforschung an Reform- und Versuchsschulen, Waldorfpädagogik, Kindheitsforschung

Werner, Silke: Jg. 1981, Dipl.-Päd., wissenschaftliche Assistentin am Lehrstuhl Theorie und Empirie schulischer Bildungsprozesse des Instituts für Erziehungswissenschaft der Universität Zürich
Arbeitsgebiete: Schulentwicklungs- und Professionsforschung insbesondere hinsichtlich der Kooperation von Lehrpersonen

Zlatkin-Troitschanskaia, Olga: Jg. 1976, Dr. phil. habil., Professorin für Wirtschaftspädagogik an der Johannes Gutenberg-Universität Mainz
Arbeitsgebiete: Struktur- und Organisationsentwicklungsforschung, Governance- und Implementationsforschung, Kompetenz- und Professionalisierungsforschung, Hochschulforschung

Printed in Germany
by Amazon Distribution
GmbH, Leipzig